主　　编　曹士兵　中国应用法学研究所所长
副 主 编　关　毅　国家法官学院科研部主任
　　　　　刘　畅　国家法官学院科研部副主任
主编助理　边疆戈　国家法官学院科研部编辑
　　　　　苏　烽　国家法官学院科研部编辑

《中国法院年度案例》编辑人员（按姓氏笔画）
边疆戈　朱建伟　刘　畅　关　毅　苏　烽
杨小利　罗胜华　赵丽敏　袁登明　唐世银
曹士兵　曹海荣　梁　欣　程　瑛　谭　红

本书编审人员　梁　欣

中国法院

2019年度案例

国家法官学院案例开发研究中心◎编

刑事案例一

（犯罪、刑罚的具体运用、证据、程序及其他）

中国法制出版社
CHINA LEGAL PUBLISHING HOUSE

《中国法院年度案例》通讯编辑名单

凌　巍	北京市高级人民法院	童飞霜	湖南省高级人民法院
刘晓虹	北京市高级人民法院	吴　婧	安徽省高级人民法院
王　婧	天津市高级人民法院	杨　治	浙江省高级人民法院
陈希国	山东省高级人民法院	李相如	福建省高级人民法院
王　佳	河北省高级人民法院	林文君	福建省高级人民法院
郭宇凌	河南省高级人民法院	文靖之	广东省高级人民法院
李　玮	内蒙古自治区高级人民法院	陈熙禄	广西壮族自治区高级人民法院
刘芳百	黑龙江省高级人民法院	唐　洁	广西壮族自治区高级人民法院
刘洪颖	吉林省高级人民法院	李周伟	海南省高级人民法院
周文政	辽宁省高级人民法院	杜玉兰	四川省高级人民法院
牛晨光	上海市高级人民法院	游中川	重庆市高级人民法院
马云跃	山西省高级人民法院	杨新斌	陕西省高级人民法院
戴鲁霖	江苏省高级人民法院	施辉法	贵州省贵阳市中级人民法院
张晓娟	江苏省高级人民法院	郑天柱	云南省高级人民法院
沈　杨	江苏省南通市中级人民法院	饶　媛	云南省昆明市中级人民法院
周耀明	江苏省无锡市中级人民法院	石　燕	新疆维吾尔自治区高级人民法院
章光园	江西省高级人民法院	王　琼	新疆维吾尔自治区高级人民法院生产建设兵团分院
杨晓彤	湖北省宜昌市中级人民法院		
唐　竞	湖南省高级人民法院	孙启英	青海省高级人民法院

序

法律的生命在于实施，而法律实施的核心在于法律的统一适用。《中国法院年度案例》丛书出版的价值追求，即公开精品案例，研究案例所体现的裁判方法和理念，提炼裁判规则，为司法统一贡献力量。

《中国法院年度案例》丛书，是国家法官学院于2012年开始编辑出版的一套大型案例丛书，之后每年年初定期出版，由国家法官学院案例开发研究中心具体承担编辑工作。此前，该中心坚持20余年连续不辍编辑出版了《中国审判案例要览》丛书近90卷，分中文版和英文版在海内外发行，颇有口碑，享有赞誉。现在编辑出版的《中国法院年度案例》丛书，旨在探索编辑案例的新方法、新模式，以弥补当前各种案例书的不足。该丛书2012～2018年已连续出版7套，一直受到读者的广泛好评，并迅速售罄。为更加全面地反映我国司法审判的发展进程，顺应审判实践发展的需要，响应读者需求，2014年度新增3个分册：金融纠纷、行政纠纷、刑事案例，2015年度将刑事案例调整为刑法总则案例、刑法分则案例2册，2016年度新增知识产权纠纷分册，2017年度新增执行案例分册，2018年将刑事案例扩充为4个分册。现国家法官学院案例开发研究中心及时编撰推出《中国法院2019年度案例》系列丛书，共23册。

总的说来，当前市面上的案例丛书百花齐放，既有判决书网，可以查询各地、各类的裁判文书，又有各种专门领域的案例汇编书籍，以及各种案例指导、案例参考等读物，十分活跃，也各具特色。而《中国法院年度案例》丛书则试图把案例书籍变得“好读有用”，故在编辑中坚持以下方法：一是高度提炼案例内容，控制案例篇幅，每个案例基本在3000字以内；二是突出争议焦点，剔除无效信息，尽可能在有限的篇幅内为读者提供有效、有益的信息；三是注重对案件裁判文书的再加工，大多数案例由案件的主审法官撰写“法官后语”，高度提炼、总结案例的指导价值。

同时，《中国法院年度案例》丛书还有以下特色：一是信息量大。国家法官学院案例开发研究中心每年从全国各地法院收集到的上一年度审结的典型案例超过10000件，使该丛书有广泛的选编基础，可提供给读者新近发生的全国各地的代表性案例。二是方便检索。为节约读者选取案例的时间，丛书分卷细化，每卷下还将案例主要根据案由分类编排，每个案例用一句话概括裁判规则、裁判思路或焦点问题作为主标题，让读者一目了然，迅速找到需求目标。

中国法制出版社始终全力支持《中国法院年度案例》的出版，给了作者和编辑们巨大的鼓励。2018年新推出数据库增值服务，2019年继续提供数据库增值服务并充实完善数据内容。购买本书，扫描前勒口二维码，即可在本年度免费查阅使用上一年度案例数据库。我们在此谨表谢忱，并希望通过共同努力，逐步完善，做得更好，真正探索出一条编辑案例书籍、挖掘案例价值的新路，更好地服务于学习、研究法律的读者，服务于社会，服务于国家的法治建设。

本丛书既可作为法官、检察官、律师等司法实务工作人员的办案参考和司法人员培训推荐教程，也是社会大众学法用法的极佳指导，亦是教学科研机构案例研究的精品素材。当然，案例作者和编辑在编写过程中也不能一步到位实现最初的编写愿望，可能会存在各种不足，甚至错误，欢迎读者批评指正，我们愿听取建议，并不断改进。

曹士兵

目　录

Contents

一、犯　罪

（一）犯罪与刑事责任

（二）犯罪的预备、未遂和中止

（四）数罪并罚

（五）缓　　刑

三、刑事证据与时效

四、程序与其他

一、犯　　罪

（一）犯罪与刑事责任

1

一个犯罪行为存在两种犯罪结果的定罪

——王小某故意伤害案

【案件基本信息】

1. 裁定书字号

北京市第二中级人民法院（2017）京02刑初124号刑事判决书

2. 案由：故意伤害罪

【基本案情】

2016年2月6日20时许，被告人王小某因受精神疾病影响，怀疑北京市西城区樱桃斜街×号院旁门平房内有人辱骂自己，遂持刀进入该房，受到在此居住的被害人侯金某（男，殁年65岁）阻拦，二人发生争执，其间王小某持刀扎刺侯金某的胸部一刀，造成侯金某心脏及左肺上叶破裂，致失血性休克死亡。随后，王小某对在该房间内的被害人侯某（侯金某之女，时年38岁）进行扎刺，将侯某右手扎伤。刀被侯某夺下后，王小某与侯某厮打在一起，并将侯某摁倒在地后对其面部、手部实施掐、抠、咬等伤害行为，致侯某轻伤二级。后王小某被现场群众拉开并控制，群众拨打110报警，民警赶到现场将其当场查获。经鉴定，王小某被诊断为精神分裂症，实施违法行为时处于疾病期，受病理症状影响，辨认、控制能力严重受损，评定为限制刑事责任能力。

【案件焦点】

被告人连续实施伤人行为，造成了一死一轻伤的后果，如何定罪。

【法院裁判要旨】

北京市第二中级人民法院经审理认为：被告人王小某因怀疑有人辱骂自己，遂持刀故意伤害他人身体，致一人死亡，一人轻伤，其行为已构成故意伤害罪，依法应予惩处。鉴于被告人王小某系限制刑事责任能力人、积极赔偿被害方经济损失并取得谅解等法定、酌定从轻情节，本院依法对其从轻处罚。北京市人民检察院第二分院指控被告人王小某犯罪的事实清楚，证据确实、充分，指控故意伤害的罪名成立，唯指控王小某致侯金某死亡的行为构成故意杀人罪不妥，本院依据事实、证据予以认定。从在案证据来看，王小某与被害人侯金某素无矛盾，王小某受精神疾病影响持刀进入侯金某所在房间，但并未直接实施扎刺行为，二人在发生争执的过程中王小某虽扎刺到侯金某胸部一刀，但并无证据证明其有意选择被害人要害部位进行扎刺，综合评判主客观方面，王小某不具有剥夺他人生命的主观故意，其行为符合故意伤害罪的法定构成要件，应构成故意伤害罪。辩护人所提王小某具有自首情节的辩护意见，经查，在案被害人陈述、证人证言等证据能够证实，案发时现场群众拨打“110”报警后，王小某曾企图离开现场遭群众阻拦、控制，并被随后赶到的民警现场查获，王小某不符合明知他人报警而在现场等待并自愿接受处罚的情形，不构成自首，上述辩护意见不成立，本院不予采纳；辩护人所提王小某系限制刑事责任能力人、积极赔偿被害方经济损失的辩护意见成立，予以采纳。

依照《中华人民共和国刑法》第二百三十四条、第十八条第三款、第四十五条、第四十七条、第五十五条第一款、第五十六条第一款、第六十一条，《最高人民法院关于适用〈中华人民共和国刑事诉讼法〉的解释》第一百五十七条之规定，判决如下：

一、被告人王小某犯故意伤害罪，判处有期徒刑十年六个月，剥夺政治权利二年；

二、涉案扣押的单刃刀一把，依法由扣押机关予以处理。

【法官后语】

本案中证实王小某实施伤害行为的事实比较清楚，有被害人陈述、现场目击证人证言、鉴定意见、尸检报告等证据证实，王小某也予以供认。案件主客观证据之间相互印证，能够形成完整的证据链条，足以达到案件事实确实、充分的证明标准。但本案的定性问题存在争议。

公诉机关指控被告人涉嫌故意杀人和故意伤害两个罪名，但是合议庭经过合议一致认为，从相关证据来看本案定一个罪名更为合适，理由如下：

1. 被告人和两名被害人都是素不相识的人，被告人的犯罪行为并非针对二者之一的具体某人，对任何一个人的犯罪行为都没有超出其主观故意，应当属于概括的一个犯罪故意，属于一个行为两种犯罪结果，定一罪合适，不同于那种意图杀害某人但遭遇别人阻拦的情况。

2. 被告人系精神病人，且在疾病发作期实施犯罪，其主观认识能力和意志能力都有明显减弱，不宜机械以犯罪结果来区分主观故意内容而认定不同犯罪，且其主观故意的供述内容受疾病影响无法判断。

3. 从客观行为来看，被告人实施的犯罪行为是连续一贯的，没有证据显示被告人有明显的行为变化，其开始使用尖刀扎刺侯金某和侯某，后在尖刀被抢下的情况下与侯某撕扯，前后明显属于同一个犯罪行为，应该将两次行为作为一个整体来看。

综合分析案件事实、证据，合议庭认为王小某的犯罪行为定故意伤害罪一罪更为合适。理由为：

1. 被告人是限制刑事责任能力人，控制和辨认自己行为的能力相对较弱。双方素不相识，没有任何新仇旧怨，从王小某的多次供述及当庭供述中找不到其具有杀人故意的供述。王小某称是听到有人骂自己才持刀进入房间，后与被害人撕扯并扎刺被害人，供述自己并没有要杀害别人的目的。

2. 被害人陈述、目击证人的证言中也有关于被告人和两名被害人发生争执，以及被告人受到侯金某踢踹等情况，这点同被告人供述相吻合。从这些证据来看，被告人没有剥夺被害人生命的主观故意，更多的是双方争执升级，王小某受对方刺激实施扎刺被害人等伤害身体健康的行为。

3. 从作案手段和方式来看，王小某对死者侯金某仅扎了一刀，其在没有明显阻碍的情况下，并没有继续作案；且扎刺的部位更多的是一种随机选择，并无证据显示是故意选择要害部位扎刺。王小某与侯某的争执也主要为肉体撕扯，基本没有使用工具，侯某的伤主要集中在手部、面部的皮外伤。可见，王小某对被害人并没有剥夺生命的杀人故意。

综上，从案件具体情况和证据分析来看，王小某实施伤人行为，造成一死一伤的后果，应当定故意伤害罪。

编写人：北京市第二中级人民法院　王丽娜

2

法条竞合情形下销售假烟行为的认定

——高某销售伪劣产品案

【案件基本信息】

1. 裁判书字号

北京市东城区人民法院（2017）京0101刑初146号刑事判决书

2. 案由：销售伪劣产品罪

【基本案情】

被告人高某于2016年间，将假冒注册商标且伪劣的卷烟向北京市东城区内的商店进行销售。同年8月17日，被告人高某在北京市丰台区后村××号的仓库卸货时被北京市公安局东城分局经济犯罪侦查支队民警抓获，并当场从仓库内查获卷烟4633条；经中国烟草总公司北京市公司北京市烟草质量监督检验站检验及北京市烟草专卖局核价，上述查扣卷烟均为假冒注册商标且伪劣卷烟，共计价值人民币1031037.5元。

【案件焦点】

高某的行为同时构成销售假冒注册商标的商品罪、销售伪劣产品罪和非法经营罪时，应当如何定罪处罚。

【法院裁判要旨】

北京市东城区人民法院经审理认为：被告人高某尢视国法，销售假冒伪劣卷烟制品，货值金额五十万元以上，其行为破坏了社会主义市场经济秩序，已构成销售伪劣产品罪，依法应予刑罚处罚。北京市东城区人民检察院指控被告人高某犯罪的事实清楚，证据确实、充分，但指控其犯销售假冒注册商标的商品罪的罪名不当，本院予以纠正。鉴于查获的假冒伪劣卷烟尚未销售，被告人高某系犯罪未遂，且其当庭能自愿认罪，故对被告人高某予以减轻处罚。

北京市东城区人民法院依照《中华人民共和国刑法》第一百四十条、第二十三条、第五十二条、第五十三条、第六十四条及《最高人民法院、最高人民检察院关于办理生产、销售烟草专卖品等刑事案件具体应用法律若干问题的解释》第五条，作出如下判决：

一、被告人高某犯销售伪劣产品罪，判处有期徒刑五年，并处罚金人民币五十万元；

二、在案扣押的账本七个及甲牌手机一部、乙牌手机二部予以没收；丙牌手机一部、丁牌手机一部予以变卖，变价款连同扣押在案的人民币六万一千八百元并入罚金项执行；

三、未随案移送的扣押物品由扣押机关依法处理。

【法官后语】

本案事实清楚，证据确实、充分，定案的焦点在于指控罪名是否恰当。公诉机关认为高某的行为构成销售假冒注册商标的商品罪，原因是无法证明高某主观明知其所销售的烟草是伪劣的，其供述中多次提到是受一位“高老板”委托帮忙卖烟，货源、销售方式、送货工具等均由“高老板”提供，并按照比例给其利润提成。又由于“高老板”未到案，其是否具有烟草经营资质不得而知，所以高某的行为仅构成销售假冒注册商标的商品罪。

本案可能涉及的相关罪名包括：销售假冒注册商标的商品罪、销售伪劣产品罪和非法经营罪：

根据《刑法》第二百一十四条之规定，销售明知是假冒注册商标的商品，金额数额达到一定标准的，构成销售假冒注册商标的商品罪。《最高人民法院、最高人民检察院、公安部、国家烟草专卖局关于办理假冒伪劣烟草制品等刑事案件适用法律问题座谈会纪要》第二条规定，以明显低于市场价格进货或以明显低于市场价格销售等情况均可以认定为《刑法》第二百一十四条规定的“明知”。我国是烟草专卖制度，结合本案中高某的供认以及其烟草进货、销售的形式和价格，其主观上应当明知其销售的是假烟，故符合此条罪名的构成要件。

根据《刑法》第一百四十条之规定，销售者以假充真、以次充好，或者以不合格产品冒充合格产品，达到一定销售金额的，构成销售伪劣产品罪。《最高人民法院、最高人民检察院关于办理生产、销售伪劣商品刑事案件具体应用法律若干问题的解释》对“以假充真”、“以次充好”及“不合格产品”有具体规定，而且规定对上述行为难以确定的，应当委托鉴定。高某明知其销售的是假烟，而且本案的鉴定结果也能够证实查处的卷烟全部系伪劣卷烟，所以被告人的行为也符合销售伪劣产品罪的构成要件。对于公诉人所提销售者实为幕后“高老板”，高某对涉案卷烟系伪劣产品不具有主观明知的意见，我们认为，高某明知其销售的卷烟是假冒的，其主观上对这些卷烟是否伪劣持一种放任的心态，对于伪劣卷烟的鉴定结果应当承担责任。

根据《刑法》第二百二十五条之规定，对未经许可经营法律、行政法规规定的专营、专卖物品或者其他限制买卖的物品的，构成非法经营罪。本案中，高某没有营业执照和烟草专卖许可，商店的证人及租房的房主都证实只见过高某一人，且目前没有查到关于“高老板”的任何线索，不能人为假设“高老板”及其营业执照的存在，故高某的行为也符合此条罪名的犯罪构成。

所以高某的行为同时触犯了三个罪名，属于法条竞合，应当择一重罪处罚。并且《最高人民法院、最高人民检察院关于办理生产、销售烟草专卖品等刑事案件具体应用法律若干问题的解释》第五条也明确规定了，行为人实施非法生产、销售烟草专卖品犯罪，同时构成生产、销售伪劣产品罪、侵犯知识产权犯罪、非法经营罪的，依照处罚较重的规定定罪处罚。本案中，涉案烟草核价价值为人民币100余万元，按照《刑法》分则的数额标准，若构成非法经营罪应判处五年以上有期徒刑，若构成销售伪劣产品罪应判处七年以上有期徒刑，若构成销售假冒注册商标的商品罪应判处三年以上，七年以下有期徒刑，故应当以销售伪劣产品罪处罚。鉴于查获的假冒伪劣卷烟尚未销售，故认定为犯罪未遂，对高某予以减轻处罚。

编写人：北京市东城区人民法院　吴丽芳　张若枫

3

购买他人银行卡、身份证进行电信诈骗的罪数认定

——王明福诈骗案

【案件基本信息】

1. 裁判书字号

福建省厦门市海沧区人民法院（2017）闽0205刑初524号刑事判决书

2. 案由：诈骗罪

【基本案情】

2016年6月至10月，被告人王明福为实施诈骗，先后通过百度搜索“购买银行卡”的词条后，与对方取得联系，商定以每套（包含银行信用卡、银行卡开户的身份证、银行卡的网银U盾、办卡预留的电话号码卡各一）人民币1000元的价格，先后从网上非法购买姓名为张某某、黄某某、周某某、王某某、丁某某、陈某某的六套银行信用卡、居民身份证及附赠的相应姓名为古某、吴某、付某三张居民身份证。2016年11月1日至2016年11月15日，被告人王明福以透露股票内幕信息为由进行网络诈骗，先后骗取被害人贾某人民币3680.66元、被害人王某三笔计人民币33680元。其中，姓名为王某某、张某某、陈某某的3张银行卡用于接收被害人被骗款项。

2016年11月24日凌晨，厦门市公安局嵩屿边防派出所民警在对其暂住处进行巡查时，将涉嫌网络诈骗的被告人王明福抓获归案，并查扣上述居民身份证、银行

卡及多部作案手机、手机号码卡等。到案后，被告人王明福能如实供述其非法持有他人信用卡、买卖居民身份证件的犯罪事实。

【案件焦点】

被告人为实施诈骗在网上购买银行卡、身份证的行为是否应数罪并罚。

【法院裁判要旨】

福建省厦门市海沧区人民法院经审理认为：被告人王明福以非法占有为目的，在网络上以透露股票内幕信息的方式骗取他人财物合计人民币37360.66元，数额巨大，其行为已构成诈骗罪，公诉机关指控该罪名成立；但公诉机关指控被告人犯妨害信用卡管理罪、买卖居民身份证件罪不能成立，应予以纠正。被告人王明福当庭自愿认罪，可酌情从轻处罚；全部赔偿、取得被害人谅解并已预交罚金，可酌情从轻处罚。被告人王明福为实施诈骗非法购入、持有信用卡和购买居民身份证的行为，可在量刑时酌情从重处罚；利用互联网发布虚假信息，对不特定多数人实施诈骗，可酌情从重处罚。辩护人关于被告人当庭自愿认罪，积极赔偿并取得被害人谅解等酌情从轻处罚意见，可以采纳，其余辩护意见本院不予采纳。

福建省厦门市海沧区人民法院依照《中华人民共和国刑法》第二百六十六条、第六十四条及《最高人民法院、最高人民检察院关于办理诈骗刑事案件具体应用法律若干问题的解释》第一条，作出如下判决：

一、被告人王明福犯诈骗罪，判处有期徒刑三年，并处罚金人民币一万元；

二、扣押的银行卡6张、身份证9张、U盾7个、笔记本电脑2台、手机6部、手机卡12张、U盘2个予以没收。

【法官后语】

本案控辩双方的争论焦点在于如何对被告人王明福的行为定性，即定诈骗一罪还是妨害行用卡管理罪、买卖居民身份证件罪、诈骗罪三罪。一审法院最后采纳了辩方意见，认定被告人王明福构成诈骗罪。被告人王明福购买他人银行卡与身份证的目的是实施网络诈骗犯罪，成立刑法理论中的牵连犯。牵连犯是指犯罪的手段行为或结果行为，与目的行为或原因行为分别触犯不同罪名的情况。判断本案是否成立牵连犯主要从以下几方面考虑：

首先，被告人客观上触犯两个以上独立的罪名。本案中王明福诈骗和购买居民身份证的行为明显触犯了两个罪名，侵害了不同法益，可以构成诈骗罪和买卖居民身份证件罪。但被告人非法持有他人信用卡的行为不构成妨害信用卡管理罪，根据《最高人民法院、最高人民检察院、公安部关于办理电信网络诈骗等刑事案件适用法律若干问题的意见》中的规定，“非法持有他人信用卡，没有证据证明从事电信网络诈骗犯罪活动，符合刑法第一百七十七条之一第一款第（二）项规定的，以妨害信用卡管理罪追究刑事责任。”因此，扣除被告人用于接收诈骗款项的3张银行卡，王明福实际非法持有的他人信用卡的数量无法达到妨害信用卡管理罪中数额较大的标准，即非法持有他人信用卡5张以上不满50张的。

其次，被告人主观上均出于一个犯罪目的。牵连犯虽然有数个犯罪行为，但行为人追求的犯罪目的只有一个，即目的行为的目的。被告人王明福购买他人银行卡与身份证的目的是能够顺利接收诈骗款项，其所有行为均是出于通过诈骗获得非法利益这一个犯罪目的，在这一犯意的支配下，其购买行为仅是诈骗行为的手段，被告人王明福的犯罪目的具有同一性。

最后，被告人犯罪行为间具有牵连关系。对于牵连关系的判断多主张类型说，即某种手段行为通常由于实现目的行为的犯罪。鉴于目前电信网络诈骗犯罪猖獗，诈骗款项的收取、转移多是通过他人银行卡进行，甚至发展出多层级巨大转账网络。本案中，被告人王明福是通过百度搜索“购买银行卡”的词条后，购买了相应的银行信用卡、开户的身份证、网银U盾、预留电话号码卡等配套物品是手段行为，与获取诈骗款项这一目的行为联系紧密，不同行为间具有手段和目的上的牵连关系。

对于牵连犯的处罚原则，理论界及司法实务界通常采用“从一重处断”原则，即按照数罪中最重的一个罪所规定的刑罚处罚，故在本案中，以诈骗罪判处王明福是合适的，其非法购入、持有信用卡和购买居民身份证等事实可作为酌情从重处罚的量刑情节进行考虑。

编写人：福建省厦门市海沧区人民法院　黄少斌　陈芳序

4

贷款诈骗罪中非法占有目的的认定

——张某贷款诈骗案

【案件基本信息】

1. 裁判书字号

北京市第一中级人民法院（2017）京01刑终695号刑事裁定书

2. 案由：贷款诈骗罪

【基本案情】

1997年5月至1999年11月，被告人张某通过伪造北郝庄合作社印章及该社社长付某签名的方式，办理虚假贷款担保手续，以其经营的甲公司名义先后四次向注里信用社申请保证担保贷款，共骗取注里信用社贷款367万余元。

1999年11月23日，被告人张某通过伪造北郝庄合作社印章及该社社长付某签名的方式，办理虚假贷款担保手续，以其实际控制的乙煤炭经销站名义向注里信用社申请保证担保贷款，骗取注里信用社贷款40万元。

【案件焦点】

涉及骗取贷款的犯罪，如何根据案件事实、证据综合认定被告人的主观还款意图，进一步确定被告人是否对骗取的贷款具有非法占有目的。

【法院裁判要旨】

北京市昌平区人民法院经审理认为：被告人张某以非法占有为目的，通过伪造印章等方式使用虚假证明文件诈骗银行贷款，数额特别巨大，扰乱国家金融管理秩序的同时亦侵犯了银行财产所有权，其行为已构成贷款诈骗罪，依法应予惩处。北京市昌平区人民检察院指控被告人张某犯贷款诈骗罪的事实清楚，证据确实、充分，罪名成立。被告人及其辩护人关于被告人张某对所骗贷款不具有非法占有目的、其行为不构成贷款诈骗罪、应宣告无罪等意见，依据不足，不予采信。辩护人认为被告人张某具有坦白、自愿认罪、被害单位存在过错的意见，被告人张某未能如实供述贷款诈骗罪行，对贷款诈骗罪指控不予认可，被害单位是否存在过错不影响对被告人贷款诈骗行为的认定，上述意见，无事实及法律依据，不予采信；其他意见，本院酌予考虑。鉴于被告人张某到案后能够供述骗取贷款的基本事实，其亲属代为退交部分案款，对其酌予从轻处罚。根据被告人张某犯罪的事实、性质、情节以及社会危害程度，依照《中华人民共和国刑法》第一百九十三条第三项、第五十五条第一款、第五十六条第一款、第五十二条、第五十三条、第六十一条、第六十四条之规定，判决如下：

一、被告人张某犯贷款诈骗罪，判处有期徒刑十二年，剥夺政治权利二年，并处罚金人民币三十万元；

二、在案人民币十一万元，发还被害单位北京农村商业银行股份有限公司亚运村支行；

三、责令被告人张某继续向被害单位北京农村商业银行股份有限公司亚运村支行退赔人民币三百九十六万八千六百一十五元；

四、公诉机关随案移送银行凭证八张、流动资金贷款调查表二份、借款申请书五份、借款合同二十七份、借款协议书二份、保证合同八份、应诉通知书三张、传票五张、授权委托书十张、起诉状十份、逾期贷款催收单四份、民事判决书十二份、民事调解书八份，作为证据予以存档。

张某持原审辩解提起上诉。

北京市第一中级人民法院经审理认为：上诉人张某以非法占有为目的，通过伪造印章等方式使用虚假证明文件诈骗银行贷款，数额特别巨大，其行为已构成贷款诈骗罪，依法应予惩处。鉴于张某的亲属代其退缴部分赃款，对其酌予从轻处罚。一审法院根据张某犯罪的事实，犯罪的性质、情节和对于社会的危害程度所作出的判决，认定的事实清楚，证据确实、充分，定罪及适用法律正确，量刑适当，审判程序合法，应予维持。据此，依照《中华人民共和国刑事诉讼法》第二百二十五条第一款第一项①之规定，裁定如下：

驳回上诉，维持原判。

---

① 对应2018年《刑事诉讼法》第二百三十六条第一款第一项。

【法官后语】

在司法实践中贷款诈骗罪与骗取贷款罪往往容易混淆，如何准确地界定罪与非罪、此罪与彼罪，是本案案件审理的关键。区分两罪的关键在于主观要件。虽然两罪采取的手段相似，但主观目的不同。骗取贷款罪不是以非法占有为目的，只因在不符合贷款条件的情况下为取得贷款而采用了非法手段，有归还的意愿。而贷款诈骗罪的主观意图就是通过非法手段骗取贷款并非法占有。要判断行为人主观上是否以非法占有为目的，不仅要看其取得贷款的手段，更要看其取得贷款后对贷款如何处理的客观表现。如果行为人没有按贷款用途使用贷款，而是将贷款用于非法活动或者用于高风险投资，大肆挥霍贷款，携款逃匿，隐匿贷款去向，贷款到期后拒不归还等，就应认定是以非法占有为目的，只要达到数额较大就构成贷款诈骗罪。反之，行为人没有前述行为表现，仅是采取了非法手段取得贷款，如果达到法定的数额标准或者情节标准，就应认定为骗取贷款罪。关于是否构成“非法占有”，最高人民法院于2001年1月21日颁布的《全国法院审理金融犯罪案件工作座谈会纪要》关于金融诈骗罪中非法占有目的的认定作了详细的规定：“根据司法实践，对于行为人通过诈骗的方法非法获取资金，造成数额较大资金不能归还，并具有下列情形之一的，可以认定为具有非法占有的目的：(1) 明知没有归还能力而大量骗取资金的；(2) 非法获取资金后逃跑的；(3) 肆意挥霍骗取资金的；(4) 使用骗取的资金进行违法犯罪活动的；(5) 抽逃、转移资金、隐匿财产，以逃避返还资金的；(6) 隐匿，销毁账目，或者搞假生产、假倒闭，以逃避返还资金的；(7) 其他非法占有资金、拒不返还的行为。”

笔者认为，判断行为人主观上是否具有非法占有的目的，应从两个方面进行：一是看其取得贷款的手段，具体五种情形已在《刑法》第一百九十三条贷款诈骗罪中明确表述，本案中被告人张某使用虚假的公章、签名章伪造担保证明文件的行为符合贷款诈骗罪中使用虚假的产权证明作担保之情形，符合贷款诈骗罪的客观构成要件。二是看行为人取得贷款后对贷款如何处理的客观表现。在案证据足以证实在2001年洼里信用社起诉甲公司当时及以后的相当一段时间内，被告人张某经营效益可观，具备还款能力；其个人账户在2013年以前有大额进账记录，基本均于当日转出，用途不明；2000年以后仅个人购房、建房花费近400万元；2012年注销甲公司时尚有涉案400余万元贷款未还。被告人张某为掩盖骗贷行为，在诉讼中弄虚作假，委派他人假冒北郝庄合作社出庭应诉，编造共同还贷事实，转移还款责任。根据最高人民法院于2001年1月21日颁布的《全国法院审理金融犯罪案件工作座谈会纪要》关于金融诈骗罪中非法占有目的的认定的规定，被告人张某骗取贷款后的行为符合金融诈骗罪非法占有目的认定中肆意挥霍骗取资金的情形。综上所述，被告人及其辩护人虽认为张某因扩大业务、经营不善导致贷款无法归还，但应坚持主客观相一致原则，整体考量其还贷能力、资金使用等方面综合认定被告人的主观还款意图。被告人张某先期为达贷款目的，通过伪造印章、签名的方式制造虚假贷款担保证明文件，骗取银行贷款，后在贷款到期具备还贷能力时不履行还款义务；在资金使用上，其在经营期间财务混乱，账目混同，个人随意支取，大量资金去向不明，且在还贷期间又编造事实，转移还款责任；后虽慑于司法压力被迫进行部分还款，但在大量贷款尚未清偿时仍进行大额个人消费，并注销甲公司，应认定其主观上具有非法占有之目的。

随着国民对资金需求的日益增大，与金融贷款相关的违法犯罪活动也愈加猖獗，严重破坏了我国金融秩序的稳定。司法机关在审判实践中应着重区分，谨慎认定行为人非法占有之目的，保障银行等金融机构合法权益。

编写人：北京市第一中级人民法院　张雪洋

5

用“明知推定”的方式证明被告人主观明知

——谭盛某协助组织卖淫案

【案件基本信息】

1. 裁判书字号

福建省厦门市海沧区人民法院（2017）闽0205刑初137号刑事判决书

2. 案由：协助组织卖淫罪

【基本案情】

被告人谭盛某明知××阁会所从事组织卖淫活动，仍为会所运送嫖客，并收取回扣。2015年5月，被告人谭盛某共为××阁会所运送嫖客4人次。2015年9月2

日16时许，被告人谭盛某在厦门市海沧生活区被公安机关抓获。

被告人谭盛某辩称其不知道涉案会所提供卖淫服务。

【案件焦点】

被告人谭盛某是否明知涉案会所从事卖淫活动。

【法院裁判要旨】

福建省厦门市海沧区人民法院经审理认为：在案的证据足以认定被告人谭盛某明知××阁会所从事卖淫活动仍为该会所运送嫖客。理由如下：（1）在案证据2016年8月30日、2016年11月8日讯问同步录音录像表明，被告人谭盛某自主供述，讯问结束后公安机关向被告人宣读笔录，经核实后被告人签字，取证程序合法，相关证据可以作为定案依据。（2）在案证据生效刑事判决书认定××阁会所从事卖淫活动，书证摩的表登记了被告人谭盛某的电话，开支表记录了被告人谭盛某的车牌号和电话号码，及其累计载客7人，均消费398元，领取相关回扣的情况，结合被告人载4人到该会所消费，另有3人为他人拼单的供述，就低认定被告人谭盛某运送到××阁会所消费398元服务项目的人数为4人。（3）被告人谭盛某原供述××阁会所398元服务项目为性服务，该供述与证人赵甲、朱新某、赵乙、梁某证言一致，且与赵甲证言中有载客过来的都知道店里提供性服务相印证，证明被告人谭盛某对××阁会所从事卖淫活动是明知的。（4）被告人谭盛某到案初期多份笔录虽对信息来源供述不同，但都明确其知道××阁会所提供卖淫服务仍向该会所运送嫖客，目的是赚取回扣。被告人谭盛某于2015年9月2日被传唤到案，签署《犯罪嫌疑人诉讼权利义务告知书》并接受讯问，公安机关当日决定对其取保候审，2015年9月6日，被告人谭盛某缴纳取保候审保证金人民币5000元。被告人关于其以为自己只是证人，为配合公安机关查处卖淫会所才做出知情供述的理由明显不成立。被告人谭盛某先供后翻，不能合理说明翻供原因且其辩解与全案证据矛盾。在案证据可以证明被告人谭盛某明知××阁会所提供卖淫服务仍为赚取回扣向该会所运送嫖客。被告人相关辩解和辩护人相关辩护意见与查明的事实不符，不予采纳。

综上，被告人谭盛某为卖淫场所运送嫖客，其行为已构成协助组织卖淫罪。公诉机关指控的罪名成立。被告人谭盛某曾被判处有期徒刑以上刑罚，刑罚执行完毕五年以内再犯应当判处有期徒刑以上刑罚之罪，系累犯，依法应当从重处罚。

福建省厦门市海沧区人民法院依照《中华人民共和国刑法》第三百五十八条第三款、第六十五条第一款之规定，作出判决如下：

被告人谭盛某犯协助组织卖淫罪，判处有期徒刑十个月，并处罚金人民币二千元。

【法官后语】

犯罪故意作为一种基本的罪过形式，主要包含了认识因素和意志因素两部分。认识因素是指行为人对自己打算实施行为的性质和行为可能造成的危害后果等方面的认识，我国《刑法》将其表述为“明知”。将“明知”作为一个特殊的概念写入《刑法》中，立法者的初衷在于通过严格限制主观心理要素的认定，进而限制刑法的扩张，当认定行为人是否构成故意犯罪时，主观上首先需要具备犯罪故意，而“明知”是犯罪故意的基础，也决定着故意犯罪的成立。

“明知”的本质是一种看不见摸不着的主观心理活动和认知状态，这种特性决定了它与客观方面等其他要素在证明环节上存在不同，后者是一种以物理形态存在的客观事实，通过公安机关的侦查、勘验等方式可实现大部分还原；而所谓“明知”基本只存在于犯罪嫌疑人和被告人的口供或者书证和视听资料中，否则难以达到犯罪证明所需要的排除任何合理怀疑的标准。并且，公诉机关负有举证证明责任，而在司法实践中几乎很难实现对被告人“明知”的证明，特别是在被告人不认罪的情况下，毕竟通过客观化的形式来表现并证明主观化的内容本身就很困难，更何况要达到刑事证明的排除合理怀疑标准。但无论是从实现法益保护有效打击犯罪，还是从提高认定事实效率避免案件久拖未决，司法裁判者都需对被告人的“明知”问题作出合情、合理、合法的判断与解释。

本案中笔者采用“明知推定”的方式认定被告人主观明知。所谓明知推定，是指在行为人拒不供述或辩解其对故意犯罪中特殊认识内容“不明知”的情况下，依照法律规定或者由法官按照逻辑、经验法则和个人良心，从已知的基础事实中推断其存在“明知”，并允许当事人提出反证予以推翻的一种证据规则。从运用规则看，该“明知推定”必须符合常人的认识逻辑、符合一般经验规则，并且仅在穷尽一切证明办法后才可审慎使用。从运用方法看，查清案件基础事实最为关键，“明知推定”只能建立于基础事实已由相关证据予以充分证明，具有完全真实性的基础上，同时要充分保障被告人提出反驳意见及证据的权利，在此情况下法官依常人的朴素认识观判断被告人对犯罪故意的“明知”是否已达高度盖然性。

本案中，多位证人证言、摩的司机登记表、被告人前期供述、同步录音录像等在案证据相互印证，证明被告人明知涉案会所提供性服务仍向该会所运送嫖客，且被告人对涉案会所提供性服务项目的供述与会所工作人员的陈述一致，至此，本案的基本事实通过多份证据已能完整还原。但被告人的后期笔录及庭审中均对原供述进行否认，辩称其对涉案会所提供性服务并不知晓。合议庭详细听取被告人的辩解意见，但被告人既无法说明其翻供的原因也未能提供支持其辩解意见的任何相关证据，且被告人的辩解意见与全案证据矛盾。据此，按照经验逻辑及朴素的价值判断，合议庭确信被告人系明知涉案会所提供性服务仍为该会所运送嫖客。

编写人：福建省厦门市海沧区人民法院　牟燕　陈淑芳

6

间歇性精神病人犯罪时的刑事责任能力认定

——张建某抢劫案

【案件基本信息】

1. 裁判书字号

云南省瑞丽市人民法院（2017）云3102刑初289号刑事判决书

2. 案由：抢劫罪

【基本案情】

2017年1月31日19时许，被告人张建某和“阿财”（基本情况不详、未抓获）驾驶一辆轿车（未查获），行至瑞丽市农垦路甲铝材店路边附近时，看见被害人张某（女，现年46岁）一人在路边走着，肩上挎着一个挎包。“阿财”遂将车开到被害人张某旁边，由被告人张建某在车内伸手抢夺张某挎在肩上的挎包。由于被害人张某反抗未得逞。张建某便用一把尖刀将张某的挎包带割断，将挎包抢走并逃离。被抢挎包中有人民币2000余元。

2017年2月1日18时许，被告人张建某在陇川县章凤镇卫国北路乙电玩城，伙同包某某（未抓获）、董某某（外号憨弟，未抓获）将被害人甘某某、刘某某挟持至乙电玩城内的洗手间内，抢走玫瑰金色苹果牌iPhone7plus 128G手机一部、黑色苹果牌iPhone7plus 128G手机一部、白色OPPO牌A53手机一部、现金500余元。被抢3部手机经瑞丽市发展和改革局价格认证中心鉴定［瑞价认（2017）75号］：价值为15414元人民币。

2017年2月7日凌晨2时许，被告人张建某在瑞丽市富民路××号路边，用拳头和脚击打被害人黄某某后，开着被害人黄某某的出租车，逃离现场，当日被抓获，现场查获被抢的黑色出租车一辆。被抢出租车经瑞丽市发展和改革局价格认证中心鉴定［瑞价认（2017）74号］：价值人民币7000元整。

【案件焦点】

被告人张建某长期患有精神分裂症，对于其实施上述抢劫行为时的刑事责任应如何认定。

【法院裁判要旨】

云南省瑞丽市人民法院经审理认为：被告人张建某以非法占有为目的，采用暴力、胁迫的方式劫取他人财物，其行为已构成抢劫罪，依法应予惩处。公诉机关指控的事实清楚，证据确实充分，罪名成立，本院予以支持。被告人张建某到案后如实供述自己的罪行，系坦白，可对其从轻处罚。公诉机关对此提出的意见，本院予以采纳。对于被告人及其辩护人提出不排除被告人在实施抢劫时患精神病的辩护意见，本院认为，被告人在实施抢劫时是否患有精神病应以鉴定结论为依据，公诉机关出具的两份医学鉴定结论均证实了被告人2017年年初以来实施的系列作案行为具有完全刑事责任能力，被告人及其辩护人对此提出的辩护意见，与鉴定结论不符，本院不予支持。根据《中华人民共和国刑法》第十八条规定，间歇性的精神病人在精神正常的时候犯罪，应当负刑事责任，为此，被告张建某应对其以上犯罪行为承担相应的法律责任。

云南省瑞丽市人民法院根据被告人犯罪的事实、性质、情节和对于社会的危害程度，依照《中华人民共和国刑法》第二百六十三条、第六十七条第三款、第十八条、第五十二条、第五十三条、第六十一条之规定，判决如下：

被告人张建某犯抢劫罪，判处有期徒刑十年，并处罚金人民币二万元。

【法官后语】

关于精神病人的刑事责任承担问题，首先，必须强调的是，司法程序中的精神病和医学意义上的精神病并不是同一种概念。医学意义上的精神病是指“在各种生物因素、心理因素以及社会环境因素的影响下，大脑功能活动发生紊乱，导致认识、情感、意识和行为等精神活动不同程度障碍的疾病”。而法律意义上足以作无罪辩护的精神病人在犯案时必须达到完全“不能辨认或者不能控制自己行为”的程度，“尚未完全丧失辨认或者控制自己行为能力的精神病人犯罪的”仍应当承担刑事责任。换言之，即便是医学意义上判定为精神病人，也不能当然被判定无罪，其认知力和控制力才是定罪量刑的重要依据。被告人及其辩护人当庭辩解称，其有家族精神病史，且其自述在犯罪过程中并不知道自己在做什么。但是任何希望以精神病为理由进行的辩护，都需要进行专业的医学鉴定。

其次，《刑法》第十八条第四款规定：“醉酒的人犯罪，应当负刑事责任。”醉酒的人往往也是在失去自控能力的情况下导致犯罪发生，但是其本身醉酒的结果却是由于自身故意所造成，一个想犯罪的人只要喝醉酒就可以不承担刑事责任，这显然是不合理的。根据举轻以明重的原则，醉酒这样的法律并不禁止的行为不能免责，吸毒这样的违法行为更不应该成为免责的理由。如果因吸毒引起的间歇性的身体和精神不正常，如吸毒后过度亢奋、毒瘾发作后痉挛等可以成为抗辩的理由，则会出现比醉酒犯罪免责更加荒谬和不公平的结果。对于同时具有精神病史和吸毒史的被告人的刑事责任能力的判定，不应该仅限于自身精神状态和自控能力的鉴定，还应该注意其在犯罪过程中是否处于毒品的影响控制中。如果被告人在犯罪时的精神失控是其吸毒行为造成的，则应慎重适用《刑法》第十八条的特殊规定，否则，将违反《刑法》的立法目的。

本案中在案证据显示，张建某于2015年8月10日因涉嫌抢劫罪被执行拘留，2015年9月16日因患精神病被予以释放，并且未被追究刑事责任。2016年10月31日张建某涉嫌抢劫罪，因患精神病没有被陇川县人民法院判决承担刑事责任。

另据其交代，2006年3月24日因盗窃被保山市人民法院判处有期徒刑一年九个月，但经侦查人员在违法犯罪人员信息库中查找，未能找到被告人张建某所交代的事实。上述证据证实，被告人张建某有多次实施暴力抢劫的记录在此前未被追究刑事责任，抢劫罪属于刑法中的恶性犯罪，且其明知自己患有精神分裂症还常年吸毒，社会危害性较大。精神病患者虽然是社会上的弱者，需要特殊保护，但并不意味着可以凌驾于法律之上。本案被告人的刑事责任能力的认定和刑罚的判定具有一定的复杂性，应当综合全案并结合专业鉴定机构出具的鉴定意见进行全面分析，才能作出公平裁决。

编写人：云南省瑞丽市人民法院　苏琳

7

精神活性物质所致精神障碍者刑事责任能力的审查

——甄国某故意杀人案

【案件基本信息】

1. 裁判书字号

北京市第二中级人民法院（2016）京02刑初117号刑事判决书

2. 案由：故意杀人罪

【基本案情】

被告人甄国某于2015年1月13日凌晨，在北京市东城区北河胡同吉祥服务站内，因琐事与该服务站的工作人员王某某发生争执，遂持木质条形钝器猛击其头部、躯干部等部位，后持菜刀砍切其颈部，造成王某某颅脑损伤及创伤失血性休克，最终致头颈部离断死亡。被告人甄国某于作案当日向北京市公安局东城分局投案。

针对被告人甄国某作案时的精神状态，在案有三份鉴定意见，分别为：（1）北京回龙观医院精神疾病司法鉴定科出具的精神疾病司法鉴定意见书：被鉴定人甄国某诊断为妄想状态，限制刑事责任能力。（2）北京市公安局强制治疗管理处司法鉴定中心出具的精神病司法鉴定意见书：被鉴定人甄国某诊断为精神活性物质所致的精神障碍，实施违法行为时处于精神活性物质导致的精神与行为异常状态，但由于吸食毒品系自陷性行为，为法律所禁止，评定为完全刑事责任能力。（3）法大法庭科学技术鉴定研究所出具的司法鉴定意见：被鉴定人2015年1月13日作案时处于妄想状态。从精神障碍分类学上，有理由推断被鉴定的上述以妄想、幻觉为主要表现的精神障碍系由精神活性物质所致。按照《中国精神障碍分类与诊断标准（第三版）》（CCMD－3），被鉴定人诊断为精神活性物质所致精神障碍。

【案件焦点】

围绕甄国某的刑事责任能力问题，在案有三份鉴定意见，出现三种不同的鉴定结果，法官应如何进行审查与认定。

【法院裁判要旨】

北京市第二中级人民法院经审理认为：根据司法部发布的《司法鉴定程序通则》第二十三条“司法鉴定人进行鉴定，应当依下列顺序遵守和采用该专业领域的技术标准、技术规范和技术方法：（一）国家标准；（二）行业标准和技术规范；（三）该专业领域多数专家认可的技术方法”之规定，北京回龙观医院精神疾病司法鉴定科出具的鉴定意见，全文未见对相关标准和技术规范的引用；北京市公安局强制治疗管理处司法鉴定中心出具的鉴定意见，在对甄国某作案时的精神状态进行分析诊断时，所引用的《中国精神障碍分类与诊断标准（第三版）》系行业标准和技术规范，但在对甄国某作案时的刑事责任能力进行判断时，未引用明确的标准和技术规范；法大法庭科学技术鉴定研究所在对甄国某作案时的精神状态进行分析诊断时，引用了《中国精神障碍分类与诊断标准（第三版）》，在对甄国某作案时的刑事责任能力进行判断时，所引用的《精神障碍者刑事责任能力评定指南》系国家标准。据此，对法大法庭科学技术鉴定研究所出具的上述鉴定意见予以采信，该鉴定意见依照上述国家标准虽认为对甄国某作案时的刑事责任能力不作评定，但亦证实被告人甄国某作案时受精神病理因素的影响控制能力受损。被告人甄国某故意非法剥夺他人生命，致人死亡，其行为已构成故意杀人罪，且所犯罪行特别严重，依法应予惩处。鉴于被告人甄国某犯罪后自动投案，如实供述自己罪行，构成自首，以及其作案时控制能力受损等情节，依法对其判处死刑，可不予立即执行。依照《中华人民共和国刑法》第二百三十二条、第四十八条、第五十一条、第五十七条第一款、第六十七条第一款、第六十一条、第六十四条之规定，判决：

一、被告人甄国某犯故意杀人罪，判处死刑，缓期二年执行，剥夺政治权利终身；

二、在案扣押物品木方条四根、菜刀一把、双肩背包一个予以没收。

【法官后语】

法官作为司法的裁决者，不能简单机械地采信鉴定意见，更不能面对多种鉴定意见时不知所措，无所适从。法官应从形式与实质两个方面，加强对司法精神病鉴定意见的审查，确保其具有合法性和客观性。

1. 形式性审查。司法精神病鉴定意见首先应符合法定证据形式，具有证据能力。依据刑事诉讼法相关司法解释，法官应从鉴定资质、送检检材来源、鉴定程序、鉴定过程和方法、鉴定文书是否有签名、盖章等方面进行形式审查。经审查，本案中，在案的三份鉴定意见中的两份鉴定意见的鉴定过程和方法不符合相关专业的规范要求，北京回龙观医院精神疾病司法鉴定科出具的鉴定意见，全文未见对相关标准和技术规范的引用，依据不明确；北京市公安局强制治疗管理处司法鉴定中心出具的鉴定意见，在对甄国某作案时的精神状态进行分析诊断时，所引用的《中国精神障碍分类与诊断标准（第三版）》系行业标准和技术规范，但在对甄国某作案时的刑事责任能力进行判断时，未引用明确的标准和技术规范。上述两份鉴定意见存在重大的形式缺陷，其合法性存疑，不能作为定案的根据。而法大法庭科学技术鉴定研究所在对甄国某作案时的精神状态进行分析诊断时，引用了行业标准《中国精神障碍分类与诊断标准（第三版）》，在对甄国某作案时的刑事责任能力进行判断时，引用了国家标准《精神障碍者刑事责任能力评定指南》，故法大法庭科学技术鉴定研究所出具的鉴定意见，鉴定过程和方法符合相应的规范要求，形式上具有合法性。

2. 实质性审查。在确定了在案的司法精神病鉴定意见可以作为证据使用的前提下，应加强对司法精神病鉴定意见进行实质内容的审查，主要包括“定病”和“定责”两个方面。

"定病"，也即确定行为人是否患有精神性疾病，属于医学或病理学问题，故对其判断应以精神病鉴定专家的意见为主，法官审查为辅，因为精神病鉴定专家具有超越法官的精神病学知识和专业权威。同时，法官在审查存疑的情况下，可以借助专家辅助人的专门知识来实现对"定病"异议的支持和侧面印证。

"定责"，也即确定行为人是否具有刑事责任能力，属于法律问题，故其判断应采取以法官司法判断权为主，精神病专家知识性权力为辅的方式，因为"定责"的核心是判断行为人的认识能力和控制能力是否受损，更多的是一种规范的或法学上的判断，而法官在法律领域的智识和经验显然要超过精神病鉴定专家。司法实践中，司法精神病鉴定意见一般会对行为人的刑事责任能力作出评判，评定行为人为完全刑事责任能力人、限制刑事责任能力人或无刑事责任能力人。对此，法官在进行"定责"审查时，应当予以充分尊重，但此评定结果并非最终的司法评判，司法裁判权的独立性和终局性，以及现代司法精神病鉴定制度的内在逻辑，要求确立法官的主导地位，由法官在司法精神病鉴定意见的基础上，依据自己的法律知识和审判经验，对行为人的刑事责任能力作出最终的司法评判。

本案被告人甄国某诊断为精神活性物质所致精神障碍，但同时鉴定意见对甄国某作案时的刑事责任能力不作评定。相较于普通的司法精神病鉴定案件，此案将行为人的刑事责任能力评定问题完全转交给了法官，法官的主体地位更加凸显。具体而言，法官在确认行为人属于精神活性物质所致精神障碍的情况下，应在精神病医学判断的基础上，结合具体案情，综合判断行为人行为时的认识能力和控制能力是否受损以及受损的程度。考量的因素包括但不限于以下两个方面：一是精神病性因素，主要是指反映精神病症状严重程度的因素，如自知力因素、认知功能、学习和工作能力、生活自理能力、现实检验能力等；二是法学性因素，主要是指精神症状对作案行为的影响，如作案动机、作案前诱因与先兆、预谋与准备过程、作案对象指向性、作案隐蔽性、作案行为调适与应变、作案后逃避责任、审讯或检查伪装、掩盖作案事实、对作案性质和后果的认识等。最终，法官认定被告人甄国某作案时受精神病理因素的影响，控制能力受损。

编写人：北京市第二中级人民法院　金昌伟

8

确实无法查明行为人年龄的，应按照有利于被告人的原则，推定其犯罪时未满18周岁

——张功某抢劫、抢夺案

【案件基本信息】

1. 裁判书字号

广东省汕尾市中级人民法院（2018）粤15刑终71号刑事判决书

2. 案由：抢劫罪、抢夺罪

【基本案情】

1. 2013年5月2日18时30分许，张功某乘坐陈奕某（已判决）驾驶的摩托车，在陆河县河田镇一公路上，用摩托车逼停被害人彭某驾乘的摩托车，张功某下车将被害人彭某的摩托车（价值人民币1450元）抢走。

2. 2013年6月一晚，张功某伙同余志某（已判决）乘坐陈奕某驾驶的小汽车，在陆河县河田镇人民北路党校前的路上，抢走被害人陈某小手包（内有人民币约400元），三人各分得100多元人民币。

3. 2013年6月13日16时许，张功某伙同余志某乘坐陈奕某驾驶的小汽车，在陆河县螺溪镇欧田村路段见一妇女驾驶摩托车，即驾驶小汽车尾随并将该妇女的摩托车逼停，然后张功某、陈奕某下车，张功某手持开山刀抢走被害人欧阳某的摩托车（价值人民币2500元），以人民币1700元的价格将该车卖掉，得款后三人平分。

4. 2013年6月21日8时40分许，张功某伙同余志某乘坐陈奕某驾驶的小汽车，在陆河县河田镇河东村路段，由陈奕某驾驶小汽车将被害人邱某的摩托车逼停，张功某和余志某下车抢走被害人邱某的摩托车（价值人民币1800元，车箱内有人民币770元、黑色的甲牌手机一部），恰巧陆河县公安局民警路过，马上制止

并开枪示警，张功某迅速开走邱某的摩托车，余志某乘坐陈奕某的小汽车迅速逃离现场。得手后，陈奕某、余志某各分得200多元，摩托车给张功某使用。

5. 2013年6月23日16时50分，张功某乘坐同案人陈奕某驾驶的摩托车在陆河县河田镇乙百货门口，张功某伸手将被害人叶某甲手提包（包内有人民币1200元、价值人民币4100元的苹果5手机一部）抢走，以人民币3000元的价格将手机卖掉，所得赃款两人平分。

6. 2013年7月5日12时，张功某乘坐同案人陈奕某驾驶的摩托车到陆河县河田镇乙百货门口，张功某伸手将被害人叶某乙手上的手提包抢走，包内有人民币1220元。张功某、陈奕某各分600多元人民币。

7. 2013年7月9日15时40分许，张功某乘坐同案人陈奕某驾驶的摩托车到陆河县河田镇岁宝路丙店旁边休闲中心门口，张功某伸手将罗某甲的一个挎包抢走（内有人民币1800多元、价值人民币250元的手机一部）。

8. 2013年7月12日18时，张功某乘坐同案人陈奕某驾驶的摩托车到陆河县丁宾馆对面路边，张功某伸手将被害人罗某乙手提包抢走，包内有人民币300多元。

9. 2013年7月18日17时，张功某伙同陈奕某驾驶摩托车到陆河县河田镇城北路口，张功某伸手将被害人罗某丙的手提包抢走（包内有人民币700元、价值人民币400元的手机一部）。

10. 2013年7月21日14时许，张功某驾驶摩托车载同案人陈奕某到陆河县河田镇人民中路一男装店前，陈奕某伸手将被害人方某的手机（价值人民币1700元）抢走，后手机由张功某拿去。

被告人张功某辩称其没有参与第9宗犯罪；在螺溪镇欧田村的抢劫不是其持刀；在第5、6、7宗犯罪中其只负责开车。辩护人提出对起诉指控被告人犯抢劫罪、抢夺罪没有异议，但本案的户籍登记原始资料出生日期存在瑕疵，有其他证据证明张功某是1995年6月23日出生，指控的四宗抢劫罪均是2013年6月23日之前发生，被告人张功某犯抢劫罪时不满十八周岁，依照《刑法》规定，应当从轻或者减轻处罚。

【案件焦点】

1. 当证据之间存在矛盾时，如何认定被告人刑事责任年龄；2. 确实无法查明行为人年龄的，应如何处理。

【法院裁判要旨】

广东省汕尾市陆河县人民法院经审理认为，被告人张功某无视国家法律，以暴力、威胁的手段多次抢劫他人财物，其行为已构成抢劫罪；同时被告人张功某还抢夺他人财产，数额较大，其行为又构成抢夺罪，依法应予数罪并罚。鉴于被告人张功某归案后如实供述自己的罪行，且当庭自愿认罪，给予从轻处罚。根据被告人的犯罪事实、性质、情节及对社会的危害程度，依照《中华人民共和国刑法》第二百六十三条第四项、第二百六十七条第一款、第五十二条、第五十三条、第五十四条、第五十五条、第五十六条、第五十八条、第六十七条第三款、第六十九条，《最高人民法院关于适用财产刑若干问题的规定》第五条之规定，判决如下：

被告人张功某犯抢劫罪，判处有期徒刑十一年，剥夺政治权利二年，并处罚金人民币七千元；犯抢夺罪，判处有期徒刑二年，并处罚金人民币三千元。数罪并罚，总和刑期为有期徒刑十三年，剥夺政治权利二年，并处罚金人民币一万元，决定执行有期徒刑十一年六个月，剥夺政治权利二年，并处罚金人民币一万元。

一审宣判后，张功某提出上诉：（1）其是1995年6月23日出生，犯罪时未满18周岁，应当从轻或减轻处罚；（2）一审认定的第二、三宗犯罪事实不清；（3）一审认定的第九宗犯罪其没有参与；（4）在螺溪镇欧田村抢劫时其没有持刀；（5）一审认定的第五、六、七宗犯罪中其只负责开车。辩护人辩护提出：户籍登记表原件显示张功某的出生日是空白的，派出所的户籍登记都是依据医院相关证明作出的，南万卫生院及接生员的证明是第一手最原始的证据，且与万全村委、下枧村民等证据相互印证。根据规定，当户籍证明与其他证据材料的矛盾无法得到排除时，应正确贯彻“有利于被告人”原则，准确认定被告人的年龄。

广东省汕尾市中级人民法院经审理认为：关于张功某的出生日期问题，按其户籍资料中的常住户口登记表所显示，该登记表于1997年1月1日登记，登记出生日期为1995年5月，没有具体出生日期；依据上诉人张功某的父母张子某、范芳某出证、接生员叶喜某及南万镇卫生院出具的证明、其所在村委及村民证明等证据进行评判，不排除出证所提是由于居住在农村，入户登记时以习惯农历生日为准而登记出生时间为1995年5月的可能性，因所提涉及本案中其部分犯罪是否未满十八周岁，现有证据确实无法查明，从疑证有利于被告人的原则出发，应当推定其该部分犯罪时未满十八周岁，故上诉人及其辩护人所提张功某是1995年农历5月26

日（公历1995年6月23日）出生的上诉意见，予以采纳。张功某在多次作案中，部分属于犯罪时未满十八周岁，依法应予从轻处罚。依照《中华人民共和国刑事诉讼法》第二百二十五条第一款第二项[①]，《中华人民共和国刑法》第二百六十三条第（四）项、第二百六十七条第一款、第十七条、第五十二条、第五十三条、第五十四条、第五十五条、第五十六条、第五十八条、第六十七条第三款、第六十九条，《最高人民法院关于适用财产刑若干问题的规定》第五条之规定，判决如下：

一、维持陆河县人民法院（2017）粤1523刑初73号刑事判决对上诉人（原审被告人）张功某的定罪部分，撤销量刑部分；

二、上诉人张功某犯抢劫罪，判处有期徒刑十年，剥夺政治权利二年，并处罚金人民币五千元；犯抢夺罪，判处有期徒刑二年，并处罚金人民币三千元。数罪并罚，总和刑期有期徒刑十二年，剥夺政治权利二年，并处罚金人民币八千元，决定执行有期徒刑十一年，剥夺政治权利二年，并处罚金人民币八千元。

【法官后语】

本案中对于认定张功某构成抢劫罪和抢夺罪不存在争议，但是对于张功某犯抢劫罪时的年龄，存在两种不同的意见：第一种意见认为，公安机关出具的户籍证明是认定行为人刑事责任年龄的法定证据形式，具有较强的证明力，在没有充分证据推翻的情况下，应按照公安机关的户籍证明来认定；第二种意见认为，依照有利于被告人的原则，综合现有证据，虽不能确定张功某的具体出生日期，但可推定其实施指控罪行时已满16周岁不满18周岁。笔者同意第二种意见。

被告人刑事责任年龄是影响定罪量刑的关键要素之一，直接关系到对其是否追究刑事责任和如何承担刑事责任。但司法实践中，认定被告人刑事责任年龄的证据常常存在瑕疵或与其他在案证据存在矛盾。对此，审判人员应当穷尽一切调查手段，并结合在案的全部证据进行综合审查、判断，对于没有充分证据证明被告人实施被指控的犯罪时已经达到法定刑事责任年龄且确实无法查明的，应当根据有利于被告人的原则，依法推定其实施犯罪行为时没有达到相应法定刑事责任年龄。

司法实践中常见的年龄证据主要有三类：第一类是书证，包括出生证明、户口

---

① 对应2018年《刑事诉讼法》第二百三十六条第一款第二项。

簿、身份证、公安机关出具的户籍证明、卫生防疫档案、学籍档案等；第二类是鉴定结论，主要是指依法对被告人所作的骨龄鉴定；第三类是言词证据，包括被告人的供述、证人证言等。上述证据中，又以公安机关的户籍登记信息（包括户口簿、户籍证明等）居多。由于我国各地区发展不均衡，自然情况差异很大，各地户籍管理水平也不相同。有些地方户籍管理规范，档案齐全，而有些地方户籍管理较为混乱，特别是经济落后地区和农村地区，加上为了上学、当兵、规避计划生育等原因，个人申报户口的情况也千差万别，情况非常复杂，从而给审判机关对被告人的年龄认定带来不小的困难。由于年龄问题直接影响对被告人的定罪量刑，审判人员必须注重全案证据的综合审查和分析判断，做到慎之又慎。

2006 年 1 月 23 日实施的《最高人民法院关于审理未成年人刑事案件具体应用法律若干问题的解释》第四条第一款规定："对于没有充分证据证明被告人实施被指控的犯罪时已经达到法定刑事责任年龄且确实无法查明的，应当推定其没有达到相应法定刑事责任年龄。"最高人民法院、最高人民检察院、公安部、国家安全部、司法部 2010 年 6 月下发的《关于办理死刑案件审查判断证据若干问题的规定》第四十条规定："审查被告人实施犯罪时是否已满十八周岁，一般应当以户籍证明为依据；对户籍证明有异议，并有经查证属实的出生证明文件、无利害关系人的证言等证据证明被告人不满十八周岁的，应认定被告人不满十八周岁；没有户籍证明以及出生证明文件的，应当根据人口普查登记、无利害关系人的证言等证据综合进行判断，必要时，可以进行骨龄鉴定，并将结果作为判断被告人年龄的参考。未排除证据之间的矛盾，无充分证据证明被告人实施被指控的犯罪时已满十八周岁且确实无法查明的，不能认定其已满十八周岁。"上述规定对被告人年龄处于刑事责任"临界点"的案件提供了具体可行的解决方案，是刑法谦抑原则在司法实务中的运用。当经过反复调查仍无法查清被告人年龄的，则应按照有利于被告人的原则，推定其犯罪时未满 18 周岁。

本案中，公安机关的原始户籍登记材料存在瑕疵，常住户口登记表于 1997 年 1 月 1 日登记，登记出生日期为 1995 年 5 月，没有具体出生日期，无法证明是否属于真实填报。根据接生员叶某及接生医院出具的证明、其所在村委及村民证言均证明张功某的出生日期为 1995 年农历 5 月 26 日，结合农村地区确有以农历填报出生日期的习惯，本案现有证据确实无法查明被告人的实际年龄，从疑证有利于被告人的原则出发，应当推定其该部分犯罪时未满十八周岁。因此，二审根据存疑有利于被告人的原则，依据最高人民法院的相关司法解释，依法推定张功某实施部分犯罪时尚未成年，并据此作出改判。

编写人：广东省汕尾市中级人民法院 曾向虹

9

过失犯罪中多因一果情形下因果关系的认定

——高甲、高乙过失致人死亡案

【案件基本信息】

1. 裁定书字号

北京市丰台区人民法院（2016）京0106刑初1443号刑事判决书

2. 案由：过失致人死亡罪

【基本案情】

2015年12月25日8时45分许，被告人高甲、高乙在乘坐839路公交车至北京市丰台区长辛店杜家坎环岛南侧建材城前时，高甲发现手机被盗，此时同车的被害人张某下车，高甲遂怀疑是张某盗窃其手机。后被告人高甲、高乙跟随张某下车，并因手机问题发生口角，后高甲、高乙在马路上殴打被害人张某，张某挣脱二人后向西横穿京周公路，高甲、高乙二人在后追赶。在追赶过程中，张某、高甲二人被正常行驶的901路公交车撞倒在地。后张某因此次交通事故造成颅脑损伤而死亡。901路公交车撞击时行驶时速为21.8～24.8km/h。

被告人高甲、高乙于2016年3月4日被北京市公安局丰台分局长辛店派出所抓获。

【案件焦点】

过失犯罪中，被害人的死亡结果由多种因素导致的，如何认定被告人的过失行为与被害人的死亡结果有刑法上的因果关系。

【法院裁判要旨】

北京市丰台区人民法院经审理认为：被告人高甲、高乙无视国法，无端怀疑被害人张某盗窃高甲的手机，便殴打被害人张某，并在有车辆行驶的机动车道上追赶被害人张某，致被害人张某被车辆撞击死亡，其行为已经构成过失致人死亡罪，但情节较轻，依法应予处罚。北京市丰台区人民检察院指控被告人高甲、高乙犯过失致人死亡罪的事实清楚，证据确实、充分，罪名成立。鉴于被告人高甲当庭能够自愿认罪，本院酌情对其予以从轻处罚。

北京市丰台区人民法院依据《中华人民共和国刑法》第二百三十三条、第六十一条之规定，判决如下：

一、被告人高甲犯过失致人死亡罪，判处有期徒刑一年六个月；

二、被告人高乙犯过失致人死亡罪，判处有期徒刑一年二个月。

【法官后语】

本案的争议焦点在于过失犯罪中、多因一果情形下，被害人死亡的结果是否能够归因于被告人的过失行为。

第一，被害人被车撞击死亡与二被告人的殴打、追赶行为存在刑法上的因果关系。首先，二被告人因怀疑被害人盗窃财物就殴打、追赶被害人，并无合理依据，并非采用自力救济、制止不法侵害的情形。其次，二被告人先是对被害人进行殴打，造成被害人为逃避殴打在未确定安全的情况下就横过公路，随后又对被害人紧密追击，使被害人没有更多时间来注意周边环境或车辆；视听资料显示被撞击的瞬间，张某的奔跑速度较快，而张某和高甲的被撞位置反映出高甲对张某追击的紧密程度，因此被害人被车撞击与二被告人的殴打、紧密追击有直接关系。最后，本案被害人的死亡虽是多因一果，但辩护人所提到的介入因素并不能割断二被告人的行为和被害人死亡结果之间的因果联系。(1) 被害人为摆脱二被告人的殴打被迫横穿马路逃离，该行为和路线选择并不异常。被害人之所以跑着横穿马路，是因遭到二被告人的殴打、追赶所致，属于对被告人行为的合理反应，并非基于自身意志自由选择的结果，被害人的行为缺乏自愿性，不能因此获得对因果流程的支配。而是否必须横穿马路逃跑，在当时的情形下，并没有多少时间和现场有利条件能让被害人去分析选择。因此辩护人认为被害人跑动路线不合理的意见对被害人过于苛责，被害人面对不法侵害，逃避、逃跑是本能反应，仓促下横穿马路也是当时特定条件下的正常行为，并不异常。(2) 被害人被撞后的送医救治。现并无证据显示本案有不当救治、延误救治的情况。从被害人张某和被告人高甲的就医材料来看，二人的入院时间记录不一致，但当时二人同在一辆救护车上，应是同时到达医院，因此并不能以此来认定被害人送至医院的时间较晚，也不能以此来认定存在延误救治的情况。辩护人虽对被害人救治提出异议，但并无充分证据予以佐证。(3) 被害人家属的放弃治疗。从鉴定意见可见，被害人张某的死亡原因是因此次事故造成的颅脑损伤而死亡，根据被害人张某的就医材料和医生证言可见，张某手术后靠呼吸机维持生命，其颅脑损伤后果不可逆转，无法再通过医疗手段予以改变，家属最终放弃治疗的行为，是在治疗过程中可以预见的后果，并不能改变被害人是因被车撞击而造成颅脑损伤而死亡这一结论。因此，现有证据足以证明二被告人的行为是导致被害人死亡的重大原因，是引发本案的决定性因素，二者之间能够建立刑法中的因果联系。

第二，被告人高甲、高乙在主观上对本案的损害后果可以预见。首先，二被告人均在供述中称明知在机动车主路上横向追逐他人不安全，那么二人在主观上足以预见自己的追逐行为可能发生的危害后果，同时按照普通人的认知和逻辑，二人也应当能够预见到在机动车道路上横向追逐他人是一种高度危险的行为。其次，二被告人能预见到的可能发生的危害后果包含死亡结果。虽然案发路段较为拥堵，但仍有车辆在行驶，行人与行驶中的机动车发生碰撞，受伤、死亡的几率极高，因此，辩护人称被告人能预见到被害人受伤、但不能预见到会发生死亡后果的意见，不符合一般常理。最后，二被告人在主观上是过于自信的过失。二人在已经预见行为危害后果的情况下，考虑路况等因素，自信能够避免危害结果的发生，仍旧选择追赶被害人张某，造成被害人被车辆撞击致死的后果。同时二人自己也是横穿马路，将自身置于这种危险中，从另一方面反映出二人过于自信的主观心态。

综上，被告人高甲、高乙的行为符合过失致人死亡罪的犯罪构成，依法可予以认定。

编写人：北京市丰台区人民法院　胡洋　耿郁泉

10

互殴和正当防卫的区分

——肖某某被诉故意伤害宣告无罪案

【案件基本信息】

1. 裁判书字号

福建省厦门市中级人民法院（2017）闽02刑终591号刑事裁定书

2. 案由：故意伤害罪

【基本案情】

2015年10月14日13时许，被告人肖某某驾驶带红色车厢的货车（在左侧）与附带民事诉讼原告人罗某某驾驶的带蓝色车厢的货车（在右侧），在福建（厦门）自由贸易试验区海沧片区海景路入口同向左转时发生刮擦，罗某某的货车左侧刮到被告人肖某某的货车右后视镜。被告人肖某某与罗某某下车查看车辆情况，发生言语争执、互推，罗某某快步走向自己的驾驶室，拿出一根长86cm、直径2cm的实心铁棍，跑向站立原地的被告人肖某某。罗某某持棍捅击被告人肖某某，被告人肖某某左侧肚皮被捅伤。被告人肖某某争抢铁棍，争抢一二十秒后将罗某某推摔倒地，铁棍落在地上，罗某某倒地时左髋部着地受伤。经鉴定，罗某某左股骨颈骨折，损伤程度为轻伤二级。三十余秒后，肖某某边打电话，边上前抬脚欲踢倒在地上的罗某某。

案发后，罗某某报警，被告人肖某某在现场等候。实心铁棍已随案移送。

附带民事诉讼原告人罗某某被送医治疗，在海沧医院住院治疗37天，花费急救费用150元，医疗费23989.43元，医嘱出院休息4个月。经鉴定，后续行手术取出左股骨近端内固定物需6000～7000元人民币。经福建义成司法鉴定所鉴定，罗某某左下肢后遗现状构成九级伤残（参照工伤标准）。被告人肖某某已赔偿罗某某的经济损失1万元。

【案件焦点】

在伤害案件中，如何甄别当事人的行为属于互殴抑或属于正当防卫。

【法院裁判要旨】

福建省厦门市海沧区人民法院经审理认为：被告人肖某某的行为构成正当防卫，理由如下：第一，被告人肖某某具有防卫的主观条件。案发时，肖某某、罗某某二人因车辆刮擦发生言语争执、互推，属轻微矛盾，在被告人肖某某站立原地未实施追打或其他物理性控制行为的情况下，罗某某返身从自己车辆内拿出实心铁棍，加剧矛盾冲突，罗某某用铁棍捅击被告人肖某某的行为属于不法侵害。第二，被告人肖某某具有防卫的紧迫性。罗某某用于捅击肖某某的实心铁棍长86cm、直径2cm，属于杀伤力较强的凶器，对被告人肖某某的人身安全构成严重威胁，且被告人肖某某的肚皮已被捅伤，被告人肖某某具有争抢铁棍制止不法侵害的紧迫性。第三，被告人肖某某的防卫行为没有明显超过必要限度造成重大损害。被告人肖某某在争抢铁棍过程中推倒罗某某，罗某某倒地受伤后，被告人肖某某没有实施其他加害行为，被告人肖某某具有防卫意图，采取的防卫措施合理适当，行为克制。

被告人肖某某为使本人的人身权益免受正在进行的不法侵害而采取的制止不法侵害的行为，属于正当防卫，对不法侵害人造成的损害，没有明显超过必要限度造成重大损害，不负刑事责任，公诉机关指控罪名不成立。因被告人的行为属正当防卫，故不承担民事赔偿责任，附带民事诉讼原告人的诉求不予支持。

福建省厦门市海沧区人民法院依照《中华人民共和国刑事诉讼法》第一百九十五条第二项①，《中华人民共和国刑法》第二十条第一款、第六十四条及《中华人民共和国侵权责任法》第三十条，作出如下判决：

一、被告人肖某某无罪；

二、被告人肖某某不承担民事赔偿责任；

三、随案移送的实心铁棍一根，发还罗某某。

罗某某对附带民事部分判决提起上诉。

福建省厦门市中级人民法院经审理认为：上诉人罗某某经本院传票传唤，无正

---

① 对应2018年《刑事诉讼法》第二百条第二项。

当理由拒不到庭。本案按上诉人罗某某撤回上诉处理。

福建省厦门市中级人民法院依照《中华人民共和国民事诉讼法》第一百四十三条、第一百五十四条第一款第十一项、第一百七十四条的规定，作出如下裁定：

本案按上诉人罗某某撤回上诉处理。

【法官后语】

当事人的行为究竟属于互殴抑或属于正当防卫，即使在有监控视频的情况下，也仍然会有不同意见，可见二者的区分着实不易。笔者认为，可以从以下三方面着手进行分析：

1. 是否具有防卫意图。防卫意图是区分互殴与正当防卫的一个重要标准，本案中，综合整个事态发展过程及监控视频，可以认定肖某某具有防卫意图：一是发生车辆刮擦事故后，罗某某的车刮擦到被告人肖某某的车辆后视镜，被告人肖某某不让罗某某走，是要把事故处理清楚，是合乎情理的正常反应，二人进而发生言语争执，还可以看到手上有轻微的推搡动作，属轻微矛盾，被告人肖某某此时出发点也是为了维护自身的合法权益，而非“教训对方”。二是肖某某并未实施追打或其他物理性控制行为的情况下，罗某某返身从自己车辆内拿出实心铁棍，加剧矛盾冲突，是整个事件发生的“导火索”，罗某某在起因上具有重大过错，罗某某在庭审中一直强调肖某某不让他走，但是从视频可以看出，二人言语争执乃至手上有轻微推搡后，双方都没有伤情，肖某某也没有追打或拖拽罗某某以使罗某某无法离开，相反，肖某某站立在原地未动，罗某某快步走回自己车辆驾驶室拿出了铁棍，冲向肖某某，所以肖某某在后面的事态发展过程中是相对被动的。三是肖某某的肚皮被罗某某持铁棍捅伤的情况下，为了避免继续被伤害，采取了抢夺铁棍并将对方推倒的行为，行为反映了其防卫意图。

2. 是否存在不法侵害。不法侵害的存在是正当防卫的前提条件。本案中，罗某某因轻微矛盾就取来铁棍捅击肖某某，实心铁棍长86cm、直径2cm，属于杀伤力较强的凶器，肖某某的肚皮已被罗某某捅伤，虽然伤并不严重，但客观上说明罗某某持棍捅击的行为已造成伤害后果且极易造成更严重的后果，罗某某并未罢手，对被告人肖某某的人身安全构成严重威胁，此时不法侵害现实地进行着，不是假想的。

3. 是否为了制止不法侵害。从本案来看，肖某某选择推倒对方，对方倒地后，肖某某没有趁机殴打对方，既说明其防卫的意图，也说明其没有伤害对方的意图。监控视频中虽看到肖某某做出抬脚动作，但还是没有向对方踹下去，说明其行为还是克制的，在制止了对方的伤害行为后，没有实施追打等行为。如果在制止不法侵害后，反过来实施追打行为，则属于“追杀性防卫”，不属于正当防卫，造成伤害后果的，应承担相应责任。

另外，本案中，被告人肖某某看到对方拿铁棍出来，没有逃避，是否影响正当防卫的认定，也有不同意见。应该说，我国《刑法》并未将正当防卫规定为一种“不得已”的应急措施，并未要求防卫人穷尽一切手段之后才能实施正当防卫。相反，即使防卫人在有条件躲避不法侵害或者求助司法机关的情况下，仍然有权实施正当防卫。据此，肖某某面对不法侵害没有躲避义务，其留在原地不躲避进行反抗的行为正是法律赋予正当防卫的应有之义，不能因此认定肖某某系迎殴，进而认定其有互殴故意。

编写人：福建省厦门市海沧区人民法院　苏桔海　陈芳序

11

正当防卫的认定

——杨晓某被诉故意伤害宣告无罪案

【案件基本信息】

1. 裁判书字号

北京市高级人民法院（2016）京刑终224号刑事裁定书

2. 案由：故意伤害罪

【基本案情】

被告人杨晓某系被害人房某（殁年42岁）的妹夫。2014年10月31日21时许，在北京市朝阳区×大厦×层×室二人共同居住的暂住处内，房某酒后无故滋事，并持菜刀进入杨晓某居住的房间欲对其砍击。后杨晓某逃离房间，为保护自己及家人的人身安全，阻止房某持续实施的不法侵害行为，在客厅内持尖刀刺击紧随而来的房某的胸腹部、背臀部和四肢部等部位，致其死亡。经鉴定，被害人房某符合被人用刺器刺击躯干部，刺破腹主动脉，致失血性休克死亡。被告人杨晓某作案后向公安机关自动投案。

【案件焦点】

为免受他人持刀伤害，在逃离的过程中，捅刺追赶的不法侵害人，造成不法侵害人死亡的后果，是否应当认定为正当防卫。

【法院裁判要旨】

北京市第三中级人民法院经审理认为：杨晓某持刀故意伤害他人身体，致一人死亡，北京市人民检察院第三分院指控杨晓某故意伤害的事实清楚，证据确实、充分。但鉴于杨晓某系为了使本人及他人免受房某正在持续实施的严重危及人身安全的暴力犯罪而采取的防卫行为，造成不法侵害人房某死亡，不属于防卫过当，故依法不负刑事责任。北京市人民检察院第三分院关于杨晓某犯故意伤害罪且系防卫过当的指控不能成立，不予支持。

北京市第三中级人民法院依照《中华人民共和国刑法》第二十条第一款、第三款之规定，判决：

被告人杨晓某不负刑事责任。

一审宣判后，北京市人民检察院第三分院以原判定性和适用法律错误，杨晓某的行为明显超过防卫限度，构成防卫过当，应当承担刑事责任为由，向北京市高级人民法院提出抗诉。二审期间，北京市人民检察院经审查认为抗诉不当，向北京市高级人民法院撤回抗诉。北京市高级人民法院认为杨晓某的行为不构成犯罪，依法不负刑事责任，故裁定：

准许北京市人民检察院撤回抗诉。

【法官后语】

正当防卫分为两种，即一般正当防卫和特殊正当防卫。后者是针对正在进行的严重危及人身安全的暴力犯罪所进行的防卫，不存在防卫过当的问题；前者是针对正在进行的其他不法侵害所进行的防卫，具有防卫限度因而存在防卫过当的问题。

一审法院在审理本案时，就杨晓某行为的定性是存在争议的，结合成立正当防卫的要件及本案的具体情况，笔者认为本案中杨晓某的行为是否系正当防卫，应着重分析杨晓某受到的不法侵害是否是严重危及人身安全的暴力犯罪。这个问题可从以下两方面进行分析：

1. 杨晓某是否正在遭受不法侵害，即其防卫行为是否适时

案发当晚房某酒后无故在客厅吵骂、砸东西、用刀欲伤害自己的妻子，后又持刀踹门进入杨晓某卧室，脚踹杨晓某，扬刀欲砍杨晓某，杨晓某撞开房某后逃离卧室，房某紧追其后，直至二人在客厅相遇。由此可见，房某进入杨晓某的房间对其脚踹、扬刀欲砍的行为已经严重威胁并已侵犯了杨晓某的人身安全权益，应认定其不法侵害行为已经实施；面对房某明显的不法侵害意图和已经实施的不法侵害行为，杨晓某为避免继续遭受不法侵害而逃离房间，房某仍紧追其后，应认定房某的不法侵害行为对杨晓某的人身安全所造成的威胁并没有消除或停止，而是处于持续状态。因此可以认定杨晓某实施防卫行为是适时的。

2. 杨晓某受到的不法侵害是否是严重危及人身安全的暴力犯罪

关于杨晓某受到的不法侵害是否是严重危及人身安全的暴力犯罪存在不同的观点，重点在于二人在客厅相遇时房某是否仍旧持刀存在争议。有的观点认为，如果二人在客厅相遇时房某仍旧持刀，即房某是持刀追赶杨晓某的，那么就可以认为杨晓某受到的不法侵害是严重危及人身安全的暴力犯罪，反之则不然。笔者并不赞成这种观点，理由如下：关于二人在客厅相遇时房某是否仍旧持刀。现场勘验检查笔录证明菜刀在杨晓某卧室提取，说明房某未将菜刀从杨晓某卧室带至客厅。房某右手掌为抵抗伤，说明房某在打斗过程中有用右手夺刀或挡刀的动作，结合当庭杨晓某供述房某事先是右手持菜刀进入其卧室、在客厅时房某用右手打掉其眼镜的情况，可知房某右手可能是惯用手，也侧面印证房某在客厅与杨晓某打斗时没有持械。此外，杨晓某自身没有受伤，房某躯干部可见多发条形创。因此，现无证据证明杨晓某从厨房拿刀返回客厅与房某在客厅再次厮打时房某手持刀具，即二人在客厅厮打过程中，杨晓某持刀、房某未持刀。但上述关于二人在客厅相遇时房某未持刀的结论是我们在事后根据各证据冷静、客观分析得出的，整个案件过程以慢镜头回放的形式呈现出来，我们不能苛求杨晓某在当时

的情况下在短时间内作出同样正确的判断。结合本案的具体情况，现场是在一个封闭的家庭环境，当时只有杨晓某和房某两位男性，其他人均为女性，其中还有一位老人；当时在现场的人均知悉房某的脾气不好，此前曾多次酒后滋事、自残、伤人，案发时房某又说过把大家都杀了的言语，且用刀扔向自己的妻子，所以当时在场的所有人均处于危险的状态；从房某踹门持刀进入杨晓某的房间至房某在客厅被刺伤倒地，整个过程情况紧迫、持续时间短，几位目击证人都无法明确肯定房某追至客厅时是否持刀，杨晓某作为当事人情绪高度紧张；房某身上多处划伤，表明在面对杨晓某持刀的情况下房某的加害行为没有任何弱化，这也意味着他的加害意图没有减弱，杨晓某近视达500度眼镜却被打掉，且二人身高相仿，在这种情况下杨晓某出于保护自己和家人的目的持刀挥舞符合常理。因此，根据当时现场所处的客观环境和形势，我们不能苛责杨晓某在客厅与房某相遇后先准确判断房某是否拿刀再采取相应的应对措施。

综上，从整个案件发生的起因、过程、结果来看，可以认定杨晓某的防卫行为系正当防卫，杨晓某依法不负刑事责任。

编写人：北京市第三中级人民法院　汤笑然　董肖肖

12

刑法谦抑性原则在近亲属间基于正当或基本正当事由非法侵入住宅行为中的适用

——龙乙等被诉非法侵入住宅宣告无罪案

【案件基本信息】

1. 裁判书字号

湖南省湘西土家族苗族自治州中级人民法院（2017）湘31刑终215号刑事裁定书

2. 案由：非法侵入住宅罪

【基本案情】

自诉人龙甲（男）与被告人龙乙（女）、龙丙（女）系同胞姐妹，被告人李茂某系龙乙之夫。

2013年10月20日，龙甲、龙丙、龙乙与父母龙某某、陈某某共同签订了《父母赡养协议》，对父母的财产进行了分配。2014年1月1日、11月4日，龙某某、陈某某相继去世，龙甲三姐妹为父母的遗产分割问题多次发生纠纷。具体如下：

1. 2014年1月24日，为送母亲陈某某去医院看病，龙乙、李茂某来到龙甲居住的原花垣县建设西路××号房，双方发生争执推搡。龙甲向公安机关报警。

2. 2014年4月1日，龙乙、李茂某与龙甲为门面收取租金问题，双方在花垣镇政府门面发生争执，龙乙打了龙甲一耳光。

3. 2015年3月24日，龙丙因需要还房贷找到龙甲，遭到龙甲拒绝后，双方在龙甲的住宅里发生争吵，龙甲向公安机关报警。

4. 2015年4月1日，龙丙、李茂某再次到龙甲住处，要求解决还房贷问题。龙乙在进入龙甲前栋大门后，龙甲拒绝其进入后栋大门。龙丙在前栋与后栋之间过道打砸，将两把椅子及大门砸坏。龙乙随后赶来，双方再次发生争吵推搡。龙甲再次向公安机关报警。后来经过公安机关调解，龙乙赔偿了龙甲500元。

自诉人龙甲认为，被告人龙乙、李茂某、龙丙为逼迫自诉人在财产分配上作出不合理让步，多次非法强行闯入自诉人住宅吵闹打砸，长时间拒不退出，其行为均触犯了刑律，构成非法侵入住宅罪。诉请人民法院依法追究三被告人的刑事责任。

【案件焦点】

自诉人与被告人系近亲属，被告人要求进入自诉人的住宅应该说是基于正当理由。那么，在自诉人拒绝被告人进入住宅或者明确要求被告人从住宅中退出后，被告人仍然强行进入或者拒不退出的行为，是否应该认定为构成非法侵入住宅罪。

【法院裁判要旨】

湖南省湘西土家族苗族自治州花垣县人民法院经审理认为：非法侵入住宅罪是指非法强行闯入他人住宅或经要求退出而无理由拒不退出的行为，本罪侵犯的客体是侵犯他人的隐私权，即行为人无权又无正当理由进入他人住宅，意图破坏他人生活的安宁和安全。自诉人与被告人系同胞姐妹，双方为父母留下的遗产问题发生纠纷，为此，被告人龙乙、龙丙、李茂某数次找自诉人协商，因意见分歧过大，双方发生冲突，从而引发本案。被告人龙乙、李茂某、龙丙进入自诉人龙甲的住宅，是为了与自诉人协商家庭琐事及父母遗留的遗产问题，并非恶意进入自诉人住宅，没有侵犯他人隐私权的故意，其行为不构成犯罪。

湖南省湘西土家族苗族自治州花垣县人民法院根据《中华人民共和国刑事诉讼法》第一百九十五条第二项①之规定，作出如下判决：

被告人龙乙、龙丙、李茂某无罪。

自诉人龙甲持原起诉理由，提起上诉。

湖南省湘西土家族苗族自治州中级人民法院经审理认为：上诉人龙甲起诉的第二起事实，即2014年4月1日在花垣镇政府门面发生的纠纷，因发生纠纷的地点并非龙甲的住宅，故该次纠纷与非法侵入住宅的事实无关。龙甲起诉的其他三次事实，经查，龙乙、李茂某、龙丙虽到龙甲住宅吵闹，甚至发生推搡、打砸，其行为有不当之处，但龙丙、龙乙与龙甲系同胞姐妹，其到龙甲处也是为处理父母的财产双方才发生纠纷。虽给龙甲的生活造成了一定影响，但不具有刑法规定的非法侵入住宅罪所要求的“非法性”及“情节严重”。故三被告人的行为不构成非法侵入住宅罪。

湖南省湘西土家族苗族自治州中级人民法院依照《中华人民共和国刑事诉讼法》第二百二十五条第一款第一项②的规定，裁定如下：

驳回上诉，维持原判。

【法官后语】

本案事实清楚。三被告人的行为，简单地从表面上看都符合我国《刑法》第二百四十五条规定的非法侵入住宅罪的犯罪构成要件，但一审、二审法院均宣告三被告人无罪。这可从以下几个方面来理解。

1. 刑法谦抑性原则和理念的基本内涵

我国现行《刑法》只在总则部分明确规定了罪刑法定、法律适用面前人人平等及罪责刑相适应三项基本原则。但是，在立法、司法两方面都应该遵循或秉承刑法

---

① 对应2018年《刑事诉讼法》第二百条第二项。

② 对应2018年《刑事诉讼法》第二百三十六条第一款第一项。

谦抑性原则和理念，在我国理论界和实务界都已经基本形成共识。

从刑事司法角度看，刑法谦抑性原则和理念要求司法机关在充分遵循罪刑法定等刑法三项基本原则的前提下，克减不必要的犯罪认定或者抑制不必要的重刑主义倾向。易言之，其基本要求是“疑罪从无”。

2. 刑法谦抑性原则和理念在解释非法侵入住宅罪的犯罪构成要件时的适用

我国《刑法》第二百四十五条对于非法侵入住宅罪的罪状，只有一句话“非法侵入他人住宅的”。如何确定该罪的犯罪构成要件，就必须通过解释。解释者遵循或秉承不同的原则和理念，必将导致不同的、甚至大相径庭的结论。

在我国刑法理论上，通常对该罪的“非法侵入”作出两种情况的解释：一种是“积极的侵入”，另一种是“消极的不退出”。

根据刑法谦抑性原则和理念，也考虑到特定情形下某些人侵入他人住宅是基于意外事件或风俗习惯（如我国农村许多地区仍然保留有“串门”的习俗），应该认为，对“非法侵入他人住宅”行为，不论是“积极的侵入”，还是“消极的不退出”，如果不加任何条件限制一概认定为犯罪，显然不具有现实可行性。因此，在确定该罪的犯罪构成要件时，对其加以诸如“情节较严重”或者“后果较严重”等类限制，既有现实可行性，也很有必要。

根据刑法谦抑性原则和理念，在近亲属之间基于正当或者基本正当的事由非法侵入对方住宅时，对其入罪的限制条件，显然应该比其他人的更高。换言之，近亲属之间基于正当或者基本正当的事由非法侵入对方住宅时，只有在发生“情节严重”或者“后果严重”的标准更高时，才应该认定构成非法侵入住宅罪。

3. 本案宣告被告人无罪，不违背罪刑法定原则，更符合刑法谦抑性原则和理念

三被告人未经允许，强行进入自诉人的住宅，并发生推搡吵闹，在一定程度上影响了自诉人的正常居住，具有不当性。但法院对被告人不予定罪，主要是考虑到以下三个方面：一是被告人进入自诉人住宅系事出有因，且有一定的正当理由。因为双方为继承财产发生纠纷，且该纠纷当时尚未定论，即未达成一致协议或者由法定机关作出终审裁决。在继承纠纷未获解决前，被告人强行进入自诉人住宅协商解决问题，应视为理由正当或基本正当。被告人的强行进入行为即使方法不当、有过激行为，只要被告人当时不是以解决纠纷为名行非法侵入之实，就不应该界定为刑

法意义上的“非法侵入”。二是被告人的强行进入行为，虽然给自诉人造成了一定影响，但尚不能认定为已经达到非法侵入住宅罪所要求的亲属之间“情节严重”的程度。三是被告人与自诉人关系特殊，系同胞姐妹。我国对于近亲属之间的犯罪认定标准要求更高，处罚方向也是尽量从轻的。刑法谦抑性原则和理念，在近亲属之间的违法犯罪的认定处理上，体现得更为充分。就本案而言，被告人的主观目的、行为手段及危害后果，应该认为均达不到近亲属之间的非法侵入住宅罪所要求的条件。因此，对三被告人非法进入自诉人住宅的行为，尚非必须进行刑法上的评价。一审、二审法院的裁判结果符合刑法谦抑性原则和理念。

编写人：湖南省湘西土家族苗族自治州中级人民法院　王平　胡基厚

13

关于借款型诈骗案件的认定

——郑某合同诈骗案

【案件基本信息】

1. 裁判书字号

新疆维吾尔自治区乌鲁木齐市沙依巴克区人民法院（2017）新0103刑初890号刑事判决书

2. 案由：合同诈骗罪

【基本案情】

2013年1月18日，被告人郑某从新疆甲贸易有限公司租赁了一辆新A9××××号黑色CRV车供自己使用。2013年12月31日，被告人郑某在乌鲁木齐市沙依巴克区西北路银都酒店附近，以做生意周转资金为由并以新A9××××号黑色CRV车质押担保向被害人王新某借款80000元，同时被告人郑某谎称该车为自己所有，车辆行车证上登记的“王军某”系其哥哥。当日，被害人王新某向被告人郑某借款80000元，被告人郑某向被害人王新某出具欠条一张，写明：“本人郑某（王军某）

欠王新某80000元（捌万元整），欠款日2013年12月31日，余（于）2014年2月1日还款，并以新A9××××CRV车作为抵押，到期未还款，车辆过户”。后被告人郑某将该车及行车证交给了被害人王新某并将所借款项用于偿还个人债务。2014年1月18日，新疆甲贸易有限公司法定代表人王军某通过卫星定位找到正在驾驶新A9××××号黑色本田CRV车的被害人王新某，向其说明与被告人郑某并非亲属关系，车辆系被告人郑某从新疆甲贸易有限公司租赁，并向被害人王新某出示了车辆所有权手续后将该车收回。2016年4月，因被告人郑某始终未向被害人王新某偿还款项，被害人王新某向公安机关报案。2016年5月27日，公安机关立案侦查并对被告人郑某进行上网追逃。2017年1月9日21时许，公安民警在奎屯市乙酒店附近将被告人郑某抓获，2017年1月13日，被告人郑某被押回乌鲁木齐市并刑事拘留。2017年1月15日，被告人郑某家属代其向被害人王新某退赔了赃款80000元，被害人王新某对被告人郑某的行为予以谅解。另查明，2014年6月27日，被告人郑某因犯故意伤害罪被乌鲁木齐市天山区人民法院判处有期徒刑一年，被告人郑某于2014年1月13日至2015年1月12日被羁押。

【案件焦点】

对被告人郑某行为具体应认定为民事纠纷，或是构成诈骗罪，还是构成其他犯罪。

【法院裁判要旨】

新疆维吾尔自治区乌鲁木齐市沙依巴克区人民法院经审理认为：被告人郑某以非法占有为目的，在向被害人王新某借款并达成借款协议过程中，隐瞒事实真相、提供虚假担保，骗取被害人王新某现金人民币80000元，数额较大，被告人郑某实际是利用与被害人达成借款合同的手段进行诈骗，且在达成借款协议中，将本人租赁的他人汽车向借款人作为担保，扰乱了市场经济秩序，其行为构成合同诈骗罪。被告人郑某与被害人虽未签订正式的借款合同，但根据被告人书写的欠条，反映了被告人郑某提供虚假担保并利用与被害人之间达成借款协议的形式实施诈骗行为，故法院认定被告人郑某的行为构成合同诈骗罪。被告人郑某为骗取被害人钱款，隐瞒事实真相、向被害人提供虚假担保，取得款项后又将款项用于偿还个人债务，且未及时还款，至本案立案被采取强制措施后才由其家属代为退赔相应款项，其明显具有非法占有被害人钱款的主观故意，因此被告人郑某的行为亦不属于民事合同的违约行为。鉴于被告人郑某到案后能够如实供述自己的犯罪事实，属坦白，且积极退赔了被害人的经济损失，可以从轻处罚。

新疆维吾尔自治区乌鲁木齐市沙依巴克区人民法院依照《中华人民共和国刑法》第二百二十四条之规定，作出如下判决：

被告人郑某犯合同诈骗罪，判处有期徒刑六个月，并处罚金人民币一万元。

【法官后语】

我国《刑法》规定，合同诈骗罪是指有下列情形之一，以非法占有为目的，在签订、履行合同过程中，骗取对方当事人财物，数额较大的行为：“（一）以虚构的单位或者冒用他人名义签订合同的；（二）以伪造、变造、作废的票据或者其他虚假的产权证明作担保的；（三）没有实际履行能力，以先履行小额合同或者部分履行合同的方法，诱骗对方当事人继续签订和履行合同的；（四）收受对方当事人给付的货物、货款、预付款或者担保财产后逃匿的；（五）以其他方法骗取对方当事人财物的。”诈骗罪是指以虚构事实、隐瞒真相的方法诈骗公私财物，数额较大的行为。二者存在区别：在犯罪客体上，诈骗罪侵犯的是单一客体，即公私财物的所有权，合同诈骗罪侵犯的是复杂客体，主要是侵犯国家对合同的管理秩序；在犯罪客观行为手段上，诈骗罪的诈骗手段不受限制，行为人可以利用任何虚构事实或者隐瞒真相的方法，合同诈骗罪是利用签订和履行合同的手段进行诈骗；在犯罪主体上，诈骗罪的主体是自然人主体，而合同诈骗罪的主体可以是自然人，也可以是单位。

在实践中，带有欺诈性质的民事违约行为、诈骗行为及合同诈骗行为都具有相似性，往往难以区分认定。本案中，被告人郑某以非法占有为目的，在向被害人王新某借款并达成借款协议过程中，隐瞒事实真相、提供虚假担保，骗取被害人王新某现金人民币 80000 元，数额较大，被告人郑某实际是利用与被害人达成借款合同的手段进行诈骗，且在达成借款协议中，将本人租赁的他人汽车向借款人作为担保，使被害人相信被告人有能力偿还款项从而出借钱款，其行为的危害性在于扰乱了市场经济秩序及合同当事人对合同的信赖，其行为已更符合合同诈骗罪的特征及构成要件，被告人郑某与被害人虽未签订正式的借款合同，但根据被告人书写的欠条，反映了被告人郑某提供虚假担保并利用与被害人之间达成借款协议的形式实施诈骗行为，故法院认定被告人郑某的行为构成合同诈骗罪，而未认定为诈骗罪。被告人郑某为骗取被害人钱款，隐瞒事实真相、向被害人提供虚假担保，取得款项后又将款项用于偿还个人债务，且不及时还款，至本案立案被采取强制措施后才由其家属代为退赔相应款项，其明显具有非法占有被害人钱款的主观故意和目的，因此被告人郑某的行为亦不属于民事合同的违约行为，应属犯罪行为。

编写人：新疆维吾尔自治区乌鲁木齐市沙依巴克区人民法院　武惠军

（二）犯罪的预备、未遂和中止

14

非法持有毒品罪是否存在未遂形态及如何区分预备和未遂

——夏旭某、朱法华非法持有毒品，胡清心、朱法华贩卖毒品案

【案件基本信息】

1. 裁判书字号

广东省高级人民法院（2016）粤刑终1348号刑事裁定书

2. 案由：贩卖毒品罪、非法持有毒品罪

【基本案情】

2015年7月3日，潮州市公安机关抓获被告人朱法华。根据朱法华交代的线索，7月7日，公安机关抓获被告人胡清心和夏旭某。

2015年7月7日上午，原审被告人夏旭某汇款人民币1000元给上诉人胡清心，准备购买20克毒品甲基苯丙胺。胡清心收到该款后，于同日上午携带毒品前往约定的潮州市新洋路甲网吧进行毒品交易。在交接毒品前夕，夏旭某在该网吧二楼被

公安人员抓获，胡清心在该网吧一楼被公安人员抓获，公安人员现场从胡清心身上缴获白色晶体状物品357.54克（经鉴定检出毒品甲基苯丙胺成分）。

【案件焦点】

1. 非法持有毒品罪是否存在未遂形态；2. 被告人夏旭某非法持有毒品的行为是犯罪预备还是犯罪未遂。

【法院裁判要旨】

广东省潮州市中级人民法院经审理认为：被告人胡清心贩卖毒品数量大，其行为已构成贩卖毒品罪。被告人朱法华贩卖毒品数量较大，又非法持有毒品甲基苯丙胺数量大，其行为已分别构成贩卖毒品罪、非法持有毒品罪，依法应予数罪并罚。被告人夏旭某非法持有毒品数量较大，其行为已构成非法持有毒品罪，依法应予惩处。被告人夏旭某为犯罪制造条件，是犯罪预备，依法比照既遂犯从轻处罚。被告人朱法华、夏旭某归案后如实供述自己的罪行，依法予以从轻处罚。被告人朱法华揭发他人犯罪行为，经查证属实，是立功，依法对其犯贩卖毒品罪予以减轻处罚，对其犯非法持有毒品罪予以从轻处罚。判决如下：

一、被告人胡清心犯贩卖毒品罪，判处无期徒刑，剥夺政治权利终身，并处没收个人全部财产；

二、被告人朱法华犯贩卖毒品罪，判处有期徒刑六年，并处罚金人民币五千元；犯非法持有毒品罪，判处有期徒刑七年，并处罚金人民币五千元；总和刑期十三年，决定执行有期徒刑十二年，并处罚金人民币一万元；

三、被告人夏旭某犯非法持有毒品罪，判处有期徒刑一年四个月，并处罚金人民币一千元。

广东省高级人民法院经审理认为：一审对胡清心、朱法华贩卖毒品和夏旭某非法持有毒品的事实认定准确，量刑适当，但认定夏旭某构成非法持有毒品罪预备形态系法律适用错误，夏旭某主动联系胡清心，预先支付毒资，身处交易地点等待，这些都是实质性的着手行为，超出了购买的预备状态，离接收毒品达到完全控制的状态已经非常接近，从其行为与既遂结果的比较来看，不应当认定为预备状态，因未达到完全控制毒品的既遂状态，可认定为未遂。故裁定驳回上诉、维持原判，对一审判决中关于夏旭某非法持有毒品罪犯罪形态的认定予以纠正。

【法官后语】

犯罪分为四种形态，未达既遂状态的形态为预备、未遂和中止，之所以区分既遂与未达既遂的形态，其意义在于将未达既遂的形态比照既遂形态以对犯罪嫌疑人减轻或从轻处罚。根据传统刑法理论，持有型犯罪是行为人对非法物品的支配和控制，属于状态犯，犯罪行为与不法状态同时产生，持有行为一旦着手则在构成犯罪的同时也成立既遂，仅有罪与非罪之分，一般不存在未遂状态。

但是，非法持有毒品罪并非典型的持有型犯罪，或者说并非仅仅包括典型的持有型犯罪。由于刑法没有明文规定购买毒品犯罪，非法持有毒品罪作为补漏性和兜底性的罪名，其惩处的对象不仅是持有毒品的行为，还有购买毒品的行为，具体应当分两种情形分析。

第一种情形，惩处犯罪嫌疑人已经持有毒品的行为。实践情况必然是犯罪嫌疑人已经控制了达到入刑标准数额以上的毒品，被公安机关人赃并获，但案件未能掌握其走私、贩卖、运毒或者制造毒品的证据，只能以非法持有毒品罪定罪，从司法实践来看，该情形下的非法持有毒品不可能存在未遂形态。

如果犯罪嫌疑人处于交接毒品前夕但还没有完全控制毒品，法官便将犯罪嫌疑人定义为正在购买毒品，则为第二种情形。

第二种情形，惩处购买超过入刑标准数额毒品的行为。毒品类犯罪都是一系列复杂行为的组合，各个行为之间存在着吸收或者牵连的关系，如贩卖可能会涉及运输，但以贩卖毒品罪定罪，贩卖行为吸收了运输行为；运输可能涉及储存或持有，但以运输毒品罪定罪，运输行为吸收了储存和持有行为。所有涉毒犯罪的行为，走私、制造贩卖、运输、储存、持有都有单独的罪名，唯独购买毒品的行为没有单独罪名。根据《全国部分法院审理毒品犯罪案件工作座谈会纪要》（法〔2008〕324号）的相关规定，吸毒者在购买、运输、存储毒品过程中被查获的，查获毒品数量达到较大以上的，应以其实际实施的毒品犯罪行为定罪处罚；为他人代购仅供吸食的毒品，毒品数量达到入刑标准的，对托购者、代购者以非法持有毒品罪定罪处罚。由此可见，除购买少量毒品供自己吸食的行为以外，其他购买毒品的行为都是被刑法否定评价的。当前审判实践中，一般用非法持有毒品罪来惩处购买毒品的行为。

购买行为不同于典型的单纯持有行为，而是犯意联络、支付毒资、进入交易现场、接收并控制毒品等一系列动作的组合，那么在犯罪的过程中，其行为自然具备预备、未遂、中止乃至既遂等各种形态。正如本案，因为外界因素的介入，夏旭某的购买行为就停留在未遂形态。

综上，传统持有型犯罪不具备未遂形态，但非法持有毒品罪可以存在未遂形态，且预备和未遂是可以区分的。预备行为应当限定在犯意联络阶段，如电话联络、商议毒品交易数量、金额等。着手是实行阶段的开始，即犯罪嫌疑人已经实施确保自己可以控制毒品的行为，如支付毒资、进入交易现场或即将支配控制毒品的物理空间。如本案中，夏旭某已经预先支付毒资，并身处交易现场，显然已经进入实行阶段，其被抓获是在着手之后，应认定为未遂而不是预备。

编写人：广东省高级人民法院　罗少雄　冯璐璐

15

盗窃共享汽车的既遂与未遂

——鲍爱辉盗窃案

【案件基本信息】

1. 裁判书字号

北京市朝阳区人民法院（2017）京0105刑初1653号刑事判决书

2. 案由：盗窃罪

【基本案情】

被告人鲍爱辉于2017年5月10日11时许，在北京市朝阳区甲广场2号塔楼门外，发现北京乙汽车租赁服务有限公司所有的、北京丙科技有限公司投放的共享型精灵牌小型汽车1辆（车牌号：京Q8××××），鲍爱辉利用该车车窗未完全关闭之机打开车门将车辆开走，并割断钢丝绳取走车钥匙、将贴于车外的二维码及途歌公司标志撕下。经鉴定，被盗车辆价值人民币78000元。被告人鲍爱辉于2017年5月13日被查获归案，赃物已起获并发还被害单位。

【案件焦点】

1. 在被盗车辆处于被害单位GPS定位的情形下，被害单位是否失去对被盗车辆的控制；2. 被告人在某种“监视”程度下的盗窃是既遂还是未遂。

【法院裁判要旨】

北京市朝阳区人民法院经审理认为：被告人鲍爱辉以非法占有为目的，窃取公司财物，且盗窃数额巨大，其行为已构成盗窃罪，依法应予惩处。北京市朝阳区人民检察院指控被告人鲍爱辉犯盗窃罪的事实清楚，证据确实、充分，指控罪名成立。鉴于本案赃物已起获并发还，故对鲍爱辉酌予从轻处罚。关于被告人鲍爱辉当庭所作的自己没有盗窃的故意，只想短期使用的辩解，经查，涉案汽车作为一种共享物，车外的二维码标志以及固定在车内的钥匙是其经营者能够在他人使用时管理、控制该车的重要条件。鲍爱辉在作为非正常用户进入该车后，割掉钢丝绳取走车钥匙、撕掉二维码并将该车转移位置的行为已经切断该车与经营者的正常联系，其以秘密手段将车辆据为己有的意图明显。故其行为符合盗窃罪的犯罪构成，其辩解不予采纳。辩护人的辩护意见，酌予采纳。综上，根据被告人鲍爱辉犯罪的事实、性质、情节及其对社会的危害程度，北京市朝阳区人民法院依照《中华人民共和国刑法》第二百六十四条、第六十一条、第四十五条、第四十七条、第五十二条之规定，作出如下判决：

被告人鲍爱辉犯盗窃罪，判处有期徒刑三年三个月，罚金人民币三千元。

宣判后，上诉期内北京市朝阳区人民检察院未提出抗诉，被告人未提出上诉，判决已生效。

【法官后语】

1. 本案被告人具有盗窃的主观故意

本案被告人鲍爱辉当庭辩解，其没有盗窃和永久占用车辆的故意，只是想短暂的驾驶使用这辆汽车。

虽然《刑法》第二百六十四条并未明文规定盗窃罪要以非法占有为目的，但是司法实践中，成立盗窃罪应以非法占有目的为责任要件，非法占有的目的指行为人排除权利人，将他人的财物作为自己的财物进行支配和控制，因此非法占有目的应包含“排除意思”和“控制意思”两个方面，至于如何利用和使用被盗财物不影响对行为人行为的定性。

共享汽车的一般使用流程是：用户通过手机完成实名注册、交纳押金，通过手机软件确定使用车辆、通过手机打开车门、使用栓于方向盘附近的钥匙启动汽车、使用后进行结算支付。本案中，被告人鲍爱辉利用该车车窗未完全关闭之机打开车门将车辆开走，并割断钢丝绳取走车钥匙、将贴于车外的二维码及途歌公司标志撕下，之后将汽车开走并停于自己控制的位置，其行为显然超出了正常使用的范围，且已经形成了对涉案车辆排他性的占有，鲍爱辉主观盗窃故意的态度明显，应予认定。

2. 关于本案既、未遂的认定

由于本案中，被告人盗窃的物品系共享经济下的新型产物——共享汽车，该物品与普通的实物存在不同，即被害单位可以通过共享汽车上的定位系统确定汽车的行驶轨迹和所在位置，本案中也的确是被害单位的地勤人员通过定位系统确定了位置并找到了车辆和被告人。因此，在审理过程中，对本案被告人盗窃行为认定既遂还是未遂存在两种不同意见：一种意见认为，被告人的盗窃行为一直处在被害单位的“监视”之下，因此本案应认定为盗窃未遂；第二种意见认为，根据“失控说+控制说”，本案成立盗窃罪的既遂。

我们同意第二种观点，认为共享汽车的经营模式实质上是一种实时租赁，经营主体处于出租人的地位，对共享汽车这种租赁物的支配和控制表现在：(1) 经营主体在营运状态下保证租赁交易完整进行（租赁物能够被正确出租并取得收益）；(2) 非营运状态下经营主体排他性地占有租赁物，以保证租赁物进行下一次交易。GPS 等定位系统实际是经营者依托数据平台计算行驶里程并计算使用费用的技术手段，不是通过定位对共享汽车的支配和控制。实际上，车辆一旦被其他主体非正常占有，通过 GPS 定位也无法影响该主体对车辆的处置。因此，本案中被告人鲍爱辉，在共享汽车处于非营运状态下，利用车窗尚未完全关闭之机开走汽车，割断钢丝拿走车钥匙，撕毁车身上的二维码以及被害单位的标志，已经截断了被害单位与涉案车辆的联系，建立了新的占有关系，对被盗车辆产生了现实的支配力，使得被害单位在非运营状态下不能排他性的占有涉案车辆。

根据盗窃罪的犯罪构成，该罪就是采用非暴力的平和方式，破坏财物的原有占有而建立新的占有，从而使自己或者第三人成为该物的主人。成立犯罪既遂应当从犯罪构成要件齐备的角度出发，本案被告人已经完成了盗窃罪构成要件的内容并达到了构成要件所要求的结果，应成立盗窃既遂。是否通过GPS定位到被盗车辆的具体位置不足以影响对被告人盗窃既遂的认定。

共享经济下，共享物的种类不断增多，使用方式不断更新变化，从而引发了更多的法律问题。但无论如何，依据法律的基本规则进行判定，是涉及共享物的所有法律案件应当遵循的原则所在。

编写人：北京市朝阳区人民法院　李轶凡　刘杰

16

盗窃罪未遂的认定

——尹某某等盗窃案

【案件基本信息】

1. 裁判书字号

云南省红河哈尼族彝族自治州中级人民法院（2017）云25刑终266号刑事裁定书

2. 案由：盗窃罪

【基本案情】

被告人尹某某、徐某某、杨某某预谋、邀约、组织被告人陈某某、毛某某、张某某、孙某某等人，于2016年8月25日至8月28日期间，趁无人之际，在个旧市云锡松矿1540中段T1线5－1上盘、1－2矿体，由被告人徐某某、杨某某、陈某某等人将云南锡业公司已采好的锡原矿13.71吨盗走，并藏匿于1540中段T1线1－2矿体的一个涵洞内。2016年8月28日19时58分，被告人尹某某打电话给正在松矿1360坑坑口负责检查的被告人张某某，让张某某放行一辆车进入1360坑。2016年8月28日20时10分，根据被告人尹某某的安排，被告人孙某某驾驶事前偷装云南锡业公司松矿坑道专用“ID汽车电子车牌”蓝色货车载着被告人毛某某到云锡松矿1360坑坑口，被告人张某某按尹某某的要求将该车放入1360坑。被告人孙某某驾驶货车到1540中段沙仓处后，与先进入坑内盗窃的被告人徐某某、杨某某、陈某某等人将盗窃的锡原矿装上汽车，当被告人孙某某驾驶汽车载着徐某某、杨某某行至距1360坑坑口7560米（炸药库附近）避让车道处时，被云锡松矿保卫人员人赃俱获。经有资质的云南省有色地质局三〇八队测试中心检测，锡原矿含锡品位为35.37%，水分为5.34%，并经个旧市价格认证中心认证13.71吨锡原矿价值为人民币472799元。

案发后，个旧市公安局大屯派出所扣押了被告人孙某某所有的作案汽车及锡原矿13.71吨。

【案件焦点】

本案中被告人尹某某等人的行为是盗窃既遂还是盗窃未遂。

【法院裁判要旨】

云南市个旧市人民法院经审理认为：关于本案是否是盗窃未遂的问题。经查，首先，本案所盗窃的锡原矿总重量达13.71吨，数量多、体积大，从上列被告人作案的第一时间段先将锡原矿转移藏匿，但仍无法秘密携带运出坑外，达到非法占为己有。其次，从本案连贯作案的第二时间段运走锡原矿，上列被告人盗窃行为运走轨迹进出均走1360坑口关卡，该关卡是区分本案盗窃财物实际控制的合理点，故上列被告人虽已着手实施犯罪，但被盗财物尚在被害单位合理控制范围内，由于上列被告人犯罪以外原因盗窃未得逞，系犯罪未遂。故辩护人许某某、黄某某、周某、高某、彭某某的辩护意见，本院予以采纳。

云南省个旧市人民法院依照《中华人民共和国刑法》第二百六十四条，第二十三条，第二十五条第一款，第二十六条第一款、第四款，第二十七条，第六十三条第一款，第六十七条第三款，第六十四条，判决上列七名被告人犯盗窃罪（未遂），分别判处四年至六年不等刑期，并处人民币一万至三万元不等的罚金。个旧市公安局扣押的锡原矿13.71吨，发还被害单位，作案工具被告人孙某某所有的云GY××××货车一辆予以没收。

尹某某等六名被告人以锡原矿价格过高，不应区分主从犯、量刑过重提起上诉。

云南省红河州哈尼族彝族自治州中级人民法院经审理认为：上列被告人以非法占有为目的，秘密盗取数额特别巨大的公共财物，因意志以外的原因使犯罪未得逞，其行为均已构成盗窃罪（未遂）。本案中各被告人所处的地位、所起的作用大小较为明显，依法应区分主从犯。上诉人诉称不应区分主从犯，盗窃价格鉴定不合理的上诉意见不成立，原审法院根据各被告人的犯罪事实、性质、情节、对社会危害程度及在共同犯罪中的作用、地位，已作出的罪刑相适应的判处，量刑并无不当，故尹某某等人的上诉理由，不能成立，应予驳回。

云南省红河州哈尼族彝族自治州中级人民法院依照《中华人民共和国刑事诉讼法》第二百二十五条第一款第一项①的规定，作出如下裁定：

驳回上诉，维持原判。

【法官后语】

本案处理重点主要在于在矿洞内盗窃锡原矿，被人赃俱获，是盗窃既遂还是未遂的问题。盗窃既、未遂的争议在审判实际普遍存在争议，一般盗得财物置于盗窃行为人实际控制被认定为既遂，但对实际控制在实践中有时较难理解。

具体到本案中，一审、二审法院都认为上列被告人以非法占有为目的，秘密盗取数额特别巨大的公共财物，因意志以外的原因使犯罪未得逞，其行为均已构成盗窃罪（未遂）。本案中如何认定盗得财物为被告人实际控制呢？云南锡业公司下属云锡松矿是国有的大企业，该公司管理较为规范、为防范锡原矿被盗窃，在进入锡原矿的坑口设置保卫卡点检查进入、出坑的车辆，对进入车辆是否有证、是否配置专用坑道电子灯光自动开启功能的电子仪器（车辆在隧道内照明会自动开启，车辆方能安全运行），并在隧道内安装监控视频，防范锡原矿被偷盗，确保国有财物不流失，而本案上列被告人偷盗锡原矿运行均发生在隧道中，上列被告人犯罪行为的盗窃车辆运行进入均走1360坑口关卡轨迹，未出隧道就被抓获，因此上列被告人偷盗的锡原矿是否脱离所有人的合理控制点应是坑口保卫人员检查点，是判断本案是否既遂的关键点。另从案件来源来看，上列被告人盗窃锡原矿是在坑内被他人发现及时向公司保卫人员报告，保卫人员进入坑内抓获被告人孙某某，全

① 对应2018年《刑事诉讼法》第二百三十六条第一款第一项。

案才得以告破的。

值得注意的是，在本案中公诉机关以盗窃既遂进行起诉，按云南省盗窃数额的规定，本案盗窃数额达特别巨大，以此对上列被告人进行量刑，则应在十年以上量刑，明显对被告人不利，故个旧市人民法院在对全案盗窃性质进行分析后，得出系盗窃未遂，并运用量刑规范的原理对盗窃未遂的上列被告人减轻处罚，宜在其罪责所对应的法定量刑幅度内对上列被告人进行处罚，这样有利于从实质上实现刑事司法的公平性。

编写人：云南省个旧市人民法院　姜龙柱

17

故意伤害和故意杀人未遂的认定边界

——蓝某某故意伤害案

【案件基本信息】

1. 裁判书字号

福建省厦门市中级人民法院（2018）闽02刑终16号刑事裁定书

2. 案由：故意伤害罪

【基本案情】

被告人蓝某某与前妻蓝某甲离婚后因琐事发生矛盾。2017年6月14日，被告人蓝某某因蓝某甲未接听电话而气恼，进而产生报复恶念。2017年6月15日凌晨1时许，被告人蓝某某酒后随身携带一把菜刀、一把尖刀从厦门岛内打车至厦门市同安区大同街道古庄新城××号店面找蓝某甲未果。后被告人蓝某某与蓝某甲的哥哥被害人蓝某乙发生争吵，后二人各持尖刀、菜刀互殴。被告人蓝某某持尖刀刺中蓝某乙上腹部，致蓝某乙受伤。蓝某乙出院诊断为：（1）左侧胸部刀刺伤：开放性血气胸；（2）左侧肋骨骨折；（3）左肺下叶裂伤；（4）膈肌损伤；大网膜裂伤。经法医鉴定：蓝某乙损伤程度为重伤二级。

事发后，被告人蓝某某与被害人蓝某乙均立即报警，双方均被送医治疗，后被告人蓝某某在医院接受调查并如实供述了上述犯罪事实。

【案件焦点】

被告人蓝某某构成故意伤害还是故意杀人未遂。

【法院裁判要旨】

福建省厦门市同安区人民法院经审理认为：被告人蓝某乙犯罪以后主动投案，如实供述自己的罪行，当庭自愿认罪，系自首，依法可以从轻或者减轻处罚。被告人蓝某某故意伤害造成附带民事诉讼原告人蓝某乙经济损失，依法应当承担民事赔偿责任。被告人蓝某某同意按照附带民事诉讼原告人蓝某乙请求的赔偿数额予以赔偿，可以照准，但附带民事诉讼原告人蓝某乙请求赔偿精神损害抚慰金于法无据，不应予以支持，该部分数额8000元应予扣除。综上，依照《中华人民共和国刑法》第二百三十四条第二款、第六十七条第一款、第三十六条第一款、第六十四条，《中华人民共和国民法通则》第一百一十九条，《中华人民共和国侵权责任法》第十六条，《中华人民共和国民事诉讼法》第六十四条以及《最高人民法院关于审理人身损害赔偿案件适用法律若干问题的解释》第十七条、第十九条、第二十条、第二十一条、第二十二条、第二十三条、第二十四条、第二十五条之规定，判决如下：

一、被告人蓝某某犯故意伤害罪，判处有期徒刑四年三个月；

二、被告人蓝某某应于本判决生效之日起十日内赔偿附带民事诉讼原告人蓝某乙的经济损失人民币十九万八千六百八十七元一角五分；

三、驳回附带民事诉讼原告人蓝某乙的其他诉讼请求；

四、随案移送的作案工具菜刀一把予以没收。

宣判后，被告人蓝某某提出上诉。

福建省厦门市中级人民法院经审理认为：上诉人蓝某某持刀故意伤害他人身体，致一人重伤，其行为已构成故意伤害罪。上诉人蓝某乙系自首，依法可以从轻处罚。上诉人蓝某某的故意伤害行为给被害人蓝某乙造成经济损失，依法应当承担民事赔偿责任。关于上诉人蓝某某提出的量刑过重的上诉意见。经查，上诉人蓝某某仅因琐事即携刀上门并持刀捅伤他人腹部致重伤，且未实际赔偿被害人经济损失，虽案发后自首，但其主观恶性及社会危害性较大，原判已充分考虑上诉人各项量刑情节，所作量刑并无不当。上诉人蓝某某相关上诉意见理由不足，不予采纳。原判定罪准确，量刑适当，审判程序合法。据此，依照《中华人民共和国刑事诉讼法》第二百二十五条第一款第一项①之规定，裁定如下：

驳回上诉，维持原判第一项、第四项判决。

【法官后语】

本案的争议焦点在于被告人的行为应定性为故意杀人未遂还是故意伤害，对于定性需从几个方面入手，具体分述如下：

1. 行为人的主观目的。行凶的发生是由于生活小事还是由于双方积怨很深，素来有仇恨；是由一时激动还是经过密谋策划等，这些可以帮助我们分析行为人有无杀人的动机。在本案中，这个案件中乍一看上去像是故意杀人，被告人蓝某某酒后确实在网络上发布了如“杀一个是一个，杀二个是一双，杀三个是全家”等威胁的言论，也确实带着刀从岛内打车到了同安，以上言论是酒后发泄之语系被告人一时冲动之举，从监控录像显示并结合被告人蓝某某的供述、被害人蓝某乙的陈述，双方系在店铺内发生争吵后才发生持刀互殴行为。以案件起因、双方关系、犯罪预备行为来推断行为人的犯罪心理状态，具有不确定性，还需围绕侵害行为本身，即犯罪行为实施时的客观因素建立起来的认定依据才更具有直接性和充分性。

2. 侵害行为的实施。一是从行为人实施暴力行为的程度。故意杀人是以杀人为目的，往往表现为行为没有节制、不择手段，不致被害人于死地不会住手。而故意伤害一般以造成对方伤害为满足，不想造成对方的死亡，往往比较有节制。二是打击的部位。简单地以打击的部位为标准来区分故意伤害罪与故意杀人罪的界限，是无法得出正确结论的，但考察打击部位，结合案件的其他事实特征来分析行为性质，在区分这两种犯罪中则是必要的。如果被告人是属于有计划的、有目的地追求死亡这一后果，打击部位大多系致死部位。结合本案蓝某某的供述、蓝某乙的陈述，被告人蓝某某进入蓝某乙的店铺后先是发生争吵，并没有立即实施砍打行为，后两人各持尖刀、菜刀互殴，导致被害人蓝某乙的腹部、被告人手臂受伤，受伤后

① 对应2018年《刑事诉讼法》第二百三十六条第一款第一项。

被告人立即停止继续实施侵害行为并报警。

本案中，被告人的主观动机并非故意追求受害人死亡，而是互殴行为导致被害人受伤。检察机关以故意伤害罪追究被告人的刑事责任符合我国刑法规定的罪责刑相一致的基本法律原则，应以故意伤害罪定罪量刑。

编写人：福建省厦门市同安区人民法院　金玲　郭咏倩

18

强奸案件中犯罪未遂与犯罪中止的区分

——王某某强奸案

【案件基本信息】

1. 裁判书字号

河北省丰宁满族自治县人民法院（2016）冀0826刑初61号刑事判决书

2. 案由：强奸罪

【基本案情】

被告人王某某与被害人杜某系同在丰宁满族自治县大阁镇甲商厦对面乙旅馆胡同内租住的邻居关系，居住期间被告人王某某对杜某抱有好感，试图与被害人杜某确立对象关系，后遭拒。

2015年11月13日晚11时30分左右，被告人王某某在饮酒后返回居所时，产生了与被害人杜某发生性关系的念头。在其试图进入被害人杜某租住的房间遭拒后，被告人王某某强行将房门踹开进入室内，即脱衣趴在正躺在床上的被害人杜某身上，强行亲吻被害人脸部、抚摸被害人胸部并用阴茎顶蹭被害人阴部，在被害人杜某拒绝反抗下被推开后，被告人又用手抠被害人阴部，因听闻被害人杜某准备报警，被告人王某某停止了犯罪行为，被害人杜某随即拨打了报警电话。

另查明，被害人与被告人双方于2015年11月16日达成了赔偿和解协议，被害人杜某对被告人王某某给予了谅解。

【案件焦点】

在被告人未完成犯罪，且表述模糊的强奸案件中，如何区分犯罪未遂与犯罪中止。

【法院裁判要旨】

河北省丰宁满族自治县人民法院经审理认为：被告人王某某在犯罪过程中，有强行亲吻被害人脸部、抚摸被害人胸部并用阴茎顶蹭被害人阴部的行为，案件发展至此，被告人有进一步实施犯罪的可能性，但其在被害人提出报警后，因惧怕法律处罚，在未完成犯罪的情况下自动停止了犯罪行为，其犯罪停止形态应属犯罪中止。

河北省丰宁满族自治县人民法院依照《中华人民共和国刑法》第二百三十六条第一款、第二十四条、第六十七条第三款，《中华人民共和国刑事诉讼法》第二百七十九条①之规定，作出如下判决：

被告人王某某犯强奸罪（中止），判处有期徒刑六个月。

【法官后语】

此类案件处理重点主要在于对被告人停止实施犯罪时，对被告人主观认识及客观实际情况的认定。在客观方面，两者的区别在于实施犯罪过程中是否遭遇了不可克服的障碍，即被告人是否有进一步实施犯罪的客观实际条件。如法院审理的丰宁满族自治县人民检察院指控被告人吴某某强奸案件中，因被告人身材较为瘦小，而被害人的身高体重均在其之上，故在被害人的强烈反抗下，被告人因无法制服被害人而导致其实施犯罪不能，并因无奈而逃离了犯罪现场。而本案中被告人身体较为健硕，对比被害人，其身体优势明显，且已有用阴茎顶蹭被害人阴部的行为，如被告人继续追求犯罪，完全有犯罪既遂的可能性，故公诉机关指控被告人系因被害人反抗致使其因实施犯罪不能才离开的现场的意见明显不能成立。

在主观方面，本案中被告人虽对其停止实施犯罪时想法的表述较为模糊，但根据相关证据可知，其一直对被害人抱有好感，之前其也曾多次在被害人住所向被害人提出过确立男女朋友关系，虽遭到了被害人的拒绝，但其主观上一直认为被害人对其也有好感。案发当日，被告人于酒后强行侵入被害人住处，想同被害人确立男

---

① 对应2018年《刑事诉讼法》第二百九十条。

女朋友关系，而发生性关系则只是手段，此点与一般的以发生性关系为目的的强奸案件不同。以发生性关系为目的的强奸案件中，在被害人以报警等理由呵斥被告人时，因法律的制裁并不在当下，被告人往往不为所动。而本案中在被害人表示自己将会报警后，被告人便停止了犯罪，其除担心暴露后担负刑事责任外，也有察觉出被害人对其确实并无好感，二人并无发展成为男女朋友关系的可能这一因素在内。结合上述因素，被告人虽关于其停止实施犯罪时想法的表述较为模糊，但仍然可以认为其主观上有自动地放弃犯罪的意图的情节。

编写人：河北省丰宁满族自治县人民法院　金哲宇

19

强奸犯罪过程中的中止和数罪问题

——袁某某强奸、抢劫案

【案件基本信息】

1. 裁判书字号

贵州省贵阳市白云区人民法院（2017）黔0113刑初318号刑事判决书

2. 案由：强奸罪、抢劫罪

【基本案情】

2017年5月6日晚23时许，被告人袁某某行走到贵阳市白云区豹子山旁的铁路上时，听见被害人青某某呼救并称被两名男子骚扰，随后被告人袁某某与青某某走到旁边一小路上时，袁某某遂产生强奸犯意，并向被害人青某某表示自己想与其发生性关系的想法，青某某见状便称自己有病，希望被告人袁某某放弃，并声称可以拿出财物补偿给袁某某。之后，被害人青某某将一部手机交给被告人袁某某后逃离现场。经鉴定，手机价值人民币2445元，后因袁某某将手机抵押给赌场老板，公安机关查实手机来源通知袁某某后，袁某某主动到公安机关接受调查。案发后，手机已追回并返还被害人。

【案件焦点】

1. 本案强奸罪应当认定为中止还是未遂；2. 本案应当认定是一罪还是数罪；3. 如强奸罪认定为中止是造成损害还是未造成损害；4. 被告人的行为是否能认定为自首。

【法院裁判要旨】

贵州省贵阳市白云区人民法院经审理认为：被告人袁某某违背妇女意志，采取语言威胁等手段强行与妇女发生性行为，但在实施强奸行为的过程中，主动放弃了犯罪行为，其行为已构成强奸罪（中止）；被告人袁某某在准备强奸被害人的过程中，利用被害人不敢反抗的心理，临时起意劫取被害人的财物，数额较大，其行为已构成抢劫罪。公诉机关指控被告人袁某某犯强奸罪（中止）、抢劫罪的罪名成立，本院予以确认。被告人袁某某在实施强奸行为过程中，主动放弃犯罪行为，系犯罪中止，依法应减轻处罚。被告人袁某某提出手机是被害人主动拿给自己的，自己的行为不应当构成抢劫罪的辩解意见。经查，被告人袁某某在实施强奸行为过程中，在被害人未丧失知觉的情况下，利用被害人不敢反抗的心理，抢走被害人数额较大财物犯罪的事实，有其本人在公安机关的供述、被害人陈述、出警民警出具的情况说明及相关书证等证据相互印证，且根据《最高人民法院关于审理抢劫、抢夺刑事案件适用法律若干问题的意见》第八条“行为人实施伤害、强奸等犯罪行为，在被害人未失去知觉、利用被害人不能反抗、不敢反抗的处境，临时起意劫取他人财物，应以此前所实施的具体犯罪与抢劫罪实行数罪并罚……”之规定，故其辩解系规避事实之辩解，不能成立，本院不予采纳；被告人袁某某自己有自首情节，希望法庭从轻处罚的辩解意见。经查，被告人袁某某虽然主动到公安机关投案，但归案后未能如实供述自己的犯罪事实，不符合自首的情形，不能认定为自首，该辩解意见亦不能成立，本院不予采纳。公诉机关提出以强奸中止罪判处被告人袁某某一年至二年有期徒刑、以抢劫罪判处被告人袁某某三年至四年有期徒刑的量刑建议有理，本院予以采纳。据此，根据《中华人民共和国刑法》第二百三十六条第一款“以暴力、胁迫或者其他手段强奸妇女的，处三年以上十年以下有期徒刑……”、第二百六十三条“以暴力、胁迫或者其他方法抢劫公私财物的，处三年以上十年以下有期徒刑，并处罚金……”、第六十九条、第二十四条、第五十二条及《最高人民法院关于适用财产刑若干问题的规定》第二条第一款之规定，判决如下：

被告人袁某某犯强奸罪（中止），判处有期徒刑一年；犯抢劫罪，判处有期徒刑三年，并处罚金人民币三千元，总和刑期四年，并处罚金人民币三千元；决定执行有期徒刑三年六个月，并处罚金人民币三千元（限本判决生效后十日内缴纳）。

【法官后语】

本案中被告人袁某某产生了强奸犯意后，因被害人提出自己有病，同时以财物为诱来防止袁某某强奸的行为发生，袁某某最终未与被害人发生性行为是基于财物的诱惑等而主动放弃，还是因其害怕被害人的性病传染自身未能与被害人发生性行为存在不同意见：第一种意见认为被告人袁某某是基于财物的诱惑和害怕被传染病而主动放弃，应当认定为犯罪中止；第二种意见认为被告人袁某某因害怕被传染上性病和受到财物诱惑的因素，造成了客观上未能与被害人发生性行为，是犯罪未遂。

审判中采纳了第一种意见，认为袁某某虽然是基于财物的诱惑和害怕等因素未能与被害人发生性行为的，但在当时的特殊情形下，袁某某仍可以与被害人发生性行为，却主动放弃了该行为，即“可为而不为”，符合刑法学规定的犯罪中止的情形。依照《刑法》第二十四条的规定，“在犯罪过程中，自动放弃犯罪或者自动有效地防止犯罪结果发生，是犯罪中止。对于中止犯，没有造成损害的，应当免除处罚；造成损害的，应当减轻处罚”。也就是说，袁某某虽然不是基于自身原因而主动放弃的，但却是基于其他原因而主动放弃的，属于犯罪中止。但在对袁某某的犯罪中止应如何处罚上，又产生了两种不同意见：一种意见认为，在本案中袁某某主动放弃了强奸行为，未对被害人造成任何损害，虽然有抢走被害人手机的行为，但该行为已被另一个罪名定罪处罚，如将该情形认定为对被害人造成的损害，无形中对袁某某就属于双重处罚，明显对被告人不利，因此应当免除处罚。另一种意见认为，袁某某的强奸行为虽然是犯罪中止，但其是因为在得到被害人手机的情况下放弃的，给被害人造成了财物上的损失，不能简单地分成两个阶段，而是一个连续性的过程，因此对袁某某的强奸行为应当减轻处罚。裁判中采纳了第二种意见，即认为有损害结果的发生，对袁某某的强奸中止行为减轻处罚。

编写人：贵州省贵阳市白云区人民法院　王冰青

20

抢劫罪中“犯罪中止”的认定

——张亚超抢劫案

【案件基本信息】

1. 裁判书字号

北京市丰台区人民法院（2017）京0106刑初804号刑事判决书

2. 案由：抢劫罪

【基本案情】

被告人张亚超系北京市丰台区某小区×号楼楼下甲精剪烫染室老板，在工作中认识了经常来理发的被害人杨某。2016年年底，被告人张亚超由于手头急需用钱遂产生了抢劫杨某的犯意，张亚超在杨某来店烫发时，偷配了杨某的家门钥匙和门禁卡。2017年1月9日12时许，张亚超来到北京市丰台区马家堡某小区××号楼××室被害人杨某家，并用事先偷配的钥匙进入室内。在确定屋内没人后在大卧室等候杨某回家。当日18时许，杨某回到家中并主要在小卧室活动。1月10日1时许，张亚超判断杨某已经睡着，便拿着事先准备的水果刀从大卧室出来，在客厅拿了一卷胶带，将黑色线帽压低，进入小卧室，持水果刀对被害人杨某进行威胁，并用胶带将杨某的嘴、眼封住，把其手、脚捆住，后张亚超在室内翻出现金。根据说话声音杨某认出了被告人张亚超，张亚超遂将被害人手、脚及眼、嘴的胶带去除，杨某因害怕张亚超伤害自己故与张亚超聊天并允许张亚超将钱款带走，5时许张亚超拿着4700元人民币离开。离开后，张亚超与杨某电话联系，因担心对方报警，遂通过微信转账给杨某4500元。在得知杨某父母已经报警后，被告人张亚超于2017年1月10日10时许主动到北京市公安局丰台分局马家堡派出所投案。

【案件焦点】

1. 被告人张亚超最后带走的钱款是否为被害人杨某主动给予，进而张亚超的行为是否构成犯罪中止；2. 本案犯罪金额应该如何认定。

【法院裁判要旨】

北京市丰台区人民法院经审理认为：张亚超虽然在被认出后，解开了被害人受束缚的手、脚、嘴、眼，但并没有主动离开，其对被害人的威胁仍然存在，不能构成主动放弃犯罪，而被害人允许张亚超带着钱款离开也是因威胁行为所造成的心理胁迫，并非出于自愿，且被害人杨某的陈述对因害怕被伤害而让被告人带走钱款的情形亦予以确认。综上，被告人张亚超持刀入户抢劫，并最终抢得钱财，其行为已构成抢劫罪的既遂形态，被告人张亚超及其辩护人有关构成犯罪中止的辩解及辩护意见，没有事实和法律依据，本院不予采纳。

被告人张亚超在庭审中辩解称拿走的钱款应为4500元，同时也称拿走的钱款中其将百元面值的都存到了银行卡中，五十元面值的都留在了手中，其在投案时身上起获的五十元面值的钱款就是其从被害人家中拿走的。而银行交易记录明细及扣押决定书可以证实张亚超存入银行卡的钱款数额为4100元、在被告人张亚超身上起获的钱款数额为750元，两者之和大于4700元，可见公诉机关指控犯罪金额为人民币4700元系有证据支持，并有利于被告人的，对被告人张亚超当庭有关犯罪金额的辩解本院不予采纳。

被告人张亚超系在案发后主动投案，并能够如实供述大部分犯罪事实，可认定自首情节，对被告人张亚超的辩护人有关张亚超有自首情节、此次犯罪系初犯等辩护意见，本院予以采纳。

北京市丰台区人民法院依照《中华人民共和国刑法》第二百六十三条第一项、第五十二条、第五十三条、第六十七条第一款、第五十五条第一款、第五十六条第一款、第六十四条、第六十一条之规定，判决如下：

一、被告人张亚超犯抢劫罪，判处有期徒刑七年，剥夺政治权利一年，并处罚金人民币一万四千元；

二、随案移送的人民币七百五十元，发还被害人杨某人民币二百元，剩余款项并入罚金刑执行；

三、随案移送的作案工具刀一把、单肩包一个、钥匙一把、门禁钥匙一把，均予以没收。

【法官后语】

犯罪中止的时间性、自动性、客观性、有效性要求中止行为必须发生在“犯罪过程中”，此时犯罪行为尚未既遂，犯罪结果尚未形成，犯罪行为已经完成后就不可能成立犯罪中止。

具体到本案中，法院经审理认为，本案在案证据证实张亚超虽然在被认出后，解开了被害人受束缚的手、脚、嘴、眼，但其之后并没有主动离开，其对被害人的威胁仍然存在，不能构成“主动”放弃犯罪；张亚超从被害人手中拿走4700元，虽然并未使用暴力或暴力相威胁，但被害人是基于张亚超威胁行为所造成的心理胁迫才给予张亚超钱款，并非出于自愿，且被害人的陈述对因害怕被伤害而让被告人带走钱款的情形亦予以确认。本案中，被告人在取得钱款后离开时，其行为已经处于既遂状态，也不可能再有犯罪中止。值得注意的是，犯罪中止也并不限定于没有发生任何结果，行为人自动放弃重罪或者自动有效地防止重罪结果发生的，虽然造成了轻罪的既遂，仍应当认定为是重罪的中止犯。

此外，法院在认定犯罪金额时，经常因在案证据不一致而采用“存疑有利于被告人原则”。虽然被告人辩解的犯罪金额低于公诉机关指控的金额，但是在案证据客观上能够证明公诉机关指控系有证据支持时，应当根据客观证据对犯罪金额进行准确认定。本案中，被告人张亚超在庭审中辩解称拿走的钱款应为4500元，同时也称拿走的钱款中其将百元面值的都存到了银行卡中，五十元面值的都留在了手中，其在投案时身上起获的五十元面值的钱款就是其从被害人家中拿走的。而银行交易记录明细及扣押决定书可以证实张亚超存入银行卡的钱款数额为4100元、在被告人张亚超身上起获的钱款数额为750元，两者之和大于4700元，可见公诉机关指控犯罪金额为人民币4700元系有证据支持，并有利于被告人，故本案的犯罪金额应认定为4700元。

编写人：北京市丰台区人民法院　李红华　王伟娜

21

诈骗罪中既遂与未遂竞合的处理

——李志某、黄娜某诈骗案

【案件基本信息】

1. 裁判书字号

福建省厦门市湖里区人民法院（2017）闽0206刑初36号刑事判决书

2. 案由：诈骗罪

【基本案情】

2016年3月至5月，被告人李志某、黄娜某在厦门市湖里区江头街道台湾街甲小区×××室，在互联网上发布招聘兼职刷信誉广告，以高额返还佣金为诱饵，诱使被害人接受刷信誉任务，之后，提供网上商城的网址链接让被害人刷卡消费购买实际为手机充值卡等虚拟物品的商品，并将相应的订单号发送给其。尔后，再通过订单号从商城获取充值卡卡号、密码，将相应的充值卡通过乙网站等予以出售获利，所得款项均汇入被告人李志某购买的户名为陈楚贞等人的银行账户内。经查明，卡号为6217568500003××××××的陈楚贞的丙银行卡共计进账10707元。

在2016年3月至5月，被告人李志某、黄娜某通过“丁运营管理平台”的账号SDK－WSS－×××－×××××共发送诈骗短信21434条。

【案件焦点】

二被告人诈骗行为是否达到情节严重标准。

【法院裁判要旨】

福建省厦门市湖里区人民法院经审理认为：被告人李志某、黄娜某以非法占有为目的，结伙采用虚假信息骗得他人钱财人民币10707元，发送诈骗信息21434次，有其他严重情节，其行为均已构成诈骗罪，且系共同犯罪。公诉机关指控的罪名成立。本案中，被告人李志某、黄娜某骗得他人钱财人民币 10707 元，系犯罪既遂；发送诈骗信息 21434 次，系犯罪未遂。根据《最高人民法院、最高人民检察院关于办理诈骗刑事案件具体应用法律若干问题的解释》第六条的规定，诈骗既有既遂，又有未遂，分别达到不同量刑幅度的，依照处罚较重的规定处罚。因此，公诉机关关于被告人李志某、黄娜某犯诈骗罪，有其他严重情节且属犯罪未遂的指控，有事实和法律依据，本院予以采纳。被告人李志某在共同犯罪中起主要作用，是主犯；被告人黄娜某在共同犯罪中起次要作用，系从犯，应当减轻处罚。被告人李志某、黄娜某归案后能如实供述犯罪事实，且当庭自愿认罪，可从轻处罚。被告人李志某、黄娜某还能积极退出全部赃款，可酌情从轻处罚。综合考虑被告人黄娜某的犯罪情节及悔罪表现，可对其适用缓刑。据此，依照《中华人民共和国刑法》第二百六十六条、第二十五条第一款、第二十三条、第二十六条、第二十七条、第六十七条第三款、第七十二条第一款、第三款第六十四条及《最高人民法院、最高人民检察院关于办理诈骗刑事案件具体应用法律若干问题的解释》第五条、第六条之规定，判决如下：

一、被告人李志某犯诈骗罪，判处有期徒刑一年四个月，并处罚金人民币一万元；

二、被告人黄娜某犯诈骗罪，判处有期徒刑一年，缓刑二年，并处罚金人民币五千元。

（其他判项略）

【法官后语】

近年来，电信网络诈骗案件数量不断上涨。所谓电信网络诈骗，即通过发送短信、拨打电话或者利用互联网、广播电视、报纸杂志等发布虚假信息，对不特定多数人实施诈骗的行为。此类犯罪严重侵害人民群众财产安全和其他合法权益，严重干扰电信网络秩序，且受害者众多，诈骗手法简单、易仿效，严重破坏社会诚信，社会危害性大，人民群众反映强烈。因此，为严厉打击“电信网络诈骗”，最高人民法院、最高人民检察院出台了《关于办理诈骗刑事案件具体应用法律若干问题的解释》（以下简称解释）。解释中将发送诈骗信息五千条以上的或者拨打诈骗电话五百人次以上的情形，拟制为诈骗罪的犯罪构成。诈骗系结果犯（指不仅要实施具体犯罪构成客观要件的行为，而且必须发生法定的犯罪结果才构成既遂），该解释将有上述情节规定为有“其他严重情节”的诈骗罪，并以未遂来定罪处罚。

实践中便出现了“诈骗公私财物数额较大”的既遂与“诈骗公私财物有其他严重情节”未遂的竞合。本案便是这种情况。如何理解适用解释第六条中“诈骗既有既遂，又有未遂，分别达到不同量刑幅度的，依照处罚较重的规定处罚；达到同一量刑幅度的，以诈骗罪既遂处罚”，即属于“诈骗公私财物数额较大”的既遂还是“诈骗公私财物有其他严重情节”未遂，成为本案争议主要焦点。一种看法认为，应当以“诈骗公私财物数额较大”的既遂来定罪处罚，理由是虽然“诈骗公私财物有其他严重情节”的量刑幅度高于“诈骗公私财物数额较大”的量刑幅度，但“未遂”导致量刑幅度降档，使得“诈骗公私财物有其他严重情节”未遂与“诈骗公私财物数额较大”的既遂处于同一量刑幅度，根据解释第六条的规定，属于同一量刑幅度，要以既遂来定罪处罚。另一种看法认为，应当以“诈骗公私财物有其他严重情节”的未遂来定罪处罚。理由是“未遂”并不必然导致量刑幅度的降档。因此不应将犯罪形态提前介入量刑幅度的考量。显然，“诈骗公私财物有其他严重情节”的量刑幅度高于“诈骗公私财物数额较大”的量刑幅度，根据解释第六条的规定，应依照处罚较重的规定处罚，即按照“诈骗公私财物有其他严重情节”来定罪处罚。笔者同意第二种看法。本案中二被告人采用虚假信息骗得他人钱财人民币10707元，系犯罪既遂；发送诈骗信息21434次，系犯罪未遂。根据最高人民法院、最高人民检察院解释第六条的规定，诈骗既有既遂，又有未遂，分别达到不同量刑幅度的，依照处罚较重的规定处罚。因此，二被告人犯诈骗罪，有其他严重情节且属犯罪未遂。

编写人：福建省厦门市湖里区人民法院　张晓毅

（三）共同犯罪

22

盗窃过程中被口头阻止后非法占有他人财物行为的定性及犯罪过程中的合作能否认定共同犯罪

——邱恒某、邱某抢夺案

【案件基本信息】

1. 裁判书字号

广西壮族自治区贺州市昭平县人民法院（2017）桂 1121 刑初 207 号刑事判决书

2. 案由：抢夺罪

【基本案情】

被告人邱恒某于 2017 年 5 月 25 日下午 6 时许，路过国营昭平县富罗林场良佑陆夏冲口，发现冲岭脚山坡上堆放有国营昭平县富罗林场用于给桉树施肥的复合肥，遂将三包甲牌水白金纯硫基水溶肥料偷走藏在附近的草丛里。次日早上 6 点，邱恒某开摩托车到该地点准备把三包化肥拉走时，又从山上堆放化肥处偷一包连同昨日的三包化肥一同背到大路；在邱恒某到山上盗窃化肥过程中，被告人邱某也来到现场盗窃化肥，邱某把 5 包化肥从山上背到大路。在邱恒某、邱某背化肥到大路的过程中，被正在山上施肥的国营昭平县富罗林场雇请的工人胡秀某等人看到，并向二被告人喊话不要背化肥，二被告人还回答工人就要几包。二被告人不理会山上施肥工人的劝阻，继续背化肥到大路。二被告人经商量由邱某回家开拖拉机把化肥运回家，邱某开拖拉机来后两人合力把 9 包化肥装上拖拉机运走。案发后，邱恒某向国营昭平县富罗林场归还化肥一包、邱某归还五包。在审理过程中，邱某退出赃款840元。经昭平县价格认证中心认证，甲牌水白金纯硫基水溶肥料单价为250元，被害人提供的发票，甲牌水白金纯硫基水溶肥料单价为280元。邱恒某、邱某运走的9包化肥共价值2520元。

【案件焦点】

1. 二被告人的行为是构成盗窃罪还是抢夺罪；2. 二被告人的行为是否构成共同犯罪。

【法院裁判要旨】

广西壮族自治区贺州市昭平县人民法院经审理认为：被告人邱恒某、邱某以非法占有为目的，本想秘密窃取他人财物；正在取财过程中，被工人发现并阻止，但二被告人不顾他人阻止仍强行运走化肥，已不是秘密窃取他人财物，属公开夺取他人财物，数额较大，其行为已触犯了《中华人民共和国刑法》第二百六十七条第一款的规定，构成抢夺罪。公诉机关指控被告人邱恒某、邱某犯盗窃罪不当，予以纠正。二被告人作案前没有共同犯罪的意思联络，在各自取财过程中，共同装运财物，相互知道是在与他人协力共同实施犯罪行为，二被告人构成共同犯罪，均认定为主犯。

广西壮族自治区贺州市昭平县人民法院依照《中华人民共和国刑法》第二百六十七条第一款，第二十五条第一款，第二十六条第一款、第四款，第六十七条第一款、第三款，第四十二条，第四十四条，第五十二条，第五十三条，第六十四条及《最高人民法院、最高人民检察院关于办理抢夺刑事案件适用法律若干问题的解释》第一条第一款，《最高人民法院关于处理自首和立功具体应用法律若干问题的解释》第一条，作出如下判决：

一、被告人邱恒某犯抢夺罪，判处拘役四个月，并处罚金人民币二千元；

二、被告人邱某犯抢夺罪，判处拘役三个月，并处罚金人民币二千元；

三、被告人邱某退出的赃款八百四十元，发还被害人国营昭平县富罗林场。

【法官后语】

本案处理重点主要在于定性及能否认定为共同犯罪。

本案中，被告人邱恒某、邱某在作案前没有犯罪联络，各自秘密窃取化肥，在窃取过程中，被他人发现并口头阻止。二被告人不顾他人阻止并商量由邱某回家开拖拉机把化肥运回家，邱某开拖拉机来后二人合力把化肥装上拖拉机运走。根据我国《刑法》第二百六十四条、第二百六十七条第一款、第二十五条的规定，并结合以上犯罪事实，笔者认为本案中被告人邱恒某、邱某的犯罪行为构成抢夺罪，并构成共同犯罪。主要理由如下：

1. 关于盗窃罪与抢夺罪的区分，笔者认为应从行为人采取的主要手段加以区分。盗窃罪主要以秘密手段窃取财物，抢夺罪通常以公然夺取手段取得财物。即两罪之间最本质的区别在于客观方面行为的隐蔽性和公然性。盗窃罪的隐蔽性是指行为人自以为行为时其行为不被财物的所有人或保管人发觉；抢夺罪的公然性是指行为人不计较行为时其行为是否会被财物所有人或保管人发觉。行为人在控制财物后，在财物所有人或保管人可察觉的范围内取走财物构成犯罪的，则应定抢夺罪，反之应定盗窃罪。

本案中，邱恒某、邱某虽然开始是秘密窃取财物，但他们在秘密窃取的过程中，被正在山上施肥的工人胡秀某等人看到，并向二被告人喊话不要背化肥，二被告人不理会山上施肥工人的劝阻，继续背化肥到大路并装运回家。从整个过程来看，邱恒某、邱某获取被害人财物的主要方式是在被害人当场可以得知财物被抢的情况下实施抢夺行为，属公然抢夺，更符合抢夺罪的构成要件。

2. 关于是否构成共同犯罪，我们要看行为人在主观上是否有共同的犯罪故意，客观上是否有共同的犯罪行为。共同犯罪人主观上必须有共同的犯罪故意，即要求各共同犯罪人通过意思联络，认识到他们的共同犯罪行为会发生危害社会的结果，并决意参加共同犯罪，希望或者放任这种结果发生的心理状态。客观上必须有共同的犯罪行为，即各共同犯罪人的行为都是指向同一的目标彼此联系，相互配合，结成一个有机的犯罪行为整体。一是各共同犯罪人所实施的行为都必须是犯罪行为；二是各个共同犯罪人的行为由一个共同的犯罪目标将他们的单个行为联系在一起，形成一个有机联系的犯罪活动整体；三是各共同犯罪人的行为都与发生的犯罪结果有因果关系。

本案中，邱恒某、邱某在作案前没有犯罪联络，且是各自前来窃取化肥，但在各自取财过程中，协商由邱某回家开拖拉机把化肥运回家，并合力把化肥装上拖拉机运走。可见，二被告人在各自取财过程中，协商后共同装运财物，相互知道是在与他人协力共同实施犯罪行为，符合共同犯罪的成立条件，构成共同犯罪。

编写人：广西壮族自治区贺州市昭平县人民法院　卢春燕

23

寻衅滋事罪共同犯罪中承继共同犯罪的认定

——韩林某等寻衅滋事案

【案件基本信息】

1. 裁判书字号

安徽省亳州市中级人民法院（2017）皖16刑终70号刑事附带民事裁定书

2. 案由：寻衅滋事罪

【基本案情】

2016年5月7日2时许，被害人马某某、周晓某、王某某在涡阳县甲大酒店南侧“乙拉面馆”吃饭，施俊某和被告人韩林某等人对马某某等人进行言语挑逗，后施俊某到马某某饭桌上串场，因为喝酒原因引起争执，发生打架。被告人韩林某、孔运与施俊某等人对王某某、马某某、周晓某、王某、李志某实施殴打，同时在旁边吃饭的被告人高振某见状即主动上前参与对王某、李志某进行殴打，上述被害人被韩林某、孔运、高振某等人打伤。经鉴定王某某、王某、马某某、李志某四人的伤情为轻微伤，周晓某的伤情为轻伤二级。

另查明，被告人韩林某曾因吸毒于2014年9月20日被涡阳县公安局罚款500元；2015年9月16日因吸毒被涡阳县公安局行政拘留十日并处罚款500元；2016年5月7日至2016年5月17日因寻衅滋事被涡阳县公安局行政拘留十日；在侦查机关对本案查证期间，韩林某协助侦查机关将同案的高振某抓获。被告人孔运曾因犯容留他人吸毒罪，于2015年11月13日被涡阳县人民法院判处有期徒刑八个月，2016年1月29日刑满释放，因本案于2016年5月26日被南京市公安局抓获。

又查明，周晓某的经济损失共计48436.88元，马某某的经济损失共计3165.53元，王某某的经济损失共计3094.46元，李志某的经济损失共计7679.03元，王某的经济损失共计3744.6元。

【案件焦点】

高振某及其辩护人认为被告人不构成寻衅滋事罪的共犯，只应对与其行为具有因果关系的结果承担责任，如何对高振某在其他被告人犯罪行为开始后其参与寻衅滋事的行为认定。

【法院裁判要旨】

安徽省亳州市涡阳县人民法院经审理认为，被告人韩林某、高振某、孔运伙同他人持凶器随意殴打他人，情节恶劣，其行为已构成寻衅滋事罪。在共同犯罪中，各被告人均积极参与殴打被害人，作用相当，不宜区分主从。高振某在韩林某、孔运等人对周晓某等五名被害人进行殴打时，主动参与对王某、李志某实施殴打，应当对其参与后的共同犯罪行为承担刑事责任；韩林某在案发后协助司法机关抓捕同案犯高振某，具有立功情节，可以从轻处罚；韩林某、孔运到案后如实供述了自己的犯罪事实，具有坦白情节，可以从轻处罚；孔运曾因犯罪被判处有期徒刑以上刑罚，刑罚执行完毕以后，在五年以内再犯应当判处有期徒刑以上刑罚之罪的，是累犯，应当从重处罚。由于各被告人的犯罪行为给各被害人造成的经济损失，合理的部分应予以赔偿，不合理部分不予支持。

安徽省亳州市涡阳县人民法院依照《中华人民共和国刑法》第二百九十三条第一款第一项，第二十五条第一款，第二十六条第一款、第四款，第六十七条第三款，第六十八条，第六十五条第一款，第四十五条、第四十七条，第六十一条，第三十六条第一款，《中华人民共和国民法通则》第一百一十九条，《中华人民共和国民事诉讼法》第六十四条的规定，作出如下判决：

一、被告人韩林某犯寻衅滋事罪，判处有期徒刑二年六个月；

二、被告人高振某犯寻衅滋事罪，判处有期徒刑二年；

三、被告人孔运犯寻衅滋事罪，判处有期徒刑四年；

四、被告人韩林某、孔运连带赔偿附带民事诉讼原告人周晓某经济损失四万八千四百三十六元八角八分、马某某经济损失三千一百六十五元五角三分、王某某经济损失三千零九十四元四角六分；被告人韩林某、高振某、孔运连带赔偿附带民事诉讼原告人王某经济损失三千七百四十四元六角、李志某经济损失七千六百七十九元零三分；上述款项待本判决生效之日起十日内履行完毕；

五、驳回附带民事诉讼原告人的其他诉讼请求。

韩林某、高振某、孔运提起上诉。高振某辩护人提出高振某不构成寻衅滋事罪共犯、只应对与其行为具有因果关系的结果承担责任的辩护意见。

安徽省亳州市中级人民法院经审理认为：高振某确系在韩林某等人滋事过程中才参与进来，但此时五被害人已经处于被围殴状态，高振某逞强耍横、无事生非、随意殴打他人的主观犯意清楚，高振某显属寻衅滋事共犯，且原判已经认定高振某仅参与了对王某、李志某的殴打行为，并承担相应刑事责任，故对高振某辩护人的辩护意见不予采纳。同意一审法院裁判意见，原判认定事实清楚，证据确实、充分，定罪准确，量刑适当，审判程序合法。依照《中华人民共和国刑事诉讼法》第二百二十五条第一款第一项①的规定，作出如下裁定：

驳回上诉，维持原判。

【法官后语】

本案是典型的无事生非型寻衅滋事，即行为人为寻求刺激、发泄情绪、逞强耍横、无事生非，按照《刑法》第二百九十三条规定，应当认定为寻衅滋事罪。

本案中高振某的行为属于共同犯罪中典型的承继的共犯。三被告人无须就寻衅滋事行为进行事先通谋，在刑法理论上"所谓的承继共同正犯，是指对某一个犯罪，先行行为者着手实行后，在行为尚未全部实行终了阶段，后行行为者与先行行为者之间产生了共同正犯，后行行为者必须对参与实施后的共同犯罪行为承担刑事责任"。承继的共同正犯与普通的共同正犯的区别在于：第一，普通共同正犯是行为人在形成共同犯罪意思之后才共同实施犯罪或者按照各自的分工实施犯罪，属于事前有通谋的共同犯罪；承继共同正犯则是先行行为人产生犯意并着手实施后，后行行为人才产生犯意加入到共同犯罪中来，属于事前无通谋的共同犯罪。第二，普通共同正犯遵循"部分实行全部责任"的原则，每一行为人必须对共同犯意限度内的全部行为承担刑事责任；而承继共同正犯中的后行行为人则仅仅对参与后的共同罪犯行为承担刑事责任，参与之前的行为则不在其责任范围之内。由此可见，继承共犯强调的是共同犯罪人起先并无共同利益或其他原因加入到先行行为者的活动中

① 对应2018年《刑事诉讼法》第二百三十六条第一款第一项。

去，对被害人实施同一目的的犯罪。对于后行行为者的主观态度完全可以依据正常思维和逻辑进行合理的推理。

编写人：安徽省亳州市涡阳县人民法院　蒋召朗

24

主犯、从犯在共同犯罪中的认定

——杨某某等破坏电力设备案

【案件基本信息】

1. 裁判书字号

青海省西宁市湟中县人民法院（2017）青0122刑初225号刑事判决书

2. 案由：破坏电力设备罪

【基本案情】

2016年8月至9月，被告人杨某某、李某某经事先商议，意图盗窃本县李家山镇附近的电缆线，并前往李家山镇查看欲盗的电缆线。2016年12月11日，被告人杨某某、李某某联系被告人赵某某、杨某（身份不详，在逃）为其帮忙，当晚20时许，被告人杨某某、李某某、赵某某与驾驶双排货车的犯罪嫌疑人杨某到达本县李家山镇大路村后，被告人杨某某持钢锯等工具攀爬至该村水泥路旁农田中架设的高压线路铁塔上盗割电缆线，并留被告人李某某、赵某某、杨某望风接应，后被告人杨某某持钢锯将铁塔高压线路锯断后造成短路出现打火现象，遂意识到危险便驾车逃离现场。2016年12月13日，经国网青海省电力公司检修公司检查发现，该公司所辖备用输电线路——330KV源黄县95号塔严重变形损坏，90～96段共6基杆塔变形以及导线损坏，因设备存在安全隐患，遂折除。

【案件焦点】

被告人李某某是否系从犯。

【法院裁判要旨】

青海省西宁市湟中县人民法院经审理认为：被告人杨某某与李某某经预谋伙同赵某某采取破坏性手段盗割电缆线，致使正在使用中的高压输电线路及铁塔损坏，危害公共安全，三被告人的行为已构成破坏电力设备罪，应予惩处。但公诉机关提出的关于被告人李某某系从犯的公诉意见，经查，被告人李某某在共同犯罪中积极主动实施犯罪，不能认定为从犯。同时，在本案的共同犯罪中，被告人杨某某、李某某起主要作用，是主犯，被告人赵某某在共同犯罪中起次要作用，系从犯，应对被告人赵某某依法减轻处罚。

青海省西宁市湟中县人民法院依据《中华人民共和国刑法》第一百一十八条、第二十五条第一款、第二十六条第一款、第二十七条、第六十四条、第六十七条第三款、第七十二条第一款、第七十三条第二款、第三款之规定，判决如下：

一、被告人杨某某犯破坏电力设备罪，判处有期徒刑四年六个月。被告人李某某犯破坏电力设备罪，判处有期徒刑三年六个月。被告人赵某某犯破坏电力设备罪，判处有期徒刑二年，缓刑二年；

二、随案移送的作案工具钢锯、手套、帽子、锯条，依法予以没收，留作证据随案保存。

【法官后语】

本案处理重点主要在于如何认定被告人李某某在共同犯罪中的责任。在刑事审判过程中，对共同犯罪人应当区别对待，以便准确界定各共犯人所应承担的刑事责任，这是罪责刑相适应原则的体现。而认定主从犯，又是区别对待共同犯罪人的前提。在我国的刑事审判实践中，主从犯的认定存在一些认识和操作上的偏差，如“望风”的行为如何定性，对此问题，需要认真对待，否则，对不同的被告人就会出现同罪异罚、显失公平的情况，也会影响刑事法律的统一和权威。主从犯的认定要综合、灵活地进行。相同的行为在不同的犯罪中作用不一定相同。(1) 比如，明知他人要实施盗窃而帮助运送犯罪人到达目的地，这属于从犯中的帮助犯；而在“飞车抢夺”的犯罪中，一人驾驶摩托车搭乘另一人经过行人时，由搭车者迅速抢走他人的财物，然后开车迅速逃跑。在这种犯罪中，开车者与出手抢夺者属于紧密配合不可分开的关系，开车者作用相当大，往往与出手抢包者同为主犯。

所以首先需要明确共同实行犯不等同于共同正犯，实行犯根据作用的大小，可以是主犯、从犯或胁从犯。正犯是指对侵害结果或者危险结果的发生起支配作用的行为人。根据相关法律规定，望风行为在大多数场合属于帮助犯，但当望风行为支配了犯罪的发展进程，对正犯结果起到重要作用时，应认定为共同正犯。在本案中李某某联系被告人赵某某、杨某（身份不详，在逃）为其帮忙，之后李某某为杨某某盗割电缆线望风接应，为整个犯罪的顺利实施起到了主要作用，且李某某与杨某某共谋实施了破坏电力设备的犯罪行为，应当将主要责任归属于李某某。故李某某应当认定为主犯，这样才能遵从罪责刑相适应的原则。

刑罚，应实现轻罪受轻罚，重罪受重罚，罚当其罪，罪罚适应。人民法院在确定罪行轻重以及刑事责任大小的时候，不仅应参考行为人犯罪行为所造成的客观社会危害，还必须结合考虑犯罪行为人的人身危险性、主观故意以及主观恶性等，综合考量罪犯和罪行各方面综合因素所表现出的社会危害性程度，从而确定犯罪行为人最终刑事责任的大小，对其处以相对轻或重的刑罚，以实现刑法的公平性和正义性。

编写人：青海省西宁市湟中县人民法院　郭琪

25

共同犯罪中主、从犯的认定和量刑

——张某故意伤害案

【案件基本信息】

1. 裁判书字号

河北省石家庄市栾城区人民法院（2017）冀0111刑初40号刑事判决书

2. 案由：故意伤害罪

【基本案情】

2014年11月26日23时许，被告人张某与赵某（已判）、蔡某（已判）在栾城区甲歌厅唱歌时，赵某因琐事与另一个包厢的梁某发生口角并引发双方打架。在打架过程中赵某、蔡某用匕首将谭某、梁某、檀某扎伤，被告人张某持棒球棒对赵某、蔡某进行殴打。后经鉴定，谭某的伤系锐器致肠破裂，其损伤属重伤二级。

2016年9月21日，被告人张某赔偿被害人谭某各种损失共计1万元，被害人谭某表示对被告人张某谅解。

【案件焦点】

共同犯罪案件中，如何根据在案证据对主、从犯进行认定和量刑。

【法院裁判要旨】

河北省石家庄市栾城区人民法院经审理认为：被告人张某等因琐事与他人发生纠纷后，伙同赵某、蔡某将被害人打致重伤二级，其故意伤害他人身体的行为构成故意伤害罪。公诉机关指控其犯故意伤害罪，事实清楚，证据确实充分，适用法律正确，指控罪名成立。在共同犯罪过程中，被告人张某用棒球棒殴打被害人，赵某、蔡某用匕首将被害人谭某扎至重伤，被告人张某在共同犯罪中起次要作用，系从犯，应当从轻或者减轻处罚。案发后被告人张某积极赔偿被害人并得到被害人谅解，审理中认罪态度较好，确有悔改表现，可以从宽处罚。经审前社会调查，被告人张某符合社区矫正的要求，依法可以适用缓刑。根据本案的犯罪事实、情节、性质及危害后果，依照《中华人民共和国刑事诉讼法》第二百七十九条①，《中华人民共和国刑法》第二百三十四条第二款、第六十一条、第二十七条、第四十五条、第七十二条的规定，判决如下：

被告人张某犯故意伤害罪，判处有期徒刑二年，缓刑三年。

【法官后语】

本案处理重点主要在于对被告人在共同犯罪中地位的认定。共同犯罪中，主犯与从犯的区别直接关系到量刑结果。一般而言，主从犯可以从以下几个方面进行判断：（1）看起因，谁是起意者；（2）看实行行为，谁是主要实行者；（3）看因果关系，谁的行为对犯罪结果的原因力较大；（4）看犯罪收益的分配情况等。从犯包括两类共同犯罪人：一是在共同犯罪中起次要作用的犯罪分子，即次要实行犯。一

---

① 对应2018年《刑事诉讼法》第二百九十条。

种在共同犯罪中起辅助作用的犯罪分子。我国《刑法》中的刑罚个别化原则决定了区分主犯与从犯的重要性。在具体司法实践中二者的区别可以从以下几方面入手：(1) 在事前共谋的共同犯罪中，随声附和，表示赞同，被动接受任务、服从指挥者通常为从犯；(2) 从参加共同犯罪的频率来看，首次参加共同犯罪或者参加次数少于其他犯罪分子的，以及仅参加了部分共同犯罪的犯罪分子通常为从犯；(3) 从对犯罪结果的作用来看，从犯通常对造成犯罪结果只起很小的作用，甚至根本未起任何作用。

具体到本案中，被告人张某用棒球棒殴打被害人，赵某、蔡某用匕首将被害人谭某扎至重伤，被告人张某在共同犯罪中从犯罪起因、犯罪实施手段、对危害结果的作用来看，均起次要作用，因此可以认定被告人张某在共同犯罪中起次要作用或者辅助作用，系从犯。

共同犯罪作为二人以上共同故意犯罪，与单独犯罪相比，是一种更具复发性和社会危害性的犯罪形态，区分共同犯罪的主从犯，准确界定各共同犯罪人的刑事责任，对犯罪分子量刑具有重要意义，使刑罚的轻重和犯罪分子所犯罪行和承担的刑事责任相适应，实现罪行相当，罪行均衡，这既是刑罚罪刑相适应基本原则的要求，也是贯彻执行宽严相济，区别对待刑事政策的直接体现。

编写人：河北省石家庄市栾城区人民法院　李素志

26

掌握危险废物信息渠道的介绍人不宜认定为污染环境罪从犯

——陈某、吴某污染环境案

【案件基本信息】

1. 裁判书字号

广东省广州市中级人民法院（2017）粤01刑终901号刑事判决书

2. 案由：污染环境罪

【基本案情】

2016年6月间，陈某为谋取非法利益，在无相应处理资质的情况下，经吴某的介绍，雇车去广东省清远市甲化工公司非法收购了约160吨危险废物，加上陈某之前收购的10吨危险废物，先后多次使用其购买的槽罐车，非法排放到高速出入口处的下水道，造成环境污染。同年7月，陈某为谋取非法利益，经吴某介绍，雇车去到位于广东省鹤山市的乙化工有限公司，非法收购了约8吨的危险废物回番禺，再抽到槽罐车（含树脂废水8.55吨，经鉴定为具有浸出毒性特征的危险废物）储存准备非法排放，因案发而未得逞。同年7月6日，执法人员发现在高速出入口处有浓烈的刺激性气味，安排广州丙工业弃置废物回收处理有限公司清理出废液（含树脂废水14.35吨，经鉴定为具有浸出毒性特征的危险废物），在陈某租赁的山地处清理出废化工物料10.72吨（经鉴定为易燃性危险废物）及含油污泥14.51吨。陈某二次获取非法利益共计人民币5.4万元，吴某二次获取非法利益共计人民币5200元。

【案件焦点】

1. 掌握危险废物信息渠道的介绍人，未直接实施非法处置行为，能否认定为从犯；2. 被告人归案后能主动带公安人员查找污染源头，有效避免危害后果继续扩散，能否综合考虑全案情节予以从轻处罚。

【法院裁判要旨】

广东省广州市番禺区人民法院经审理认为：陈某、吴某无视国家法律，非法排放、倾倒、处置危险废物，严重污染环境，其行为均已构成污染环境罪。陈某、吴某归案后如实供述自己的罪行，依法可以从轻处罚。陈某、吴某当庭自愿认罪，系初犯、偶犯，可酌情从轻处罚。

广东省广州市番禺区人民法院依照《中华人民共和国刑法》第三百三十八条、第六十七条第三款、第六十四条的规定，作出如下判决：

一、陈某犯污染环境罪，判处有期徒刑二年九个月，并处罚金十八万元；

二、吴某犯污染环境罪，判处有期徒刑二年，并处罚金六万元；

三、依法扣押的作案工具槽罐车，予以没收上缴国库。

吴某不服一审判决，提出上诉。

广东省广州市中级人民法院经审理认为：吴某及陈某无视国家法律，非法排放、倾倒、处置危险废物，严重污染环境，其行为均已构成污染环境罪。吴某虽未直接实施排放、倾倒废水的行为，但其得知有工业废水需要处理后主动找陈某进行谋合，并实地踩点，在犯意发起、犯罪联络、报酬金额的确定及非法获利后的处分等方面均起主要作用，不宜认定为从犯。第二宗犯罪事实因案发而未得逞，但两宗犯罪事实属于连续行为，故综观全案，依法应认定吴某、陈某构成全案既遂。鉴于吴某归案后积极配合侦查人员调查取证，避免了危害结果的继续扩散，如实供述自己的罪行，在二审期间主动缴纳罚金六万元，有明显的认罪、悔罪表现。综上，对吴某酌情从轻处罚。

广东省广州市中级人民法院依照《中华人民共和国刑法》第三百三十八条、第二十五条第一款、第二十六条第一款、第六十七条第三款、第六十四条，《最高人民法院、最高人民检察院关于办理环境污染刑事案件适用法律若干问题的解释》[1]（法释〔2013〕15号）第一条第二项、第七条，《中华人民共和国刑事诉讼法》第二百二十五条第一款第二项[2]之规定，作出如下判决：

一、维持原审判决第一项、第三项、第二项的定罪及罚金刑部分；

二、撤销原审判决第二项的量刑部分；

三、吴某犯污染环境罪，判处有期徒刑一年六个月，并处罚金六万元。

【法官后语】

当前，我国面临资源约束趋紧、环境污染严重、生态系统退化的严峻形势，严重影响了人民群众的生命健康和经济社会的可持续发展。

《最高人民法院、最高人民检察院关于办理环境污染刑事案件适用法律若干问题的解释》（法释〔2013〕15号）第七条规定："行为人明知他人无经营许可证或者超出经营许可范围，向其提供或者委托其收集、贮存、利用、处置危险废物，严重污染环境的，以污染环境罪的共同犯罪论处。"本案中，为谋取非法利益，吴某主动将具有浸出毒性特征的工业废液需要非法排放的信息介绍给陈某，陈某将这批工业废液从清远和鹤山运回番禺处置。吴某虽然辩称其不知道陈某无经营许可证，

---

① 已被《最高人民法院、最高人民检察院关于办理环境污染刑事案件适用法律若干问题的解释》（法释〔2016〕29号）废止。

② 对应2018年《刑事诉讼法》第二百三十六条第一款第二项。

对此也无审查义务，但吴某有化工专业的知识背景，且曾在专业环保公司从事过废液、废物处置工作，对于废液、废物的处置必须有经营许可证和必要技术条件是明知的，而从废液处置费为300元/吨也可以看出陈某不可能是通过正当途径处理废水，可以推定其主观上具有放任的故意，其行为构成污染环境罪的共犯。

关于吴某在共同犯罪中的地位问题，其虽未直接实施排放、倾倒废液行为，但其得知有工业废液需要非法排放后主动找陈某进行谋合，并积极实施了实地踩点，收取了废液处理费，事后进行了分配，在整个作案过程中其行为也起到了主要作用，不宜认定为从犯。当然在共同犯罪中，两被告人的地位和作用不完全一样，陈某准备了作案车辆，雇用了司机，具体实施了非法排放行为，获得更大的非法利益，其地位作用比吴某要大一些，量刑时应充分考虑两被告人的地位、作用，作出不一样的量刑结果，以体现罪责刑相一致原则。鉴于吴某归案后能如实供述自己的罪行，主动带公安人员指认现场，查找废液源头产生地，及时有效地防止环境污染危害后果继续蔓延扩散，在二审期间又通过其家属主动缴纳罚金6万元，有明显的认罪、悔罪表现，酌情予以从轻处罚。

需要说明的是，陈某、吴某非法排放具有浸出毒性特征的危险废物近两百吨，依照《最高人民法院、最高人民检察院关于办理环境污染刑事案件适用法律若干问题的解释》（法释〔2013〕15号）第一条第二项的规定，非法排放、倾倒、处置危险废物三吨以上的，应当认定为“严重污染环境”，并在“三年以下有期徒刑或者拘役”的幅度内量刑；而如依照法释〔2016〕29号同名司法解释第三条第二项的规定，非法排放、倾倒、处置危险废物一百吨以上的，应认定为“后果特别严重”，在“三年以上七年以下有期徒刑”的幅度内量刑。本案犯罪行为发生在2016年6~7月间，而法释〔2016〕29号司法解释于2017年1月1日起施行，且处罚较重，依照“从旧兼从轻”原则，本案应适用〔2013〕15号司法解释，在“三年以下有期徒刑或者拘役”的幅度内量刑。如本案犯罪行为发生在2017年1月1日后，则应适用〔2016〕29号司法解释，在“三年以上七年以下有期徒刑”的幅度内量刑，所受刑罚将大幅提高。

编写人：广东省广州市中级人民法院　董广绪

27

内外勾结职务侵占案中参与人员的认定

——袁昌平职务侵占案

【案件基本信息】

1. 裁判书字号

福建省厦门市中级人民法院（2017）闽02刑终82号刑事裁定书

2. 案由：职务侵占罪

【基本案情】

2014年1月5日，被告人袁昌平经事先预谋，利用其担任甲公司仓管员负责出货、提供发运单等职务便利，窃取公司4卷合计重达37.58吨的铝箔坯料将之以不良品的形式通过滕某方（另案处理）出售给吴某展、黄某孽（均另案处理）。经鉴定，上述铝箔坯料价值人民币676440元。被害单位经盘点仓库发现被盗，于2014年5月15日报警。2015年3月23日，被告人袁昌平在公司被公安机关抓获归案。

公诉机关认为，被告人袁昌平利用职务之便窃取公司财物，价值人民币676440元，数额较大，其行为已构成职务侵占罪。

被告人袁昌平否认参与作案，辩解其事前不认识吴某展、黄某孽、滕某方等人。

【案件焦点】

被告人袁昌平是否参与作案。

【法院裁判要旨】

福建省厦门市海沧区人民法院经审理认为：关于被告人袁昌平是否参与作案，被告人袁昌平辩解其不认识吴某展、黄某孽、滕某方等人，没有参与作案；辩护人提出多名证人涉案，存在串供可能，涉案签收单没有被告人袁昌平签名，在案证据无法证明被告人袁昌平参与作案的意见。本院认为，在案证据足以证明被告人袁昌平利用职务便利窃取公司铝箔坯料，理由如下：1. 本案多名证人来源不同，先后归案，取证程序合法，且证人黄某孽、涂某财案发前不认识被告人袁昌平，证人滕某方与被告人袁昌平不熟悉，多名证人与被告人袁昌平无利害关系，亦无证据证明证人之间存在串供行为，证人证言可以作为定案的依据，证人证言关于钱款收付的差异不影响基本事实的认定。2. 甲公司失窃报告、过磅记录、甲公司员工曾某、高某俊等人证言与证人滕某方、吴某展、黄某孽、涂某财证言相印证，证明2014年1月5日，闽D3××××货车进入甲公司拉走铝箔坯料，该批货物系甲公司失窃物品。3. 证人滕某方、吴某展、黄某孽、涂某财证言相互印证，证明滕某方系被盗铝箔坯料的一手购买人，吴某展、黄某孽系二手购买人，涂某财系受雇运输被盗铝箔坯料的货车司机。证人涂某财证言和辨认笔录证明在甲公司内开叉车装货的男子系被告人袁昌平，证人黄某孽证言和辨认笔录予以印证，并证明袁昌平将2联《铝板发运签发单》交给其。证人滕某方证言和辨认笔录证明，其是向甲公司的袁昌平购买铝料，生意消息来源是曾见到袁昌平试图向滕万昌出售铝箔，证人滕万昌证言亦予以印证。在案证据证人证言、辨认笔录、《铝板发运签发单》、排程物流部当天上班人员名单等相互印证，足以证明被告人袁昌平以不良品名义向滕某方出售甲公司的铝箔坯料，二手购买人黄某孽雇请司机涂某财驾驶闽D3××××牵引车进入甲公司装货，在甲公司仓库，被告人袁昌平使用叉车装运铝箔坯料并提供发运单使载货车辆顺利出厂。4. 是否有保安参与作案不影响对被告人袁昌平参与作案的认定。5. 被告人袁昌平辩解不认识证人滕某方，在案证据证明其于2014年5月与滕某方多次电话联系，其辩解与在案证据矛盾。6. 案发时间段，被告人袁昌平虽然没有直接与滕某方电话联系，但二人均与滕万昌频繁联系，不排除二人通过滕万昌联络的可能。被告人相关辩解及辩护人相关辩护意见与查明的事实不符，不予采纳。

关于甲公司失窃铝箔坯料数量和价值认定，证人滕某方、吴某展、黄某孽证实从厂内运走4卷合计37吨多的铝料，证人黄建省证称其购买了37吨多的铝板，多名证人的证言同甲公司提供的电子过磅单记录相互印证，可以证明被害单位共失窃铝箔坯料37.58吨。本案失窃物品为被害单位已生产完毕尚未出售的产品，应以全新品估价。被告人相关辩解及辩护人相关辩护意见与查明的事实不符，不予采纳。

综上，被告人袁昌平利用职务之便窃取公司财物，价值人民币676440元，数额较大，其行为已构成职务侵占罪。公诉机关指控的罪名成立。

福建省厦门市海沧区人民法院依照《中华人民共和国刑法》第二百七十一条第一款、第六十四条之规定，作出如下判决：

一、被告人袁昌平犯职务侵占罪，判处有期徒刑三年十一个月；

二、责令被告人袁昌平退赔被害单位厦门厦顺铝箔有限公司经济损失人民币六十七万六千四百四十元。

被告人袁昌平对原审判决结果不服提起上诉。

福建省厦门市中级人民法院经审理同意一审法院裁判意见，依照《中华人民共和国刑事诉讼法》第二百二十五条第一款第一项①的规定裁定如下：

驳回上诉，维持原判。

【法官后语】

本案系公司职员利用其职务上的便利条件、伙同公司外部人员、共同窃取公司财物。被告人及辩护人的辩解及辩护意见主要为被告人未参与作案。确实，内外勾结的职务侵占犯罪与因第三人诈骗而交出公司财物的犯罪实施过程极为相似，后者系因第三人捏造事实或隐瞒真相，使公司相关管理人员陷入错误认识而自愿向第三人交付公司财物。正确判断公司职员究竟是因与外人配合有意识地交付财物还是因陷入错误认识而交付财物，关系到对该公司职员的定罪与否。在证据审查上，应重点从该公司职员是否有犯罪动机、是否与他人进行合谋（或公司职员通过对第三人进行欺骗等手段使公司财物化为私有）、是否取得赃款等方面进行审查。

本案在证明被告人确系本案的犯罪主体时，结合在案证据，从整个犯罪过程予以严格审查认定。

犯罪预备过程，证人证言及其辨认笔录可证明，案发前被告人自称是厂里的主管要拿废铝块卖给滕某昌，并提供出厂条和提货单。证实被告人具有作案的动机。

犯罪实施过程，多位证人证言及辨认笔录相互印证，共同证明被告人在甲公司担任仓管员职务，该公司用于出货的发运单需当班仓管员签字才生效。2014 年 1 月 5 日当天被告人加班，涂某财驾驶闽 D3 ×××× 牵引车于 12 时 33 分进入甲公司，一穿厂服、戴黄色头盔的男子（经辨认系本案被告人）带涂某财、黄某孽到仓库装

---

① 对应 2018 年《刑事诉讼法》第二百三十六条第一款第一项。

货，被告人开叉车装货，共装4卷，13时02分车子装好过磅出厂。案发当天被告人6次呼叫滕某昌，滕某方和吴某展、滕某昌有数次频繁主、被叫联系。证实被告人利用其管理铝板的职务便利、伙同黄某孽等人窃取甲公司的铝板。

涉案货物情况，证人黄某孽、吴某展、滕某方、黄某省等人证言相互印证，证实甲公司于2014年1月5日失窃的铝材即为滕某方等人从甲公司运出并销售给吴某展的同批次铝材。

公司财物私有化的情况，证人吴某展、滕某方、王某安等人证言、银行交易流水明细证实被告人在涉案铝板出售后取得至少20万元赃款，并存入王某安银行卡中。

本案通过多组证人证言、通话记录、银行交易流水明细、过磅记录、排班情况、上班打卡记录、职务证明等较全面的证据，充分证实了被告人的犯罪动机、被告人利用职务便利实施侵占公司财物的行为、他人销赃并取得赃款的完整犯罪流程。用充分的证据形成完整证据链条，基本还原整个犯罪过程，由此可确认本案被告人系有意识地与第三人相互配合，利用其职务上管理公司财物的便利而侵占公司财物，获取不正当利益，系本案职务侵占的犯罪主体，既具有渎职性，也有对单位信赖利益的破坏。

编写人：福建省厦门市海沧区人民法院　牟燕　陈淑芳

28

虐幼型家庭暴力共同犯罪中帮助犯的认定方法及被害人谅解的适用

——臧春某、盖晶某虐待案

【案件基本信息】

1. 裁判书字号

北京市石景山区人民法院（2017）京0107刑初218号刑事判决书

2. 案由：虐待罪

【基本案情】

被告人臧春某与被告人盖晶某系夫妻关系，二人婚后于2015年3月26日生育一女即被害人盖某某。2016年8月21日至9月10日，二被告人将盖某某接回家中自行抚养。因盖晶某有工作，故盖某某主要由臧春某在家看护。臧春某在抚养、看护盖某某的二十天内，经常以打、骂、掐等方式对盖某某所谓的“不良行为”进行管教。其间，被告人盖晶某也曾因管教问题对盖某某打骂两三次。2016年9月9日中午，二被告人在给盖某某洗澡时致使盖某某后脑着地并拱起一包，同日臧春某、盖晶某均发现被害人有异常情况但均未理会。次日凌晨3时许，被告人盖晶某发现盖某某胳膊发凉，拨打120电话求救。医务人员来后宣告盖某某死亡，并要求被告人盖晶某报警，被告人盖晶某遂拨打110电话报警。经鉴定，被害人的死亡原因符合躯干部受外力多次作用造成肺出血导致呼吸衰竭死亡，排除摔倒所致颅脑损伤。

公诉机关认为二被告人的行为构成虐待罪，应依法追究二人的刑事责任。

被告人臧春某辩称其属教育方式不当，且导致被害人盖某某死亡的原因系洗澡时摔伤头部所致。其辩护人提出：(1) 没有直接证据证明二人对躯干部、胸部进行拍打并造成死亡，且不能排除摔倒致死的可能，故不能适用结果加重的处理；(2) 臧春某已获得被害人奶奶、姥爷的谅解，应当从轻或减轻处罚。

被告人盖晶某辩称被害人的死亡应该与洗澡时摔伤头部有很大关系。其辩护人提出：(1) 盖晶某主观上多以教育为目的，无直接虐待的犯罪故意，且并未预见教育后果会导致死亡；(2) 被害人姥爷、奶奶均对盖晶某进行谅解，建议对其从轻或减轻处罚。

【案件焦点】

1. 二被告人是否成立虐待罪的共同犯罪；2. 二被告人能否适用“被害人谅解”的酌定量刑情节。

【法院裁判要旨】

北京市石景山区人民法院经审理认为：父母对于幼小的孩子的职责应以关心、爱护、抚育成长为主，对幼儿的教育应是循循善诱的引导。被告人臧春某、盖晶某在将被害人接回家中自行抚养的二十天之内，臧春某作为母亲，多次对被害人盖某某实施殴打，并持续造成被害人身体损害，最终引起被害人死亡结果的发生，被告人臧春某多次实施殴打的客观行为与被害人死亡之间存在因果关系，虽然其主观上并无追求被害人死亡的直接故意，但被告人臧春某作为成年监护人，应当明知其所实施的持续殴打行为对被害人具有明显的伤害性，对于被害人的死亡结果出现存在过失。被告人臧春某的行为构成虐待罪的结果加重犯。

虽然有观点认为被告人盖晶某对被告人臧春某的虐待行为的性质主观认识不足，其未尽保护义务的不作为与妻子虐待行为之间的等价性不足，其偶尔责打行为属情节显著轻微，不成立虐待罪。但被告人盖晶某作为父亲、法定监护人，在臧春某对被害人进行殴打且被害人身体伤痕逐渐增加的情形下，未采取任何有效的保护措施，其主观上虽不具有剥夺被害人生命的故意，偶尔责打行为也无法认定是导致被害人最终死亡的直接原因，但其在对被告人臧春某持续殴打行为明知的情形下，客观上未采取任何有效措施履行对被害人的法定保护义务，成立虐待罪的帮助行为。被告人臧春某在共同犯罪中起主要作用，是主犯，应对全部犯罪承担责任，其明知盖晶某报案后，仍在现场等候，到案后能够如实供述犯罪事实，可视为有自首情节，且系初犯，故依法可对其从轻处罚。被告人盖晶某在共同犯罪中起次要作用，是从犯，且犯罪情节轻微，有自首情节，可免予刑事处罚。

故此，北京市石景山区人民法院依照《中华人民共和国刑法》第二百六十条第二款，第二十五条第一款，第二十六条第一款、第四款，第二十七条，第三十七条，第六十七条第一款，第六十一条之规定，判决如下：

一、被告人臧春某犯虐待罪，判处有期徒刑五年；

二、被告人盖晶某犯虐待罪，免予刑事处罚。

【法官后语】

本案是一起虐待的共同犯罪案件，涉及共同犯罪的认定问题。本案中被告人盖晶某是否构成虐待罪有两种不同的观点：第一种意见是被告人盖晶某作为被害人盖某某的父亲和监护人，有义务保护被害人不受人身伤害，却以管教的态度漠视臧春某持续打骂被害人的行为，其漠视的态度和偶尔的责打行为无疑促进了被害人被虐待致死这一结果，构成虐待罪。第二种意见是因为盖晶某的工作性质和工作时间，对被害人的日常监护主要由被告人臧春某行使，盖晶某作为一名普通个体，对于妻子的虐待行为性质主观认识不足，其未尽保护义务的不作为与妻子虐待行为之间的等价性不足。现有证据亦不能证实盖晶某的偶尔责打与死亡结果的发生具有直接因果关系，因此盖晶某虽偶有责打行为，但情节显著轻微，不构成犯罪。

笔者认为，要确定盖晶某的行为是否成立虐待罪的共犯须明确两个问题：

1. 盖晶某的行为与盖某某被虐待致死是否有因果关系

本案中，可以肯定的是臧春某的持续殴打行为导致了盖某某死亡的结果，且符合虐待罪的构成要件。但如何判断盖晶某在盖某某被虐待期间的行为性质，能否认定盖晶某的行为成立虐待罪的帮助犯，则需要判断盖晶某的行为能否为臧春某顺利实施虐待创造有利条件，是否促进了盖某某死亡后果的发生。即使不考虑盖晶某本人对盖某某偶尔的责打行为，其在发现臧春某多次殴打盖某某且盖某某身上伤痕逐渐增加的情况下，并未采取有效措施阻止臧春某的虐待行为，反而帮助臧春某遮掩虐待盖某某这一事实，数次拒绝了盖某某的奶奶和姑奶奶看望盖某某的请求，致使盖某某在被臧春某、盖晶某独自抚养的二十天内处于孤立无援的境地，并最终发生了不足一岁半幼女盖某某死亡的结果。虽然有意见认为盖晶某的不作为与臧春某虐待行为的等价性不足，但本案必须考虑盖晶某的特殊身份，即盖晶某身为盖某某的生物学父亲、法定监护人，理应负有保护盖某某免受身体及心理伤害之责任。本案中，盖某某在被盖晶某夫妇共同抚养的二十天内，盖晶某是其唯一可以寻求帮助的对象，但盖晶某对其呼救的表现（即不舍得让盖晶某离开家去上班）的回应反而是一顿打骂；对可能避免盖某某死亡后果发生的盖某某奶奶、姑奶奶的来访请求均予以拒绝，给臧春某实施虐待行为营造了一个封闭的、安全的空间。因此，完全可以认定正是盖晶某的不作为给臧春某的虐待行为在物理上和心理上均创造了便利条件，盖某某被虐待致死的结果可以归属于盖晶某的行为，二者之间具有因果性。

2. 盖晶某在主观上是否具有帮助的犯罪故意

本案中，被告人臧春某在供述将盖某某接回家自行抚养的原因时，称盖某某的奶奶和姑奶奶不能正确管教盖某某，致使盖某某出现吐口水等“不良行为”。接回家后，二被告人开始了以臧春某为主的“教育”行为，即臧春某在盖某某“不良行为”出现时采取呵斥、殴打的方式，其间，盖晶某也参与责打两三次。根据《中华人民共和国反家庭暴力法》第十二条的规定，“未成年人的监护人应当以文明的方式进行家庭教育，依法履行监护和教育职责，不得实施家庭暴力”。虽然盖晶某偶尔的责打在大概率上无法造成盖某某身体的损伤，但可以反映出其对“殴打”的管教方式是认可的，且现有证据显示其对臧春某实施家庭暴力的行为是知情的，其曾供述在盖某某身上陆陆续续发现十六七处伤痕。主观上的知情加客观上的不作为，可以认定其具有帮助的犯罪故意。虽然其辩称自己在发现盖某某伤痕累计的情况下与臧春某发生了争执，但并未积极采取措施避免盖某某死亡后果的发生，无法成立共同犯罪的脱离。

因此，盖晶某的行为构成虐待罪，但因其在共同犯罪中起次要作用，是从犯，且犯罪情节轻微，有自首情节，依法判处免予刑事处罚。

本案还有一个需要探讨的问题，即被害人谅解在本案中能否适用。被害人谅解是刑事案件裁判的酌定量刑情节。本案中，被害人盖某某的祖母、外祖父母（即二被告人的父母）出具了一份对于二被告人予以谅解的意见书。该意见书能否独立作为酌定从轻处罚的量刑情节，笔者持否定意见。根据《最高人民法院关于贯彻宽严相济刑事政策的若干意见》的规定，可以概括出被害人谅解可以作为量刑情节的意义在于化解因婚姻家庭等民间纠纷引发的矛盾、促进社会和谐。本案中，被害人的祖母、外祖父母同时系二被告人的父母，其是否适合以“被害人近亲属”的身份出具谅解书，以及被害人谅解是否存在意义均值得怀疑。反而应从被害人系1岁幼儿的角度出发，以“儿童利益最大化”原则为指导，否定本案中被害人谅解作为酌定量刑情节的适用。

编写人：北京市石景山区人民法院　林文静

29

购毒者接收物流寄递毒品行为的性质认定

——程启忠运输毒品案

【案件基本信息】

1. 裁判书字号

辽宁省沈阳市中级人民法院（2017）辽01刑终118号刑事判决书

2. 案由：运输毒品罪

【基本案情】

2016年3月8日，被告人程启忠向湖北省汉口一姓齐的男子以每只1500元的价格出售六只狗崽（德国牧羊犬幼崽），3月10日，程启忠与齐姓男子达成协议，齐姓男子以鸽子和毒品抵顶其应当支付的买狗钱，并通过铁路进行托运。3月15日，齐姓男子通过铁路托运一个鸽笼给程启忠，收货人“程三”，3月16日，程启忠委托在沈阳北站工作的王功某代为提取鸽笼，王功某取出鸽笼并将鸽笼放在轿车内后，即被公安民警抓获，在鸽笼内搜出三袋白色晶体和一袋红色片剂（七粒）。当晚21时许，被告人程启忠按约定到沈阳市苏家屯区蕙兰六街××号楼楼下取该鸽笼时被公安民警抓获。经鉴定，白色晶体净重136.10克，红色片剂净重0.68克，均检出甲基苯丙胺成分。

【案件焦点】

购毒者接收贩毒者通过物流寄递方式交付毒品行为的定性。

【法院裁判要旨】

辽宁省沈阳市苏家屯区人民法院经审理认为：被告人程启忠违反国家对毒品的管理制度，明知是毒品而予以运输，已构成运输毒品罪。判决：

被告人程启忠犯运输毒品罪，判处有期徒刑十五年，剥夺政治权利五年，没收财产人民币十万元。

一审判决后，被告人程启忠向辽宁省沈阳市中级人民法院提出上诉。

辽宁省沈阳市中级人民法院经审理认为：上诉人程启忠供述的毒品上线“齐姓男子”现未查实，故无法认定毒品下线程启忠直接参与涉案毒品的运输过程，机打的包裹单上发件人名为“程三”，亦无法推定程启忠系发件人，且出行记录显示程启忠在案发前未到武汉，无法证实其邮寄包裹；现场检测报告书证实程启忠系吸毒人员，程启忠供述其购买毒品用于自吸，原公诉机关亦未指控或证实程启忠购买毒品系用于贩卖等其他犯罪的目的。综上，上诉人程启忠作为购毒者，明知是贩毒者通过物流方式寄递的毒品而予以接收，且没有证据证实其为了实施贩卖毒品等其他犯罪，毒品数量达到非法持有毒品的最低数量标准，故上诉人程启忠的行为不应评价为毒品上线运输毒品的共犯或帮助犯，而以非法持有毒品罪评价更为客观，原判定罪及量刑均应依法调整，故依法改判：

程启忠犯非法持有毒品罪，判处有期徒刑九年，并处罚金人民币五万元。

【法官后语】

本案涉及购毒者接收贩毒者通过物流寄递方式交付毒品行为的定性问题。对于其单纯接收物流寄递毒品的行为，应当认定为运输毒品罪还是非法持有毒品罪，实践中存在不同意见。笔者认为，贩毒者通过物流寄递方式运输毒品的行为应视为毒品交付行为的组成部分，对购毒者不应再认定为运输毒品罪，购毒者接收毒品数量达到较大以上的，应认定为非法持有毒品罪。理由为：第一，从非法持有毒品罪的发展来看，将接收通过物流寄递方式交付的毒品行为定性为非法持有毒品罪符合该罪的立法精神。第二，将购毒者接收物流寄递毒品行为定性为运输毒品罪存在理论缺陷，是对共犯理论的曲解和泛化，亦与宽严相济的刑事审判政策相悖。第三，实践中，行为人持有毒品行为往往不具有独立性，而是与贩卖、运输毒品等行为相联系，是贩卖、运输毒品等行为的前提或后续环节，购毒者具有接收物流寄递方式交付的毒品的行为，只有在购毒者拒不说明毒品的来源，而司法机关根据已查获的证据，又不能认定非法持有较大数量的毒品是为了进行贩卖、运输等其他毒品犯罪的，才构成非法持有毒品罪。在司法实践中，审判机关应严格证据规则，对涉毒犯罪分子认定犯罪事实和确定罪名时要慎重，努力做到准确定性，按照宽严相济的刑事审判政策，对犯罪分子给予适当的刑罚。

编写人：辽宁省沈阳市中级人民法院　边锋　魏冬梅

二、刑罚的具体运用

（一）量 刑

30

犯罪情节轻微免予刑事处罚的理解与适用

——蔡某某故意伤害案

【案件基本信息】

1. 裁判书字号

福建省厦门市翔安区人民法院（2017）闽0213刑初133号刑事判决书

2. 案由：故意伤害罪

【基本案情】

2015年8月11日6时许，被告人蔡某某在翔安区大嶝街道嶝崎社区五龙王爷庙内，因琐事与被害人谢某某发生口角并相互辱骂。被害人谢某某先动手殴打被告人蔡某某的脸部。被告人蔡某某被打后即上前伸手意图殴打被害人谢某某，被害人谢某某为闪躲被告人蔡某某的近前殴打，脚步直接后退致背部倚靠到虚掩的双扇门，该双扇门因受力开启，致被害人谢某某身体失去平衡摔倒并背部碰到门槛致伤。之后，双方即离开现场。被告人蔡某某于2015年8月11日7时33分电话报警，被害人谢某某于2015年8月11日11时51分电话报警。经法医鉴定，被害人谢某某外伤史明确，CT检见胸11椎体压缩性骨折，压缩程度小于1/3，损伤程度评定为轻伤二级。被告人蔡某某左下颌部一处3.0cm×3.0cm挫伤，右眉弓外侧一处0.1cm×0.2cm擦伤，右眼下睑一处长1.2cm划伤，损伤程度评定为轻微伤。

2015年11月27日，公安机关对本案立案侦查。2015年12月22日，被告人蔡某某经鉴定患有双相情感障碍，作案时为缓解不全状态，评定为限定刑事责任能力。

2016年1月5日，被告人蔡某某在其住家被公安机关带回接受调查。

【案件焦点】

1. 蔡某某的行为是否构成故意伤害罪；2. 能否对蔡某某构成故意伤害罪免予刑事处罚。

【法院裁判要旨】

福建省厦门市翔安区人民法院经审理认为：被告人蔡某某与被害人谢某某发生纠纷后，应当知道自己上前挥手意图殴打被害人的反击行为可能造成对方受伤的后果，仍然执意而为，造成被害人谢某某为闪躲其殴打行为而摔倒致轻伤二级的危害后果，其行为已构成故意伤害罪。公诉机关指控的罪名成立。被告人蔡某某实施犯罪时系限定刑事责任能力人，依法可以从轻处罚。本案被害人谢某某与被告人系同社区居民，应当知道被告人蔡某某长期患有精神病症（双相情感障碍），受到刺激后容易躁狂的情况。其作为身心健康的成年人，与被告人因生活琐事发生口角后，本应更为忍让克制，但却未予避让，反与之相互辱骂并先行动手殴打被告人的脸部，激起被告人反击意图，继而造成其摔倒受伤的后果，其对案发显然具有较大的过错。被告人虽具有伤害他人的主观意图，但其行为当时系限定刑事责任能力，其反击行为当属被打在先的应激反应，行为虽构成犯罪，但属偶然犯罪，主观恶性较小；被害人的轻伤后果非被告人动手直接殴打所致，而是间接伤害所造成，伤害手段一般。基于罪责刑相适应的原则考虑，可认定被告人犯罪情节轻微，依法可以免予刑事处罚。据此，福建省厦门市翔安区人民法院依照《中华人民共和国刑法》第二百三十四条第一款、第十八条第三款、第三十七条之规定，判决如下：

被告人蔡某某犯故意伤害罪，免予刑事处罚。

【法官后语】

《刑法》第三十七条明文规定："对于犯罪情节轻微不需要判处刑罚的，可以免予刑事处罚……”也就是说，对虽然构成犯罪的被告人只要符合一定的条件，达到“犯罪情节轻微不需要判处刑罚”的法定要求，就可以免予刑事处罚。但是，该条文没有对免予刑事处罚的具体条件和标准进行明确规定，在司法实践中如何运用该条文容易存在误解并引发争议。本案例较好地对“犯罪情节轻微免予刑事处罚”的实践适用进行说明。

关于如何正确理解和适用“犯罪情节轻微免予刑事处罚”的问题。首先，必须明确“犯罪情节轻微免予刑事处罚”是属于量刑评价，前提是行为已构成犯罪。刑法中定罪是指对于某一行为是否构成犯罪、构成何种犯罪的确认与评判；量刑是指对于已构成犯罪的行为从重、从轻或者免除刑罚的确认与评判。适用“犯罪情节轻微免予刑事处罚”的案件被告人肯定是构成犯罪的，只是在量刑上考虑给予免予刑事处罚。本案中，被告人蔡某某被被害人谢某某先动手殴打脸部后即上前挥手欲殴打对方的客观行为，足以反映其主观上具有伤害他人的意图，且其上前欲殴打被害人的客观行为与被害人摔倒受伤的后果之间显然具有一定的因果关系。综上，可以认定被告人的行为已构成故意伤害罪。

其次，能否对被告人适用“犯罪情节轻微免予刑事处罚”需要综合评价。需要考量行为人所犯罪行的社会危害程度、人身危险性程度和主观恶性大小的各种要素，应当遵循罪责刑相适应的基本原则，采取综合分析平衡的基本方法得出结论，在综合考虑各种情节基础上，还要考虑免予刑事处罚能否对行为人起到应有的教育矫治作用，能否实现一般预防和特殊预防目的。本案中，在综合全案事实和情节的基础上，通过对从严情节与从宽情节的综合比较，可知本案系事出有因，被告人虽然主观上具有伤害他人的主观意图，但其行为当时系限定刑事责任能力，且属被动手殴打在先的应激反应，属于偶发犯罪，主观恶性较小，被害人轻伤后果亦非被告人直接动手殴打所致，属于间接故意伤害的情形，情节一般，基于罪责刑相适应的原则考虑，可认定被告人犯罪情节轻微，依法可以免予刑事处罚。本案的得当处理体现出人道主义精神，亦体现宽严相济刑事政策精神，更使涉案当事人在今后生活中更能明白如何理智、冷静应对突发情况。

编写人：福建省厦门市翔安区人民法院　吴梅双

31

可否突破刑法分则规定的最低刑对被告人减轻处罚

——王某、赵某销售有毒、有害食品案

【案件基本信息】

1. 裁判书字号

北京市第一中级人民法院（2017）京01刑终591号刑事判决书

2. 案由：销售有毒、有害食品罪

【基本案情】

2017年5月4日，被告人王某、赵某在北京市海淀区冷泉村甲店内销售保健食品时被民警抓获，并被当场起获“MACA”“黄金玛卡”等保健食品共计90粒。经检测，上述保健食品均含有西地那非成分。被告人王某、赵某到案后如实供述了犯罪事实。

【案件焦点】

根据被告人的犯罪情节确定其量刑基准刑为刑法分则的最低刑幅度，具有减轻处罚情节，人民法院能否突破刑法分则规定的最低刑对被告减轻处罚判处刑法总则规定的下一量刑幅度（刑种）。

【法院裁判要旨】

北京市海淀区人民法院经审理认为：鉴于被告人具有犯罪未遂和如实供述罪行的量刑情节，对二被告依法减轻处罚，并对被告人赵某适用缓刑。依照《中华人民共和国刑法》第一百四十四条，第二十五条第一款，第二十三条，第六十七条第三款，第七十二条，第七十三条第二款、第三款，第五十三条第一款，第六十四条之规定，判决：

一、被告人王某犯销售有毒、有害食品罪，判处拘役四个月，罚金人民币三

千元；

二、被告人赵某犯销售有毒、有害食品罪，判处拘役四个月，缓刑六个月，罚金人民币二千元；

三、禁止被告人赵某在缓刑考验期限内从事食品生产、销售及相关活动；

四、在案扣押的含有有毒、有害非食品原料的保健食品予以没收。

北京市海淀区人民检察院提出抗诉，认为原审判决对原审被告人王某判处拘役、对原审被告人赵某判处拘役并适用缓刑，突破了刑法分则规定的最低刑种，适用法律错误；原审判决认定二原审被告人具有减轻处罚情节，适用刑罚与犯罪的社会危害程度不相适应，量刑畸轻。

原审被告人王某的辩护人的辩护意见为：一审法院适用法律正确，量刑适当。鉴于王某具有犯罪未遂、到案后如实供述、自愿认罪、初犯偶犯等情节，应予减轻处罚。王某不知道所售保健品内含有西地那非成分，且所售壮阳保健品未对社会及个人造成实质性的损害后果。西地那非成分虽对身体有一定损害，但作为药物较其他有毒、有害食品的危害轻微。

北京市第一中级人民法院经审理认为：对于原审被告人王某的辩护人关于原审判决适用法律正确、量刑适当；王某不知悉所售保健食品内含有西地那非成分，且该成分作为药物对人体的社会危害性较轻；结合王某具有犯罪未遂等情节，应予减轻处罚的辩护意见，经查：王某到案后供认其明知涉案性保健食品内含有有毒、有害成分。经鉴定，涉案性保健食品含有西地那非药物成分，该成分虽有医学运用，但如使用不当可能造成人体消化系统、肌肉骨骼系统等多种不良反应，甚至心源性猝死等严重心血管系统疾病，直接威胁人体生命健康。王某在没有行医资格、不具备食品药品销售资质的情形下，伙同他人销售不具有食品药品批准文号、属于擅自添加药品成分的性保健食品，显然具有严重的社会危害性，故对该行为应予以严厉打击。虽然王某具有犯罪未遂等从宽处罚情节，但鉴于其行为的严重社会危害程度，结合本案所售性保健食品种类多样、数量较大等犯罪事实、情节等，不应对王某适用减轻处罚。故对辩护人的上述辩护意见，本院均不予采纳。

原审被告人王某、赵某销售明知掺有有毒、有害的非食品原料的食品，其行为已构成销售有毒、有害食品罪，依法应予惩处。鉴于王某、赵某在着手实施销售有毒、有害食品过程中，由于意志以外的原因而未得逞，系犯罪未遂，且到案后如实供述自己的罪行，可对其依法酌予从轻处罚。一审法院根据王某、赵某犯罪的事实，犯罪的性质、情节及对于社会的危害程度所作出的判决，事实清楚，证据确实、充分，定性准确，审判程序合法，唯适用法律错误，量刑不当，本院予以纠正。对于抗诉机关的相关抗诉意见及北京市人民检察院第一分院的支持抗诉意见，本院予以采纳。据此，北京市第一中级人民法院依照《中华人民共和国刑法》第一百四十四条，第二十三条，第二十五条第一款，第六十七条第三款，第七十二条，第七十三条第二款、第三款，第五十三条第一款，第六十四条以及《中华人民共和国刑事诉讼法》第二百二十五条第一款第二项①之规定，作出如下判决：

一、维持北京市海淀区人民法院（2017）京0108刑初1782号刑事判决书的第三项和第四项，即：禁止被告人赵某在缓刑考验期限内从事食品生产、销售及相关活动和在案扣押的含有有毒、有害非食品原料的保健食品予以没收；

二、撤销北京市海淀区人民法院（2017）京0108刑初1782号刑事判决书的第一项和第二项，即：被告人王某犯销售有毒、有害食品罪，判处拘役四个月，罚金人民币三千元和被告人赵某犯销售有毒、有害食品罪，判处拘役四个月，缓刑六个月，罚金人民币二千元；

三、原审被告人王某犯销售有毒、有害食品罪，判处有期徒刑八个月，缓刑一年三个月，并处罚金人民币三千元；

四、原审被告人赵某犯销售有毒、有害食品罪，判处有期徒刑六个月，缓刑一年，并处罚金人民币二千元；

五、禁止原审被告人王某在缓刑考验期限内从事食品生产、销售及相关活动。

【法官后语】

本案处理重点主要在于对被告人量刑时可否基于减轻处罚情节在刑法分则规定的最低刑以下量刑。在司法实践中对此主要有两种意见：

一种意见认为，不能突破刑法分则规定的最低刑种对被告人判处刑罚。具体理由如下：第一，罪刑法定原则意味着法官量刑必须受到刑法分则的制约，无论基于何种理由，即便是具有法定减轻处罚的量刑情节，也不能突破刑法分则规定的刑罚，否则

---

① 对应2018年《刑事诉讼法》第二百三十六条第一款第二项。

就有创设个案刑罚之嫌。第二，全国人民代表大会常务委员会法制工作委员会作为立法机关的法制工作机构，其对突破刑法分则规定最低刑种对被告判处刑罚持有否定态度，并在《中华人民共和国刑法释义》（2015 年 11 月第一版）一书中对此详细阐述。其对此问题的解释虽然不是立法解释，但具有一定的说服力，也从侧面反映了立法机关的态度。第三，最高人民法院研究室作为最高司法机关的研究室，对此问题也持否定态度。其在 1994 年 2 月 5 日《关于适用刑法第五十九条第二款减轻处罚能否判处刑法分则条文没有规定的刑罚问题的答复》中规定，“在法定刑以下判处刑罚，包括判处刑法分则条文没有规定的不同刑种的刑罚”。但 2013 年 1 月 14 日最高人民法院废止了该司法解释，也体现最高人民法院作为司法机关对此问题的态度。综上，从我国刑法的基本原则、立法机关和司法机关对此问题的态度分析，对被告人减轻处罚后量刑不能突破刑法分则规定的最低刑。

另一种意见认为，可以突破刑法分则规定的最低刑种对被告人酌予减轻处罚。原因在于：第一，我国刑法总则和刑法分则是不可分割的整体，刑法总则的规范指引刑法分则规范的具体适用，刑法总则也起到弥补刑法分则作用且与刑法分则共同对定罪量刑提供规范性依据。因此，适用罪刑法定原则时，不能割裂地评价刑法分则的规定仍应将总则、分则作为整体确定“法定”的内容。第二，我国刑法分则规定的罪责刑标准是以犯罪既遂形态为依据，当被告具有既遂或犯罪预备等犯罪情节时，其犯罪的社会危害程度较既遂标准低，其刑罚也应较不具有该种情节的刑罚轻缓，这是符合罪责刑相适应基本原则的。第三，有利于被告人原则不仅体现在程序法中，也具有实体法价值，其可以从刑法规定的不明承担的责任、刑法的人权保障机能、刑法与刑事诉讼法的立法精神、刑法的正当目的以及传统刑事政策等诸多维度得到证成。[①] 对量刑而言，当对于被告人处重刑和轻刑有两种解释时，从有利于被告的立场出发，应当作出有利于被告的轻刑。综上，当被告人具有法定减轻处罚情节时，即便被告基准刑为刑法分则规定的最低刑，应当适用刑法总则的规定对被告减轻处罚，这是罪刑法定原则、罪责刑相适应原则以及有利于被告原则的应有之义。

本案倾向于第二种观点，即具有法定减轻处罚情节，综合分析犯罪情节和量刑

---

① 参见邱兴隆：《有利被告论探究——以实体刑法为视角》，载《中国法学》2004 年第 6 期。

情节，可酌予减轻处罚的，可以突破刑法分则规定的最低刑减轻处罚对被告判处刑法分则规定的刑罚（包括刑种）。具体到本案中，二审法院认为一审判决量刑畸轻，对二被告人予以改判，将拘役改为有期徒刑，加大了一审判决的处罚力度，但并非是对可突破刑法分则最低刑减轻处罚的否定，原因在于本案涉案性保健品食品内含有毒、有害成分，该成分虽有医学成分，但使用不当可对人体产生致命伤害，其社会危害性不低于销售“毒大米”等食品，鉴于本案犯罪行为的严重社会危害程度，不应对被告适用减轻处罚的规定，故本案对于二被告的行为予以改判。但对被告量刑时能否突破刑法分则最低刑减轻处罚的法律问题值得司法实践中的反思。

编写人：北京市第一中级人民法院　鲍艳　李悦

32

对爆炸罪如何适用死缓并限制减刑

——朱诗彬爆炸案

【案件基本信息】

1. 裁判书字号

黑龙江省高级人民法院（2017）黑刑终35号刑事判决书

2. 案由：爆炸罪

【基本案情】

2013年，朱诗彬因为生活琐事烦闷及认为其在黑龙江省安达市正阳四道街甲快餐店就餐时服务员态度不好，产生对甲快餐店实施爆炸的想法，并购买了手机、金属保温杯、爆竹等物品制作了两个通过手机遥控的爆炸物。2014年6月8日9时许，朱诗彬携带装有爆炸装置的黑色背包和黑色塑料袋来到安达市正阳四道街甲快餐店，将背包放在快餐店吧台右侧餐桌上，将塑料袋放在餐桌下，离开甲快餐店后，用手机向快餐店内打电话，称在餐厅吧台右侧的黑色包内放有炸弹，五分钟后爆炸，餐厅工作人员随即报警。安达市公安局巡逻大队干警被害人邹德某、王继某、陈文某按照指挥中心指令赶到甲快餐店疏散餐厅内人员时，朱诗彬遥控引爆爆炸物，致邹德某重伤、王继某轻伤、陈文某轻微伤，并造成甲快餐店装修及物品毁坏，经济损失人民币1826671元。次日2时许，公安人员在黑龙江省大庆市龙凤区乙旅店将朱诗彬抓获。

【案件焦点】

如何对朱诗彬量刑，即朱诗彬是否属于必须立即执行死刑的犯罪分子。

【法院裁判要旨】

黑龙江省绥化市中级人民法院经审理认为：被告人朱诗彬在公共场所安放自制的爆炸装置并引爆，造成一人重伤、一人轻伤、一人轻微伤及重大财产损失，严重危害了公共安全，其行为已构成爆炸罪。附带民事诉讼原告人的诉讼请求合理部分应予以支持。被告人朱诗彬为泄私愤在公共场所安装爆炸装置并引爆，严重威胁人民群众人身和财产安全，严重破坏社会秩序，其犯罪动机卑劣，后果极其严重，虽认罪态度较好，但不足以对其从轻处罚。依照《中华人民共和国刑法》第一百一十五条第一款、第五十七条第一款、第三十六条，《中华人民共和国民法通则》第一百一十九条，《最高人民法院关于审理人身损害赔偿案件适用法律若干问题的解释》第十七条、第十九条、第二十条、第二十一条、第二十三条、第二十四条、第二十五条的规定，认定被告人朱诗彬犯爆炸罪，判处死刑，剥夺政治权利终身；赔偿附带民事诉讼原告人邹德某经济损失人民币564093.92元，赔偿附带民事诉讼原告人王继某经济损失人民币92405.01元，赔偿附带民事诉讼原告人陈文某经济损失人民币6558.88元，赔偿附带民事诉讼原告人赵媛婷经济损失人民币1826671元。

宣判后，被告人朱诗彬不服，以其将放置爆炸物的位置告诉了餐厅并确认警察已到达现场、顾客已撤离的情况下引爆的爆炸装置，其行为没有伤到就餐的顾客；公安人员处置爆炸物不当，负有责任；自己系初犯，认罪态度好；一审判决对其量刑重为理由，提出上诉。其辩护人提出三名公安人员处置爆炸物存在一定过错；朱诗彬告知甲餐厅有爆炸物并认为餐厅里的人已被疏散才引爆爆炸物，不想伤害餐厅内的人；朱诗彬没有前科劣迹、能如实供述犯罪，应对朱诗彬判处无期徒刑的辩护意见。出庭检察员认为，一审判决认定的事实清楚，证据确实、充分，定罪准确。鉴于具有朱诗彬积极赔偿被害人经济损失的情节，建议二审法院依法裁判。

黑龙江省高级人民法院经审理认为：上诉人朱诗彬在公共场所放置爆炸物实施爆炸，危害公共安全的行为构成爆炸罪。公安人员在危急情况下疏散人员、处置爆炸物系依法履行职务，朱诗彬及其辩护人所提公安人员处置爆炸物不当，负有责任、有过错的上诉理由和辩护意见，不能成立。朱诗彬在公共场所故意实施爆炸行为，造成一人重伤、一人轻伤、一人轻微伤，同时造成他人财产重大损失，罪行极其严重，应依法惩处。鉴于朱诗彬归案后能够如实供述罪行，有认罪悔罪表现等情节，对朱诗彬判处死刑，可不立即执行。同时根据朱诗彬的犯罪情节，应对其限制减刑。朱诗彬及辩护人所提对朱诗彬量刑重的相关上诉理由及辩护意见，予以采纳。一审判决认定的事实清楚，证据确实、充分，定罪准确，审判程序合法。依照《中华人民共和国刑法》第一百一十五条第一款、第四十八条第一款、第五十条第二款、第五十七条第一款和《中华人民共和国刑事诉讼法》第二百二十五条第一款第二项①的规定，判决如下：

一、撤销黑龙江省绥化市中级人民法院（2014）绥中法刑一初字第53号刑事附带民事判决的第一项，即被告人朱诗彬犯爆炸罪，判处死刑，剥夺政治权利终身。

二、上诉人（一审被告人）朱诗彬犯爆炸罪，判处死刑，缓期二年执行，剥夺政治权利终身。

三、对上诉人（一审被告人）朱诗彬限制减刑。

【法官后语】

《刑法修正案（八）》增设了死刑缓期执行限制减刑制度，规定因犯爆炸罪等犯罪被判处死刑缓期执行的被告人，人民法院根据犯罪情节等情况可以同时决定对其限制减刑。由于现行法律未规定死刑缓期执行限制减刑的实体适用条件，爆炸罪又是具有严重社会危害性的暴力犯罪，故如何在爆炸犯罪中适用限制减刑制度，如何精准区分死刑和死缓并限制减刑的界限，是刑事审判工作中应注意解决的问题。

我国是保有死刑的国家，奉行保留死刑、严格控制和慎用适用死刑的刑事政策。为进一步控制和慎用死刑，坚持少杀、慎杀，我国又创设了死刑缓期执行制度，对罪行极其严重的犯罪分子进行甄别，如果不是必须立即执行的，可以在判处

---

① 对应2018年《刑事诉讼法》第二百三十六条第一款第二项。

死刑的同时，宣告缓刑二年执行，根据其在缓期执行期间的表现，再决定对其是否执行死刑。虽然死刑缓期执行不是独立的刑种，只是死刑适用制度，但因被判处死刑缓期执行的罪犯只在特殊条件下才会被执行死刑，实际大幅减少了被执行死刑罪犯的数量。因而，准确判断某一罪犯是否属于必须立即执行死刑，对于正确适用法律和执行死刑政策具有重要意义。依照刑法规定，对犯罪分子判处死刑缓期执行，需要具备两个条件：一是对其应当判处死刑，二是不是必须立即执行。虽然刑法对应当判处死刑的条件有明文规定，即罪行极其严重，但对“不是必须立即执行”则没有规定，在司法实践中只能由法官根据死刑政策和量刑规则综合把握。

我国《刑法》第六十一条规定：“对于犯罪分子决定刑罚的时候，应当根据犯罪的事实、犯罪的性质、情节和对于社会的危害程度，依照本法的有关规定判处。”这是刑法关于量刑原则的规定。在犯罪分子已构成某一犯罪、犯罪性质确定时，犯罪情节对量刑具有重要作用，直接影响适用的刑种、刑度。在罪行极其严重的犯罪中，如果只有单向处罚情节，比较容易量刑。但在司法实践中，只有单向量刑情节只是理想状态，不同向度的量刑情节往往同时并存，鉴于每个量刑情节都反映犯罪分子的罪行程度和人身危险性大小，在量刑时，尤其在决定是否判处犯罪分子死刑立即执行时，应全面考虑量刑情节，综合评价其社会危害程度，否则容易量刑失衡。在具体操作方面，对于既有从严处罚情节又有从宽处罚情节的，可先行斟酌单个情节对刑罚的影响，再综合评判哪方面的情节更为突出。经综合权衡，从严处罚情节突出的，考虑适用死刑，从宽处罚情节突出的，则宜判处死刑缓期执行。

具体到本案，朱诗彬虽然有预谋在公共场所犯罪等从严处罚情节，但亦有归案后如实供述犯罪、愿意赔偿被害人经济损失等法定和酌定从宽处罚情节，经综合比较，从宽处罚情节更为突出，尚不属于必须立即执行死刑。

1. 朱诗彬的犯罪后果尚不属于特别严重。朱诗彬的犯罪行为造成执行职务的公安人员一人重伤、一人轻伤、一人轻微伤，以及甲餐厅财产损失人民币1826671元，后果确属严重，但考虑未造成人员死亡，受重伤的公安人员主要后遗症为面部、四肢、胸腹部大面积疤痕，面部神经麻痹，没有脏器损伤或摘除结果，犯罪后果相对一般。

2. 朱诗彬尚不属于主观恶性极深必须判处死刑的犯罪分子。朱诗彬因生活失意预谋犯罪报复社会，事先制造爆炸物，在公共场所引爆，严重危害公共安全，主观恶性极深，若非有其他从宽处罚情节，就主观恶性而言，依法应优先考虑适用死刑。但朱诗彬在甲餐厅放置爆炸物后，主动打电话告知工作人员店内有爆炸物，并在看见餐厅外有人员聚集、其以为店内已无人员（实际公安人员已疏散人员开始排爆）情况下引爆爆炸物，反映出朱诗彬在意志上不希望其犯罪造成人员伤亡，并在行动上采取措施力图避免该结果的发生，而且从实际结果方面，正是基于朱诗彬打电话向餐厅服务员预警，服务员和公安人员才得以发现警情及时疏散人员，进而避免大范围人员伤亡，表明朱诗彬犯罪恶性在引爆爆炸物前有所减弱，尚有改造余地。

3. 朱诗彬归案后认罪悔罪，取得受伤的被害人的谅解，酌情可从宽处罚。朱诗彬归案后如实供述所犯罪行，认罪态度较好，虽无赔偿能力，但有赔偿意愿，希望亲属代为赔偿。二审期间，朱诗彬的母亲在依靠低保生活的情况下，拿出人民币10万元代为赔偿被害人经济损失，三名受伤的被害人同意接受赔偿，同意人民法院对朱诗彬从轻处罚。其母亲虽不能代为赔偿甲餐厅的经济损失，但不属于有能力但拒绝赔偿的情形。考虑受伤人员是履行职务的公安人员，主审法官向其所属公安机关相关领导征询对朱诗彬定罪量刑意见，对方表示支持法院进行民事调解工作。虽然爆炸犯罪严重危害公共安全，一般应从严惩处，但并非一律不考虑民事赔偿情况，对于兼具从宽、从严处罚情节，而两方面量刑情节作用相当，不是必须从严惩处，或者从宽处罚情节突出，整体上要对被告人从宽量刑的案件，就宜考虑民事赔偿情况，掌握是否从宽处罚，或者从宽处罚的幅度。本案即从宽、从严处罚情节并存，而又非必须判处被告人死刑立即执行的案件，裁判案件时理应考虑民事赔偿情况。朱诗彬具有坦白情节，其罪行得到受伤被害人的谅解，可在量刑时酌情从宽处罚。从裁判的社会效果角度，考虑民事赔偿情况，有利于弥补被害人的损失，化解矛盾，取得良好的社会效果。

4. 判处朱诗彬死刑缓期执行并限制减刑符合罪责刑相适应原则。基于上述分析，朱诗彬罪行极其严重，但不属于必须立即执行死刑的罪犯，可判处其死刑缓期执行。但考虑朱诗彬因生活失意预谋犯罪报复社会，犯罪动机卑劣，在公共场所犯爆炸罪，社会影响恶劣，只有对其限制减刑，才能体现从严处罚情节，才能更加有力地打击爆炸犯罪，维护社会稳定和安全。

基于前述理由，为了实现罪责刑相适应，二审法院改判朱诗彬死刑缓期执行并限制减刑。

编写人：黑龙江省高级人民法院　范杰臣

33

如何对未成年被告人合理量刑

——李某某盗窃案

【案件基本信息】

1. 裁判书字号

广西壮族自治区钦州市钦南区人民法院（2017）桂0702刑初76号刑事判决书

2. 案由：盗窃罪

【基本案情】

2016年10月25日2时许，被告人李某某伙同章某某、赵某某、黄某等四人去到钦州市钦南区沙埠镇海棠村委会石门坎娄竹坪临时居住房×单元×××室，见到一楼大门没有锁，便将刘某某停放在该处的甲牌摩托车和陈某停放在该处的乙牌电动车盗走。经物价部门鉴定，被盗的摩托车价值人民币4687.5元，被盗的电动车价值1860元。

盗窃得手之后，上述五人又去到钦州市钦南区子材西大街与望洲路交界处梁某某经营的“丙日杂店”，将店铺的卷闸门撬开后，盗窃了商店内的大量香烟、电脑主机一台和现金人民币1200元。经物价部门鉴定，被盗的香烟价值人民币15302.5元。

案发后，公安机关将被告人李某某等人抓获归案，并追回摩托车、电动车以及部分香烟发还给被害人。

【案件焦点】

1. 如何对未成年被告人进行合理的量刑；2. 如何正确判定对罪责较轻的未成年被告人是否适用非监禁刑。

【法院裁判要旨】

广西壮族自治区钦州市钦南区人民法院经审理认为：被告人李某某以非法占有

为目的，两次伙同他人盗窃公民财物，盗窃数额较大，被告人李某某的行为触犯了《中华人民共和国刑法》第二百六十四条的规定，构成盗窃罪。

被告人李某某犯罪时未满十八周岁，依法应当从轻或减轻处罚。

广西壮族自治区钦州市钦南区人民法院依照《中华人民共和国刑法》第二百六十四条、第十七条第一款和第三款、第二十五条第一款、第二十六条第一款和第四款、第六十一条、第六十七条第三款、第四十七条和第六十四条的规定，作出如下判决：

一、被告人李某某犯盗窃罪，判处有期徒刑一年，并处罚金人民币八百元；

二、责令被告人李某某退赔人民币一万一千三百二十四元五角给被害人梁某某。

【法官后语】

司法实践中，如何对未成年被告人进行合理的量刑，如何正确判定是否对罪责较轻的未成年被告人适用非监禁刑一直是困扰办案法官的一大难题。

本案的李某某，如果单从其在本案的参与的犯罪以及犯罪参与的程度、其在本案之前没有受到过刑事处罚等方面考量，的确应该对其适用非监禁刑。但案件的卷宗反映，罪犯李某某在实施本案犯罪行为的前后十几天时间，李某某独自或伙同他人盗窃了20余辆电动车、摩托车，只不过是由于被害人不报案或其他证据缺陷公诉机关没有指控。而社区调查报告反映李某某平时经常与一些不良少年在一起玩耍，社会交往比较复杂，不听从父母的教导、自我控制能力较差，李某某的家庭缺乏监管条件和监管意识，无法对罪犯李某某进行有效的监管 ，不适宜进入社区进行矫正。邻里、村委会、地方派出所、司法所方面对被告人李某某的评价较差；李某某的父母亲也表示自己能力有限，无法切实有效地监管李某某，希望由司法机关来对罪犯李某某进行教育。如果仅仅是从公诉机关提起诉讼的相关犯罪事实以及有关的犯罪情节去评价罪犯李某某，而不考量李某某具体的实际情况，对李某某适用非监禁刑，李某某将不能对自己的行为有正确的认识，从而不会改正自己的错误，真正认罪伏法，改过自新。所以，对未成年犯罪的量刑，不能一味地强调“轻缓化”。在对未成年人犯罪量刑时应正确把握好宽与严的关系，在体恤未成年人与打击犯罪之间寻求正当、合理的衡平点。做到宽严相济，罚当其罪。在对未成年人犯罪量刑时应重矫正与恢复、重教育与保护，重个别化与轻缓化，对于一些初犯、偶犯，对于一些一时冲动实施的犯罪，自己又能深刻反省，认罪态度好的未成年人或对于一些数额不大、人身危险性与犯罪行为的社会危害性均相对较小的盗窃、诈骗等侵财类犯罪的被告人，在让其充分认识到自己犯罪行为错误性的基础上，一般应当尽可能地适用较轻的刑种和判处较轻的刑期。但对于一些屡教不改，严重滋扰社会、群众反映强烈的未成年被告人，对那些实施严重暴力犯罪、有组织犯罪、主观恶性较大的未成年被告人以及那些常习性的未成年惯犯，必须依法进行严惩；对于该类未成年被告人在处罚的从宽幅度上应该从严把握，如果没有其他的法定从轻情节，一般只应当对其适用从轻处罚。

本案是一个普通但又具有一定代表性的未成年人犯罪案件，但本案的审理，让我们更深入地思考在审判实践中，在对未成年人犯罪进行量刑时如何将贯彻执行宽严相济的刑事政策与“双保护”的少年司法原则有机结合起来，在刑罚上充分体现对未成年被告人关爱的同时应理性地正视未成年被告人犯罪的差异性，把握好未成年犯罪从宽处理的操作分寸，全面、客观地评价未成年被告人的人身危险性和其犯罪行为的社会危害性，准确量刑，全面维护未成年被告人、被害人、社会群体的共同利益。

编写人：广西壮族自治区钦州市钦南区人民法院　黎春梅

34

数罪并罚时，如何考虑被告人的量刑情节

——高进某贩卖毒品、容留他人吸毒案

【案件基本信息】

1. 裁判书字号

江苏省常州经济开发区人民法院（2016）苏0492刑初239号刑事判决书

2. 案由：贩卖毒品罪、容留他人吸毒罪

【基本案情】

2016年9月，被告人高进某在常州市武进区横山桥镇先后3次向他人贩卖毒品甲基苯丙胺共计3.93克并容留2人吸食毒品1次。

1. 2016年9月4日22时许，被告人高进某在其家中，以人民币400元的价格向黄某、许某共贩卖毒品甲基苯丙胺1克，随后，又容留黄某、许某在家中吸食上述贩卖的毒品甲基苯丙胺。

2. 2016年9月7日上午10时30分许，被告人高进某在横山桥镇某公交站台处，以人民币500元的价格向巢某贩卖毒品甲基苯丙胺1克。

3. 2016年9月18日13时许，被告人高进某在横山桥镇某快餐店向西100米处，以赊账的形式向俞某贩卖毒品甲基苯丙胺1.93克。

另查明，被告人高进某因犯容留他人吸毒罪，于2016年3月2日被常州市新北区人民法院判处有期徒刑九个月，并处罚金人民币4000元。该判决宣告后尚未执行时，又因犯容留他人吸毒罪，于2016年9月12日被本院判处有期徒刑八个月，并处罚金人民币3000元，数罪并罚，被决定执行有期徒刑一年二个月，并处罚金人民币7000元（未缴纳）。2016年11月17日，被告人高进某被收监执行上述刑罚，刑期起止日期为2016年11月17日至2018年1月16日。

【案件焦点】

同一起案件中既有漏罪又有新罪，且涉及“情节严重”的认定时，如何确定量刑情节。

【法院裁判要旨】

江苏省常州经济开发区人民法院经审理认为：被告人高进某于2016年9月4日、9月7日2次贩卖毒品甲基苯丙胺合计2克，其行为已构成贩卖毒品罪；被告人高进某于2016年9月18日贩卖毒品甲基苯丙胺1.93克，其行为亦构成贩卖毒品罪；被告人高进某于2016年9月4日提供场所容留他人吸食毒品，其行为又构成容留他人吸毒罪。在被告人高进某此前所犯容留他人吸毒罪于2016年9月12日判决宣告以后，刑罚执行完毕以前，发现其在判决宣告以前还有贩卖毒品罪、容留他人吸毒罪没有判决、判决宣告以后又犯贩卖毒品罪，应数罪并罚。被告人高进某归案后如实供述自己的罪行，可从轻处罚。常州经济开发区人民检察院起诉指控被告人高进某犯贩卖毒品罪、容留他人吸毒罪的事实清楚，证据确实充分。关于检察机关起诉指控被告人高进某多次贩卖毒品甲基苯丙胺，属情节严重的公诉意见，经查，被告人高进某3次贩卖毒品，其中前2次系2016年9月12日判决宣告以前的漏罪、第3次系判决宣告以后的新罪，应分别定罪处罚，且漏罪、新罪均不符合情节严重的规定，不应认定被告人高进某贩卖毒品属情节严重，故对检察机关的该项公诉意见，予以纠正。

江苏省常州经济开发区人民法院依照《中华人民共和国刑法》第三百四十七条第一款、第四款、第七款，第三百五十四条，第六十七条第三款，第七十条，第七十一条，第六十九条，第四十七条，第五十三条以及《最高人民法院关于审理毒品犯罪案件适用法律若干问题的解释》第十二条，作出如下判决：

被告人高进某犯贩卖毒品罪（漏罪），判处有期徒刑七个月，并处罚金人民币五千元，犯容留他人吸毒罪（漏罪），判处有期徒刑六个月，并处罚金人民币二千元，与原判有期徒刑一年二个月，并处罚金人民币七千元合并执行，决定执行有期徒刑二年，并处罚金人民币一万四千元；犯贩卖毒品罪（新罪），判处有期徒刑七个月，并处罚金人民币五千元，与前述判决没有执行的有期徒刑一年十一个月九日、罚金人民币一万四千元合并执行，决定执行有期徒刑二年，并处罚金人民币一万九千元。

【法官后语】

本案处理的重点是高进某的三次贩卖毒品的行为是否应认定为多次贩卖毒品的“情节严重”，还是区分漏罪和新罪分别认定。2016年4月11日施行的《最高人民法院关于审理毒品犯罪案件适用法律若干问题的解释》（以下简称《解释》）中规定，向多人贩卖毒品或者多次走私、贩卖、运输、制造毒品的构成“情节严重”，并未规定是否应区分漏罪还是新罪。

结合到本案，高进某在前罪判决宣告之前的漏罪中贩卖毒品为两次，如该两次贩卖毒品不被遗漏，则其贩卖毒品的行为不构成“情节严重”，在前罪判决宣告之后高进某的一次贩卖毒品的行为也不构成“情节严重”，故综合来看，高进某三次贩卖毒品的行为不宜认定为“情节严重”。

数罪并罚是对数罪分别定罪量刑后，根据法定的原则与方法，决定执行的刑罚，即先对行为人所犯数罪分别定罪量刑，后决定合并执行的刑罚。故实行数罪并罚的结局，是对数罪产生一个判决结果，而不是相互独立的几个判决结果，也不是采取“估堆”方法将数罪作为一个整体综合判断的结果，而是先分别定罪量刑，后根据一定的原则与方法决定合并执行的刑罚。判决宣告后刑罚执行完毕以前发现漏罪或再犯新罪的，需对漏罪或新罪分别定罪量刑，然后与前罪刑罚合并决定执行。根据漏罪和新罪也应区别予以对待，发现的漏罪与新罪不应简单粗暴地按次数将其归结为多次而认定为“情节严重”。值得注意的是，《解释》之所以将向多人贩卖毒品或者多次走私、贩卖、运输、制造毒品规定为“情节严重”，是因为多次实施上述行为具有较大的社会危害性，犯罪分子也具有较深的主观恶性，应重点打击、从重惩处，但不区分漏罪与新罪即认定为“情节严重”，明显对被告人不利，将其区别对待有利于从实质上实现刑事司法的公平性。

编写人：江苏省常州经济开发区人民法院　荣玉洁　余曰璞

35

刑事案件中被害人过错的认定

——徐明财故意伤害、使用虚假身份证件案

【案件基本信息】

1. 裁判书字号

北京市第二中级人民法院（2017）京02刑初14号刑事附带民事判决书

2. 案由：故意伤害罪、使用虚假身份证件罪

【基本案情】

2016年7月29日2时许，在北京经济技术开发区甲电子（北京）有限公司（以下简称甲公司）二厂生产楼二层男更衣室内，被告人徐明财因琐事与被害人李蕾某（男，殁年26岁）发生争执，遂使用随身携带的折叠刀刺击李蕾某左胸部1刀，并刺、划李蕾某左腹部、左肩背部。徐明财逃离现场前，将此情况告知公司保

安。经鉴定，李蕾某系被他人用锐器（片刀类）刺击左胸部，造成心脏破裂，导致失血性休克死亡。

被告人徐明财为逃避抓捕，于2016年7月31日，持伪造的姓名为高梦某的居民身份证登记入住位于河北省廊坊市的乙宾馆。2016年8月4日，被告人徐明财在河北省廊坊市被抓获归案。

另查明，附带民事诉讼原告人曹平某、李平某的经济损失为：丧葬费42516元，处理丧葬事宜的误工费3000元、交通费3000元、住宿费2000元，以上各项经济损失共计人民币50516元。

【案件焦点】

被害人是否构成过错。

【法院裁判要旨】

北京市第二中级人民法院经审理认为：关于徐明财所提李蕾某先对其进行攻击，后其出于本能拿刀反击，其没有想到会刺伤或刺死对方，主观上属于过失的辩解，本院认为，根据我国刑法规定，应当预见自己的行为可能发生危害社会的结果，因为疏忽大意而没有预见，或者已经预见而轻信能够避免，以致发生这种结果的，是过失犯罪；明知自己的行为会发生危害社会的结果，并且希望或者放任这种结果发生，因而构成犯罪的，是故意犯罪。本案中，徐明财与李蕾某在工作中因琐事发生口角及冲突时，使用随身携带的折叠刀刺击李蕾某。徐明财作为心智健全的成年人明知持刀扎刺他人身体可能发生死伤的结果，仍刺击李蕾某左胸部、左腹部等部位，导致李蕾某因心脏破裂失血性休克死亡，其行为符合故意伤害罪的法定构成要件，故上述辩解不能成立，本院不予采纳。

关于徐明财所提李蕾某的行为存在过错的辩解及其辩护人所提被害人李蕾某存在一定过错，徐明财在被害人受伤时进行了力所能及的抢救工作，建议对徐明财从轻或减轻处罚的辩护意见，经查，李蕾某与徐明财在案发前并无积怨，仅因工作琐事发生争执，徐明财随即持刀扎人，不能认定被害人存在过错；徐明财在逃离现场前，仅告知公司保安有人受伤，不能认定徐明财在被害人受伤时进行了力所能及的抢救工作，故上述辩解及辩护意见不能成立，本院不予采纳。

关于徐明财所提李蕾某左肩背部的伤不是其造成的辩解，经查，李蕾某在案发现场只与徐明财有身体接触，根据现场勘查笔录，尸体上身所穿浅色长袖拉链上衣后部左肩外侧有一处长度为9.5厘米破损，结合法医学尸体检验鉴定书，尸体左肩背部有一处长度为7厘米创缘整齐的浅表划伤，可以认定李蕾某左肩背部的长条形浅表伤，系徐明财使用折叠刀刺划所致，故上述辩解不能成立，本院不予采纳。

关于徐明财的辩护人所提徐明财使用伪造的居民身份证是为了入住宾馆，并未达到法定“情节严重”的标准，不构成使用虚假身份证件罪的辩护意见，经查，徐明财在实施故意伤害行为后逃离现场，为逃避抓捕，在河北省廊坊市办理了一张名为“高梦某”的伪造身份证，并使用该身份证登记入住宾馆，给公安机关侦破案件造成一定困难，应属于刑法规定的情节严重情形，徐明财的行为符合使用虚假身份证件罪的法定构成要件，故上述辩护意见不能成立，本院不予采纳。

被告人徐明财因琐事持刀故意伤害他人身体，致一人死亡，其行为已构成故意伤害罪；徐明财在依照国家规定应当提供身份证明的活动中，使用伪造的居民身份证，情节严重，其行为亦构成使用虚假身份证件罪，所犯两罪均依法应予惩处，并数罪并罚。鉴于被告人徐明财到案后能如实供述其持刀刺击被害人李蕾某及使用虚假身份证件的事实，依法对其从轻处罚。北京市人民检察院第二分院指控被告人徐明财犯故意伤害罪、使用虚假身份证件罪的事实清楚，证据确实、充分，指控的罪名成立。辩护人所提徐明财到案后如实供述犯罪事实，认罪态度好的辩护意见，酌予采纳。被告人徐明财的故意伤害行为给附带民事诉讼原告人曹平某、李平某造成的经济损失，应当依法合理赔偿。附带民事诉讼原告人及其诉讼代理人所提丧葬费、误工费、交通费的赔偿项目合理，唯部分诉讼请求数额过高，对过高部分本院不予支持。附带民事诉讼原告人及其诉讼代理人要求赔偿死亡赔偿金、被扶养人生活费、精神损失费的诉讼请求及代理意见，依法不属于刑事附带民事诉讼的受案范围，不予支持。对在案扣押物品，依法一并处理。

北京市第二中级人民法院依照《中华人民共和国刑法》第二百三十四条、第二百八十条之一、第六十九条、第五十二条、第五十三条、第五十七条第一款、第六十七条第三款、第六十一条、第六十四条、第三十六条第一款及《最高人民法院关于适用〈中华人民共和国刑事诉讼法〉的解释》第一百五十五条第一款、第二款之规定，判决如下：

一、被告人徐明财犯故意伤害罪，判处无期徒刑，剥夺政治权利终身；犯使用虚假身份证件罪，判处拘役四个月，并处罚金人民币一千元，决定执行无期徒刑，剥夺政治权利终身，并处罚金人民币一千元；

二、被告人徐明财赔偿附带民事诉讼原告人曹平某、李平某丧葬费、误工费、交通费、住宿费等各项经济损失共计人民币五万零五百一十六元；

三、驳回附带民事诉讼原告人曹平某、李平某的其他诉讼请求；

四、在案扣押的物品由扣押机关依法处理。

【法官后语】

本案的处理重点主要在于如何认定被害人过错。本案被害人在与被告人发生纠纷后，被害人提出离开工作区域，让被告人与其来到无人的更衣室，后二人在发生争执过程中，被告人将被害人刺死，被害人是否存在过错?

被害人过错按照性质不同可以分为犯罪学意义上的被害人过错和刑法学意义上的被害人过错。犯罪学意义上的被害人过错是广义上的被害人过错，指被害人行为虽然没有侵犯犯罪人的实际权益，也没有导致犯罪人积极实施犯罪行为，但是使自己成为犯罪人行为的被害对象。例如，有的女性由于穿着暴露性感而招致强奸。犯罪学意义上的被害人过错对犯罪行为的发生影响力较小，不具有刑法评价的必要，解释的是为什么犯罪人行为侵犯的是被害人而不是其他人，着眼于犯罪预防和对潜在被害人的保护。刑法学意义上的被害人过错是狭义上的被害人过错，指被害人的可谴责行为侵犯犯罪人的实际利益，导致犯罪人即时实施犯罪行为，并使自己成为犯罪人行为的被害对象。例如，被害人先动手攻击犯罪人导致被告人反抗而实施伤害行为。司法实践中需要对被害人过错进行刑法学意义上的评价，通过判断被害人过错行为对犯罪行为的影响，分析被告人是否具有减轻刑事责任的因素，进而作出公正的判决。

刑法意义上的被害人过错，应当同时具备以下条件：一是被害人实施了一定程度的过错行为；二是被害人的过错行为与犯罪行为或犯罪结果的发生具有因果关系；三是被害人的过错行为应当引起被告人的即时反应，使被告人突然激愤、失去自我控制。

本案中，被害人的行为不构成刑法意义上的过错。被害人的“约架”行为虽与被告人所实施犯罪行为之间具有刑法意义上的因果关系，且被害人正要实施攻击被告人的过错行为，引起了被告人失去自我控制的即时反应，然而，被害人并未对被告人实施实质性的侵害行为。即使被告人存在被伤害的危险，但该危险与被告人实施的用刀刺扎他人而导致死亡结果相比实在微不足道，被害人的过错行为未达到相应程度，因此不应当对被害人的过错进行刑法意义上的评价，亦不应当影响对被告人的刑事责任与刑罚评判。

编写人：北京市第二中级人民法院　丛卓义

36

如实供述犯罪事实，取得被害人谅解可从轻处罚

——李某广等重大责任事故案

【案件基本信息】

1. 裁判书字号

河北省唐山市迁西县人民法院（2017）冀0227刑初93号刑事判决书

2. 案由：重大责任事故罪

【基本案情】

李某广系迁西县甲制冷维修负责人，李某利、张某俊是其雇佣工人。2015年10月9日，迁西县乙柴鸡养殖专业合作社冷库出现故障，经冷库销售商联系迁西县甲制冷进行维修。当日，李某广带领李某利、张某俊来到乙合作社，李某广指示李某利、张某俊如何进行维修后即离开。15时许，张某俊按李某广指示及李某利现场指导，在对龙顺合租社1号冷库制冷机组使用喷灯烘烤进行除水作业时，引燃制冷机组周围可燃物，从而引发火灾，致乙合作社冷库、孵化室、库房及内部设施被烧毁。经鉴定，乙合作社财物损失合计1052844.86元。

张某俊、李某广、李某利积极赔偿被害人经济损失，取得谅解。

【案件焦点】

1. 本案中李某广等人的行为如何定性，是否符合从轻处罚的情形；2. 李某广系主犯，李某利、张某俊系从犯，如何量刑。

【法院裁判要旨】

河北省唐山市迁西县人民法院经审理认为：李某广、李某利、张某俊在作业中违反有关安全管理的规定，引发火灾，给他人财产造成严重损失，其行为已构成重大责任事故罪。公诉机关指控三被告人犯罪事实清楚，证据确实、充分，指控罪名成立。李某利、张某俊在共同犯罪中，起次要作用，系从犯，应从轻处罚。三被告人如实供述犯罪事实，积极赔偿被害人经济损失，取得谅解，可以从轻处罚。三辩护人关于三被告人从轻处罚的辩护意见，本院予以采纳，辩护人关于李某利、张某俊系自首的辩护意见，因无事实依据，本院不予采纳。

河北省唐山市迁西县人民法院依据《中华人民共和国刑法》第一百三十四条第一款、第四十七条、第二十五条、第二十六条、第二十七条、第六十一条、第六十七条第三款、第七十二条、第七十三条第二款及第三款之规定，作出如下判决：

一、被告人李某广犯重大责任事故罪，判处有期徒刑一年零六个月，缓刑一年零六个月；

二、被告人李某利犯重大责任事故罪，判处有期徒刑十个月，缓刑一年；

三、被告人张某俊犯重大责任事故罪，判处有期徒刑十个月，缓刑一年。

【法官后语】

近年来，随着经济社会的快速发展，各类重大责任事故频发，给人们的正常生活及生命安全造成了极大的危险，对国家、企业及个人造成了巨大的经济损失，严重影响社会秩序、生产秩序及生活秩序。

1. 构成重大责任事故罪的要素分析

《刑法》第一百三十四条规定，在生产、作业中违反有关安全管理的规定，因而发生重大伤亡事故或者造成其他严重后果的，处三年以下有期徒刑或者拘役。李某广作为迁西县甲制冷维修负责人，其与李某利、张某俊在作业中违反有关安全管理的规定，引发火灾，给他人财产造成严重损失，其行为符合重大责任事故罪的构成要件。公诉机关提供的证据充分，事实清楚，指控罪名成立。《刑法》第二十七条规定，在共同犯罪中起次要或者辅助作用的，是从犯。对于从犯，应当从轻、减轻处罚或者免除处罚。李某利、张某俊在共同犯罪中，起次要作用，系从犯，法院从轻处罚。

2. 如实供述犯罪事实，取得被害人谅解可从轻处罚

《刑法》第六十七条第三款规定，犯罪嫌疑人虽不具有前两款规定的自首情节，但是如实供述自己罪行的，可以从轻处罚；因其如实供述自己罪行，避免特别严重后果发生的，可以减轻处罚。三被告人如实供述犯罪事实，积极赔偿被害人经济损失，取得谅解，符合从轻处罚的情形。

本案被告人如实供述犯罪事实，积极赔偿被害人经济损失，取得谅解，法院予以从轻处罚。

编写人：河北省唐山市迁西县人民法院　刘兴旺

37

影响法定刑升格的如实供述的认定

——胡德宽贩卖毒品案

【案件基本信息】

1. 裁判书字号

重庆市第五中级人民法院（2017）渝05刑终519号刑事裁定书

2. 案由：贩卖毒品罪

【基本案情】

2016年11月的一天下午，被告人胡德宽与肖某电话商议好毒品买卖事宜后，到李某位于荣昌区太阳浩廉租房×单元×家中，以200元的价格贩卖给肖某甲基苯丙胺和甲基苯丙胺片剂，肖某付款200元。

2017年1月中旬的一天，被告人胡德宽与肖某二人电话约定毒品买卖事宜后，在其位于荣昌区北城双星×楼住房门口，以200元的价格贩卖给肖某甲基苯丙胺和

甲基苯丙胺片剂，肖某尚未付款。

2017 年 2 月 16 日 20 时左右，被告人胡德宽与肖某电话约定好毒品买卖事宜后，前往李某家中，以 200 元的价格贩卖给肖某甲基苯丙胺和甲基苯丙胺片剂，肖某付款 200 元。

随后，三人在吸食毒品过程中被民警当场抓获。民警依法从被告人胡德宽身上扣押甲基苯丙胺 0.35 克、甲基苯丙胺片剂 0.05 克、现金 200 元，从肖某身上扣押胡德宽当晚贩卖给肖某的甲基苯丙胺 0.29 克。经现场检测，胡德宽、肖某、李某三人的尿液均呈阳性。被告人胡德宽到案后，如实供述了自己的主要犯罪事实。

被告人胡德宽对指控其犯贩卖毒品罪的罪名及主要犯罪事实无异议，但否认公诉机关指控的第一笔事实。

【案件焦点】

能否将影响法定刑升格的事实一概作为主要犯罪事实。

【法院裁判要旨】

重庆市荣昌区人民法院经审理认为：被告人胡德宽违反国家对毒品的管理制度，多次贩卖甲基苯丙胺、甲基苯丙胺片剂，其行为符合贩卖毒品罪的犯罪构成要件，且属情节严重。重庆市荣昌区人民检察院指控的罪名及犯罪事实成立。被告人胡德宽犯贩卖毒品罪，依法应予刑罚处罚。胡德宽具有犯罪前科，酌情从重处罚。胡德宽到案后，如实供述本案主要犯罪事实，依法可以从轻处罚。

重庆市荣昌区人民法院依照《中华人民共和国刑法》第三百四十七条第一款、第四款，第四十五条，第六十七条第三款，第五十二条，第五十三条，第六十四条及《最高人民法院关于审理毒品犯罪案件适用法律若干问题的解释》第四条第一项之规定，作出如下判决：

一、被告人胡德宽犯贩卖毒品罪，判处有期徒刑三年四个月，并处罚金三千元；

二、对扣押在案的毒品甲基苯丙胺、甲基苯丙胺片剂共 0.69 克予以没收；对胡德宽的贩毒所得四百元予以追缴。

重庆市荣昌区人民检察院抗诉提出：原审被告人胡德宽在侦查阶段供述了 3 次贩卖毒品的事实，但在批捕、公诉、庭审阶段均只承认 2 次贩卖毒品事实，直接关系到量刑档次的认定，不能认定为如实供述了主要犯罪事实，因此不应适用《中华人民共和国刑法》第六十七条第三款之规定从轻处罚。原审被告人胡德宽对原审判决没有异议，对抗诉机关的抗诉理由不予认可。

重庆市第五中级人民法院经审理认为：原审被告人胡德宽3次贩卖甲基苯丙胺、甲基苯丙胺片剂，其行为已构成贩卖毒品罪，且属情节严重，依法应予惩处。胡德宽有犯罪前科，酌情予以从重处罚。其到案后如实供述主要犯罪事实，依法予以从轻处罚。本案二审争议焦点在于被告人归案后先如实供述，后对其中1次的事实翻供，是否适用《中华人民共和国刑法》第六十七条第三款规定的如实供述，并予以从轻处罚。二审法院经审理认为，判断是否如实供述主要犯罪事实的关键是已供述与未供述情节的轻重。经查，胡德宽3次贩卖的价格均为200元，反映其每次贩卖毒品的数量基本相当，犯罪情节和危害程度亦是相当。虽然胡德宽之后对其中1次贩卖毒品的事实予以否认，但其始终供认的贩卖次数多于翻供的贩卖次数，始终供认的情节重于翻供的情节，据此应当认定其如实供述主要犯罪事实。如果将影响法定刑升格的事实一概作为主要犯罪事实，则可能导致量刑结果与《中华人民共和国刑法》第六十七条第三款的立法初衷及宽严相济刑事政策相悖。故此，抗诉机关的抗诉意见不能成立，不予采纳。

重庆市第五中级人民法院依照《中华人民共和国刑事诉讼法》第二百二十五条第一款第一项①之规定，作出如下裁定：

驳回抗诉，维持原判。

【法官后语】

《刑法》第六十七条第三款规定，犯罪嫌疑人虽不具有自首的情节，但是如实供述自己的罪行的，可以从轻处罚；因其如实供述自己罪行，避免特别严重后果发生的，可以减轻处罚。此条为2011年《刑法修正案（八）》增设的一款，增设此款的目的就是处理虽不具有自首情节，但是如实供述罪行的情形，以贯彻宽严相济的刑事政策，达到罚当其罪，罪刑相适应的目的。本案中，争议焦点是被告人是否构成如实供述，抗诉机关认为，被告人胡德宽在侦查阶段供述了3次贩卖毒品的事实，但在批捕、公诉、庭审阶段均只承认2次贩卖毒品事实，直接关系到量刑档次的认定，不能

① 对应2018年《刑事诉讼法》第二百三十六条第一款第一项。

认定为如实供述了主要犯罪事实，因此不应适用《刑法》第六十七条第三款之规定从轻处罚。笔者认为，如实供述自己的罪行，是指犯罪嫌疑人如实交代自己的主要犯罪事实，对于犯罪嫌疑人多次实施同种罪行的，认定是否如实供述主要犯罪事实的基本标准应以已交代的犯罪事实与未交待的犯罪事实之间危害程度进行比较而言，即如果如实交代的犯罪情节重于未交待的犯罪情节，或者如实交代的犯罪数额多于未交待的犯罪数额的，则应认定为如实供述。具体到本案被告人胡德宽，其3次贩卖毒品的价格均为200元，反映其每次贩卖毒品的数量基本相当，犯罪情节和危害程度亦是相当。虽然胡德宽之后对其中1次贩卖毒品的事实予以否认，但其否认的事实并非更严重的事实或者关乎定罪量刑的关键事实，并且其始终供认的贩卖次数多于翻供的贩卖次数，始终供认的情节重于翻供的情节，据此应当认定其如实供述主要犯罪事实。如果将影响法定刑升格的事实一概作为主要犯罪事实，则可能导致量刑结果与《刑法》第六十七条第三款的立法初衷及宽严相济的刑事政策相悖。

编写人：重庆市荣昌区人民法院　唐帅　王聪

（二）累　　犯

38

缓刑考验期满后五年内再犯新罪，是否构成累犯，能否再适用缓刑

——任某故意伤害案

【案件基本信息】

1. 裁判书字号

河北省邢台市邢台县人民法院（2018）冀0521刑初16号刑事判决书

2. 案由：故意伤害罪

【基本案情】

被告人任某，2007年7月17日因犯故意伤害罪被邢台县人民法院判处有期徒刑三年，缓刑五年。因涉嫌故意伤害罪，于2017年10月14日被邢台县公安局监视居住，同年12月19日被邢台县人民检察院取保候审。2018年1月15日被邢台县人民法院院依法取保候审。

邢台县人民检察院以被告人任某犯故意伤害罪向邢台县人民法院提起公诉。

邢台县人民法院经公开审理查明：

2017年7月14日下午，被告人任某在邢台县南石门镇南小郭小学工地，因占地赔偿问题与本村胡某等人发生纠纷，任某将胡某打伤。经法医鉴定，胡某的损伤为轻伤二级。

另查明，（1）本案民事部分已调解处理，被告人任某已赔偿被害人胡某经济损失，被害人胡某对被告人任某表示谅解，不再要求追究其刑事责任及民事责任，希望司法机关从轻处罚被告人，同意对判处被告人适用非监禁刑。（2）被告人任某因犯故意伤害罪于2007年7月17日被本院判处有期徒刑三年，缓刑五年，缓刑考验期自2007年7月31日起至2012年7月30日止。

【案件焦点】

被告人在缓刑考验期满后五年内再犯新罪，是否构成累犯，能否再适用缓刑。

【法院裁判要旨】

河北省邢台市邢台县人民法院经审理认为：本案被告人任某在缓刑考验期满后五年内再犯新罪应当判处有期徒刑以上刑罚之罪，因缓刑考验期满不是原判刑罚已经执行完毕，而是原判刑罚不再执行，因此本案被告人任某不应按照累犯处罚。

被告人在原缓刑考验期内自我约束，遵纪守法说明犯罪分子有悔罪悔改之心，缓刑考验期满原判刑罚不予执行。缓刑考验期满后五年内再犯新罪，如果不属于法律规定的几类禁止适用缓刑的犯罪，根据犯罪分子的犯罪情节和悔罪表现，同时符合犯罪情节较轻、有悔罪表现、没有再犯罪的危险、宣告缓刑对所居住社区没有重大不良影响这四项必备条件，仍可对犯罪分子宣告适用缓刑。

本案被告人任某在缓刑考验期满后五年内再犯应当判处拘役、三年以下有期徒刑，但其案发后积极赔偿被害人的经济损失，取得被害人的谅解，被害人明确表示不再要求追究其刑事责任及民事责任，希望司法机关从轻处罚被告人，参考邢台县司法局同意对被告人纳入社区矫正的调查评估意见，被告人任某故意伤害他人身体，致人轻伤，其行为已构成故意伤害罪，公诉机关指控的犯罪事实清楚，证据确实、充分，罪名成立。被告人有犯罪前科，予以酌情从重处罚；自愿认罪，赔偿了被害人经济损失，征得了被害人谅解，可酌情从轻处罚。参考邢台县司法局同意对被告人纳入社区矫正的调查评估意见，可以对被告人适用缓刑。根据犯罪的事实、性质、情节和对社会的危害程度，综合上述量刑情节，对被告人予以量刑。依照《中华人民共和国刑法》第二百三十四条、第七十二条第一款、第七十三条第二款、第三款之规定，经本院审判委员会研究决定，判决如下：

被告人任某犯故意伤害罪，判处有期徒刑一年零三个月，宣告缓刑一年零六个月。

被告人、被害人均未上诉，公诉机关也未抗诉，该判决已经生效。

【法官后语】

1. 缓刑考验期满后五年内再犯新罪，不构成累犯

对于缓刑考验期满后五年内再犯应判处有期徒刑以上刑罚之罪的是否构成累犯的问题，有两种观点。一种观点认为，缓刑考验期满就意味着原判刑罚已执行完毕。因此被判处缓刑的罪犯在缓刑考验期满后五年内再犯应判处有期徒刑以上刑罚之罪的构成累犯；另一种观点认为，缓刑考验期满意味着原判刑罚不再执行，因此被判缓刑的罪犯在缓刑考验期满后五年内再犯应判处有期徒刑以上刑罚之罪的，不构成累犯。笔者同意第二种观点。那么，累犯是否需要具备前罪的刑罚已经执行完毕这一前提条件？对此问题在我国主要有两种观点：主法派认为只要后罪发生在前罪判决宣告后，即构成累犯；主德派认为只有在前罪刑罚执行完毕以后又犯罪的，才能构成累犯。[①] 我国刑法采主德派。根据我国现行刑法，缓刑考验期满原判刑罚就不再执行，而不是原判刑罚执行完毕，因而不存在构成累犯的前提条件。所以，缓刑考验期满以后在法定期限内又犯罪的，也不能构成累犯。[②]

我国《刑法》第六十五条规定："被判处有期徒刑以上刑罚的犯罪分子，刑罚

---

① 高铭暄：《刑法学原理》，中国人民大学出版社 1994 年版，第 284 页。

② 陈兴良：《本体刑法学》，商务印书馆 2005 年版，第 784 页。

执行完毕或者赦免后，在五年以内再犯应当判处有期徒刑以上刑罚之罪的，是累犯，应当从重处罚。但是过失犯罪和不满十八周岁的人犯罪的除外……”累犯是指受过一定的刑罚处罚，刑罚执行完毕或者赦免以后，在一定的时间内又犯被判处一定刑罚之罪的犯罪分子。累犯分为一般累犯和特殊累犯两种。一般累犯是指被判处有期徒刑以上刑罚的犯罪分子，在刑罚执行完毕或者赦免以后，五年之内又犯应当判处有期徒刑以上刑罚的情形。特殊累犯是指危害国家安全的犯罪分子，在刑罚执行完毕或者赦免以后任何时候再犯危害国家安全罪的，都构成累犯的情形。累犯制度是我国刑罚裁量中的从重处罚制度，也是重要的法定从重处罚情节。

缓刑制度采用暂缓执行原判刑罚，宣告一定的考验期限，并在期限内对犯罪分子规定一定的限制和义务的方式对犯罪分子进行教育改造，罪犯在缓刑考验期间如果能严格遵守法律规定，没有再实施其他较为严重的违法行为，那么，原判刑罚就不再执行。我国《刑法》第七十二条第一款规定：“对于被判处拘役三年以下有期徒刑的犯罪分子，同时符合下列条件的，可以宣告缓刑，对其中不满十八周岁的人、怀孕的妇女和已满七十五周岁的人，应当宣告缓刑：（一）犯罪情节较轻；（二）有悔罪表现；（三）没有再犯罪的危险；（四）宣告缓刑对所居住社区没有重大不良影响……”；第七十七条规定：“被宣告缓刑的犯罪分子，在缓刑考验期限内犯新罪或者发现判决宣告以前还有其他罪没有判决的，应当撤销缓刑，对新犯的罪或者新发现的罪作出判决，把前罪和后罪所判处的刑罚，依照刑法第六十九条的规定，决定执行的刑罚。被宣告缓刑的犯罪分子，在缓刑考验期限内，违反法律、行政法规或者国务院公安部门有关缓刑的监督管理规定，或者违反人民法院判决中的禁止令，情节严重的，应当撤销缓刑，执行原判刑罚”；第七十六条规定：“对宣告缓刑的犯罪分子，在缓刑考验期限内，依法进行社区矫正，如果没有本法第七十七条规定的情形，缓刑考验期满，原判的刑罚就不再执行，并公开予以宣告”。这表明缓刑的法律后果，是犯罪分子被宣告缓刑后，在缓刑考验期内没有再犯新罪，也没有发现判决宣告以前的漏罪的，缓刑考验期满后原判的刑罚就不再予以执行。因此，缓刑是有条件的对原判刑罚的不执行。既然缓刑是对原判刑罚的不执行，那就不能把缓刑理解为是刑罚的一种执行方式。尽管在缓刑考验期内，依法应由司法行政机关对缓刑罪犯进行社区矫正考察、监督，但这种考察和监督不是对刑罚的执行，而是对缓刑罪犯在缓刑期内表现的掌握，督促其认罪服法，改过自新，同时也是为了监督缓刑罪犯在缓刑期内是否再犯新罪。所以，缓刑考验期满不是原判刑罚已经执行完毕，对宣告适用缓刑犯罪分子在缓刑考验期满后五年内再犯应当判处有期徒刑以上新罪的，不能以累犯论处。

2. 被告人在缓刑考验期满后五年内再犯新罪，能否再适用缓刑

第一种观点认为，被告人在缓刑考验期满后五年内再犯新罪，说明犯罪分子屡教不改，对当前社会还有再犯罪的危险，不能再适用缓刑；第二种观点认为，被告人在原缓刑考验期内自我约束，遵纪守法说明犯罪分子有悔罪悔改之心，缓刑考验期满原判刑罚不予执行。缓刑考验期满后五年内再犯新罪，如果不属于法律规定的几类禁止适用缓刑的犯罪，根据犯罪分子的犯罪情节和悔罪表现，同时符合犯罪情节较轻、有悔罪表现、没有再犯罪的危险、宣告缓刑对所居住社区没有重大不良影响这四项必备条件，仍可对犯罪分子宣告适用缓刑。笔者同意第二种观点。

我国《刑法》规定对于被判处拘役、三年以下有期徒刑的不满18周岁的人、怀孕的妇女和已满75周岁的人，只要同时符合犯罪情节较轻、有悔罪表现、没有再犯罪的危险、宣告缓刑对所居住社区没有重大不良影响这四项必备条件，就“应当”宣告缓刑；对于被判处拘役、有期徒刑以上刑罚的犯罪分子，根据犯罪分子的犯罪情节和悔罪表现，同时符合犯罪情节较轻、有悔罪表现、没有再犯罪的危险、宣告缓刑对所居住社区没有重大不良影响这四项必备条件，“可以”宣告缓刑。同时，我国《刑法》第七十四条规定：“对于累犯和犯罪集团的首要分子，不适用缓刑”；第七十七条规定：“被宣告缓刑的犯罪分子，在缓刑考验期内犯新罪或者发现判决宣告以前还有其他罪没有判决的，应当撤销缓刑，对新犯的罪或者新发现的罪作出判决，把前罪和后罪所判处的刑罚，依照本法第六十九条的规定，决定执行的刑罚……”。

从法律规定看，对于累犯、犯罪集团首要分子、缓刑考验期内犯新罪或者发现漏罪的犯罪分子，禁止适用缓刑。对于缓刑考验期满后五年内再犯新罪的犯罪分子，由于原判刑罚没有执行不属于累犯，再犯新罪属于有犯罪前科，在量刑时作为量刑情节予以考虑依法从重处罚；对于有前科的犯罪分子，刑法没有规定不能适用缓刑，如果犯罪分子符合对于被判处拘役、三年以下有期徒刑的犯罪分子，根据犯罪分子的犯罪情节和悔罪表现，同时符合犯罪情节较轻、有悔罪表现、没有再犯罪的危险、宣告缓刑对所居住社区没有重大不良影响这四项必备条件，应该可以宣告缓刑。

编写人：河北省邢台市邢台县人民法院　程秀君

39

剥夺政治权利期间再犯罪是否构成累犯，能否数罪并罚

——马晓、蒋某贩卖毒品案

【案件基本信息】

1. 裁判书字号

河南省许昌市建安区人民法院（2017）豫1003刑初518号刑事判决书

2. 案由：贩卖毒品罪

【基本案情】

2016年12月1日10时许，孙某联系被告人蒋某欲购买900元钱毒品甲基苯丙胺（俗称冰毒）吸食，二人商定3克毒品冰毒的价格为900元人民币后，孙某将900元人民币通过自己的手机微信转账给被告人蒋某。被告人蒋某收到该款后，遂联系被告人马晓购买3克毒品甲基苯丙胺，二人商定3克毒品甲基苯丙胺的价格是500元人民币，而后被告人蒋某通过手机微信给被告人马晓转账500元钱。2016年12月1日23时许，被告人马晓在许昌县蒋李集镇十字路口西南角将3克疑似毒品甲基苯丙胺卖给了被告人蒋某，随后被告人蒋某又在许昌县蒋李集镇小学门口将3克毒品冰毒卖给了孙某。被告人蒋某从中盈利400元。被告人马晓被抓获后，2016年12月5日11时许侦查人员从被告人马晓位于许昌市魏都区凭心街“甲招待所”1楼5号房间住处搜查出一件黑色夹克衫，该夹克衫内侧衣兜内有一包疑似毒品物质，现场称重96.5克。经鉴定，该96.5克疑似毒品物质检出甲基苯丙胺；在该黑色夹克衫袖口处检出人之遗传物质，经20个STR分型，未排除马晓，支持来源于马晓，不支持为人群中其他随机个体所留。

另查明，被告人马晓于2007年12月6日因犯抢劫罪、盗窃罪被襄城县人民法院判处有期徒刑十二年零六个月，剥夺政治权利二年，并处罚金人民币7000元，2016年4月23日刑满释放，剥夺政治权利二年同日开始执行，至被告人马晓因贩

卖毒品被抓获，其剥夺政治权利已经执行了七个月零十二天，剩余一年零四个月零十八天未执行。

【案件焦点】

剥夺政治权利期间再犯罪是否构成累犯，能否数罪并罚。

【法院裁判要旨】

河南省许昌市建安区人民法院经审理认为：被告人马晓、蒋某明知是毒品冰毒仍予以贩卖，其行为构成贩卖毒品罪，公诉机关指控罪名成立。本案系两个独立的贩卖毒品的过程，故公诉机关关于二名被告人系共同犯罪的指控不成立。关于被告人马晓辩称96.5克冰毒是为了吸食不是为了贩卖的意见，本院认为对于以贩养吸的被告人，其被查获的毒品数量即为其贩卖的数量，故被告人的该辩解理由本院不予采信。被告人马晓在有期徒刑刑罚执行完毕后五年内再犯应当判处有期徒刑以上刑罚之罪，系累犯，应当从重处罚。被告人马晓因犯抢劫罪、盗窃罪被判处有期徒刑十二年零六个月，剥夺政治权利二年，主刑执行完毕后，在执行附加刑剥夺政治权利期间又犯新罪，应当对新罪作出判决，与前罪未执行完毕的附加刑剥夺政治权利数罪并罚。被告人马晓、蒋某到案后如实供述自己的犯罪事实，系坦白，可以从轻处罚。判决如下：

一、被告人马晓犯贩卖毒品罪，判处有期徒刑十五年，并处没收个人全部财产，剥夺政治权利三年，与前罪未执行完毕的附加刑剥夺政治权利一年零四个月零十八天数罪并罚，决定合并执行判处有期徒刑十五年，并处没收个人全部财产，剥夺政治权利四年零四个月零十八天；

二、被告人蒋某犯贩卖毒品罪，判处有期徒刑十个月，并处罚金人民币一万元。

一审宣判后，被告人马晓、蒋某没有提出上诉，公诉机关也未抗诉，该判决已发生法律效力。

【法官后语】

本案中被告人的行为既认定为累犯，又属于数罪并罚主要是因为：

1. 根据刑法解释的基本原则及语言本身的模糊性及多义性特点，《刑法》条文中的一些用语在不同的条文甚至在同一个条文中常常有不同的解释。依据《刑法》第三十二条“刑罚分为主刑和附加刑”之规定，在罪刑法定原则下解释刑罚时应包含主刑和附加刑，但在个别情形下，刑罚可能被解释为仅包含主刑，或者仅包含为主刑中的有期徒刑以上刑罚。合理的法律用语解释既应符合刑法条文的文意含义也应符合法律条文规范行为的目的。刑法关于累犯条款法律规范的目的主要是考察对再次犯罪的犯罪人人身危险性，并以此为标准作出有期徒刑以上的更为严厉的处罚。因此，若将《刑法》第六十五条中规定的“刑罚”解释为包含主刑和附加刑，则会使“五年以内”再犯时间的规定没有意义，从而与累犯制度的立法目的相违背。比如当附加刑是罚金时，若罪犯由于某种原因或者故意的在较长时间内不缴纳罚金，则会出现其刑罚一直处于未完成状态，当其再犯罪却不能成立累犯的情形。同时，若当罪犯被判处有期徒刑和管制并罚时，其在有期徒刑执行完毕后执行管制期间故意犯罪的，也不能被评价为累犯，但其人身危险性并不低于判处有期徒刑后在五年内再次犯应当判处徒刑以上刑罚的人。因此，《刑法》第六十五条中规定的“刑罚执行完毕”应当限缩解释为仅指有期徒刑以上刑罚执行完毕，不包含拘役、管制以及附加刑。故本案被告人马晓在有期徒刑刑罚执行完毕后五年内再犯应当判处有期徒刑以上刑罚之罪，系累犯，应当从重处罚。

2. 关于数罪并罚认定中规定的“刑罚执行完毕以前”，应平义解释为包含主刑和附加刑执行完毕以前，根据《刑法》第七十一条之规定，在被告人判决宣判前还有其他罪行没有判决的，依法应对其数罪并罚，本案中被告人马晓因犯抢劫罪、盗窃罪被判处有期徒刑十二年零六个月，剥夺政治权利二年，主刑执行完毕后，在执行附加刑剥夺政治权利期间又犯新罪，应当对新罪作出判决，与前罪未执行完毕的附加刑剥夺政治权利数罪并罚。

编写人：河南省许昌市建安区人民法院　卜小　李璐

40

构成累犯要求再犯应当判处有期徒刑以上刑罚之罪应如何理解

——白某诈骗案

【案件基本信息】

1. 裁判书字号

河北省承德市隆化县人民法院（2017）冀0825刑初104号刑事判决书

2. 案由：诈骗罪

【基本案情】

2016年12月，被告人白某因无经济来源，便想到通过网络购货骗取他人山货后再出售的方式挣钱。后白某以收购蘑菇的名义通过网络QQ与货主张某取得联系，在取得张某的信任后，双方谈好价格，张某通过围场至天津的班车给白某发了15包蘑菇，后白某将蘑菇变卖，非法所得17000余元。白某收到蘑菇后，未按约定给付货款，而是更换了与张某联系的手机号码，致使张某无法与其取得联系。2017年3月23日，被告人白某到隆化县公安局投案，并如实供述了诈骗张某900斤蘑菇的犯罪事实，经隆化县价格认证中心认定按照当时蘑菇收购价，被害人损失为12780元。

2017年3月23日，被告人白某主动到公安机关投案。被告人白某已赔偿了被害人张某经济损失20000元，张某表示不再追究被告人任何责任。

被告人白某曾于2012年12月17日被内蒙古自治区多伦县人民法院判处有期徒刑一年零二个月，2013年9月17日刑满释放。

【案件焦点】

构成累犯要求在刑罚执行完毕五年内再犯应当判处有期徒刑以上刑罚之罪，对本案被告人白某是否应当判处有期徒刑以上刑罚，被告人白某是否构成累犯。

【法院裁判要旨】

河北省承德市隆化县人民法院经审理认为：被告人白某以非法占有为目的，虚构事实骗取他人财物，数额较大，其行为已构成诈骗罪。隆化县人民检察院指控的事实存在，罪名成立，本院予以支持。但是否认定被告人白某构成累犯，经查，构成累犯，必须在刑罚执行完毕后，五年内再犯应当判处有期徒刑以上刑罚。被告人白某诈骗价值超过数额较大标准不多，且案发后主动到公安机关投案，并如实供述了主要犯罪事实，系自首，依法可从轻处罚，同时已赔偿了被告人的全部经济损失，取得了被害人的谅解，又积极缴纳罚金，系初犯、偶犯，可酌情对其从轻处罚。根据其犯罪的事实、性质、情节、社会危害程度、认罪态度等情况，对其尚不足以判处有期徒刑以上刑罚。故其不构成累犯。

河北省承德市隆化县人民法院依照《中华人民共和国刑法》第二百六十六条、第六十七条第一款的规定，作出如下判决：

被告人白某犯诈骗罪，判处拘役一个月，并处罚金人民币五千元。

【法官后语】

本案的被告人是否构成累犯？法律规定对于构成累犯要求后罪的条件为“应当判处有期徒刑以上刑罚”，然而，如何判断“应当判处有期徒刑以上刑罚”？根据本案的具体情节，被告人白某诈骗价值超过“数额较大”标准4000多元，数额本身距离巨大标准较远，同时在案发后，主动到公安机关投案，并如实供述了主要犯罪事实，构成自首，依法可以从轻或减轻处罚，在本案中可以在法定刑幅度内，对被告人依法从轻处罚。同时到案后积极联系被害人，赔偿全部经济损失，取得对方的谅解，均降低了该案的社会危害性。考虑本案被告人供述对案件定罪的影响及本案同时系初犯、偶犯，缴纳罚款等量刑情节，不宜对被告人判处较高刑罚，在量刑规范化幅度内可判处拘役刑。因此这个案件不必然，也不应当判处有期徒刑。

累犯对于被告人刑事责任的影响巨大，是重要的量刑情节，因此，对何为“应当判处有期徒刑以上刑罚”应具有一个严格界定的标准，对此，理论界已形成共识：“应当判处有期徒刑以上刑罚”不是指法定刑为有期徒刑以上刑罚，而是指根据后罪的事实以及《刑法》规定，应当判处有期徒刑以上刑罚。绝不是说该罪的法定刑中包含有期徒刑以上的刑罚即可满足上述之要求。我们理解“应当判处有期徒刑以上刑罚”

应为宣告刑为有期徒刑之时，才构成累犯，这里的有期徒刑，是对于宣告刑而言的。

以上要求我们审理此类案件时，考虑累犯制度的立法本意，对判决结果可能影响累犯构成的后罪应严格按照量刑规范化定罪量刑，根据罪责刑相适应原则，给予后罪应有的处罚，进而判断是否构成累犯。

编写人：河北省承德市隆化县人民法院　刘震宇

41

如何掌握累犯重复评价原则

——李上某容留他人吸毒案

【案件基本信息】

1. 裁判书字号

福建省福鼎市人民法院（2018）闽0982刑初82号刑事判决书

2. 案由：容留他人吸毒罪

【基本案情】

2016年5月至6月间，被告人李上某在其位于福鼎市桐山街道福全路××号家中二楼房间内，先后三次容留未成年人杨某甲和吸毒人员杨某乙吸食毒品甲基苯丙胺（俗称冰毒）。

2017年11月10日，被告人李上某在其位于福鼎市桐山街道福全路××号家中二楼房间内，提供毒品甲基苯丙胺容留杨某丙吸食，后被福鼎市公安局当场抓获。杨某丙尿液经甲基苯丙胺试剂检测，结果呈阳性。

另查明，被告人李上某因于2016年8月间容留未成年人吸毒，被法院以容留他人吸毒罪判处有期徒刑七个月，刑期自2016年9月26日起至2017年4月25日止。

【案件焦点】

1. 被告人李上某行为是否构成累犯；2. 如何掌握刑法重复评价原则。

【法院裁判要旨】

福建省福鼎市人民法院经审理认为：被告人李上某违反国家毒品监管制度，多次提供住所容留他人吸食毒品，其行为已构成容留他人吸毒罪，公诉机关指控罪名成立。其曾因容留他人吸毒犯罪被判处有期徒刑，在刑罚执行完毕后五年内又容留他人吸毒，系累犯，应从重处罚；其归案后能如实供述犯罪事实，属坦白，可从轻处罚。

福建省福鼎市人民法院依照《中华人民共和国刑法》第三百五十四条、第三百五十七条第一款、第六十五条第一款、第六十七条第三款及《最高人民法院关于审理毒品犯罪案件适用法律若干问题的解释》第十二条第一款的规定，作出如下判决：

被告人李上某犯容留他人吸毒罪，判处有期徒刑一年，并处罚金人民币七千元。

【法官后语】

《最高人民法院关于审理毒品犯罪案件适用法律若干问题的解释》（以下简称《解释》）第十二条规定，具有下列情形之一的，应当以容留他人吸毒罪定罪处罚：“（一）一次容留多人吸食、注射毒品的；（二）二年内多次容留他人吸食、注射毒品的；（三）二年内曾因容留他人吸食、注射毒品受过行政处罚的；（四）容留未成年人吸食、注射毒品的；（五）以牟利为目的容留他人吸食、注射毒品的；（六）容留他人吸食、注射毒品造成严重后果的；（七）其他应当追究刑事责任的情形。”本案被告人李上某有四次容留他人吸毒，前三次容留他人吸毒行为系在其前罪判刑之前的漏罪罪行，最后一次（2017年11月10日）容留吸毒行为则系在其前罪刑满释放后的行为，如果将最后一次容留吸毒行为合并到前三次容留吸毒行为之中，以两年内多次容留他人吸毒，追究其刑事责任，这不存在法律障碍问题。但是否构成累犯，有一定的争议，因为认定被告人是否构成累犯，主要是以被告人最后一次容留吸毒行为来评价。如不合并前三次容留吸毒行为或考虑其曾因容留吸毒罪被刑事处罚的因素，最后一次容留吸毒行为不能单独构罪，被告人则有可能不构成累犯。法院之所以认定被告人最后一次容留吸毒行为构成累犯，主要是考虑其有前三次的容留吸毒行为，已构成犯罪，本应追究刑事责任，只是被告人在前罪处罚时不如实供述，而出现漏罪，且其刑满释放后又容留他人吸毒，参照《解释》第十二条第一款“其他应当追究刑事责任的情形”的规定，可单独追究被告人最后一次容留吸毒行为的刑事责任，为此，可认定被告人构成累犯，但因为“禁止重复评价”原则，法院虽认定被告人构成累犯，在量刑时未予以从重处罚，故判处有期徒刑一年。该案定罪处罚原则也符合最高人民法院有关刑事审判工作指导论述的观点。[①]

编写人：福建省福鼎市人民法院　潘其雄

（三）自首与立功

42

“自动投案”型自首的认定

——张某某聚众斗殴案

【案件基本信息】

1. 裁判书字号

北京市第三中级人民法院（2017）京03刑终617号刑事判决书

2. 案由：聚众斗殴罪

【基本案情】

因尹某某（男，时年17岁，另案处理）加张某某女友的微信并聊天，被告人张某某与尹某某发生争执，二人通过微信相约打架。张某某、尹某某分别纠集多人于2016年10月22日22时许至北京市朝阳区工体西路甲酒吧后门外斗殴，张某某持甩棍伙同他人对尹某某进行殴打，尹某某纠集的一男子持砍刀将张某某砍伤。双

① 叶晓颖、马岩、方文军、李静然：《〈审理毒品犯罪案件适用法律若干问题的解释〉理解与适用》，载《刑事审判参考》第105集，法律出版社2016年版，第138～157页。

方斗殴期间，尹某某身上的枪状物1把（经鉴定，不能确定是否为枪支）掉出，被张某某扔至一边。在双方斗殴中，尹某某身体所受损伤经鉴定符合轻微伤；张某某身体所受损伤经鉴定构成轻微伤。案发后张某某委托其女友拨打110报警，民警在现场将尹某某抓获。张某某因伤就医，民警赶赴医院，对张某某进行询问，张某某如实交代主要犯罪事实。因张某某需住院治疗，公安机关未对其采取强制措施。后张某某经治疗后出院。

2016年11月6日民警与张某某联系，张某某没有拒绝配合。2016年11月9日，在本案立案当天，民警将张某某拘传至公安机关。

【案件焦点】

未对自动投案的行为人采取强制措施，行为人未有逃避侦查等行为，而民警将行为人抓获归案的情况。如何综合全案证据，认定是否成立“自动投案”型自首。

【法院裁判要旨】

北京市朝阳区人民法院经审理认为：被告人张某某法制观念淡薄，遇事不能正确处理，纠集多人持械斗殴，其行为已构成聚众斗殴罪，依法应予惩处。北京市朝阳区人民检察院指控被告人张某某犯聚众斗殴罪的事实清楚，证据确实、充分，指控罪名成立。鉴于被告人张某某到案后能够如实供述所犯罪行，并取得被害人的谅解，本院对其所犯罪行予以从轻处罚。张某某检举他人涉嫌犯罪的行为，但尚未查证如实，故不予认定立功。辩护人的相关辩护意见，本院予以采纳；但关于张某某系自首的意见，经查，案发后张某某让其女友拨打110报警，其间，张某某因为受伤到医院就医，后民警在其女友的配合下在医院找到张某某，并对张某某进行了询问，张某某对于双方斗殴的事实予以供认，因张某某需住院治疗，公安机关无法对其进行拘传，后民警多次打电话通知张某某到公安机关，张某某一直没有主动到案，2016年11月9日，民警在张某某的家中将其抓获归案，张某某在案发最初虽未逃避侦查，能够积极报案、如实供述，但其最终的归案缺乏主动性，系民警在多次打电话通知未果的情况下将其抓获归案，张某某的行为不构成自首，但其在犯罪后积极报警并如实供述等情节，法庭在量刑时亦会酌情考虑；关于对张某某减轻处罚、定罪免刑或适用缓刑的意见，经查，被告人张某某纠集多人持械聚众斗殴，不仅侵害他人人身权利，亦扰乱了社会公共秩序，不属于犯罪情节轻微，且张某某不具备法定应当减轻处罚的情节，在本案发生后，张某某又因殴打他人被行政处罚，尚不符合缓刑的适用条件，故上述意见本院不予采纳。在案手机系犯罪工具，依法应予以没收。

北京市朝阳区人民法院依照《中华人民共和国刑法》第二百九十二条第一款第四项、第六十七条第三款、第六十一条及第六十四条之规定，作出如下判决：

一、被告人张某某犯聚众斗殴罪，判处有期徒刑三年；

二、在案乙牌手机一部，予以没收。

张某某认为其具有自首情节，其协助抓捕尹某某、具有立功情节，原判量刑过重提起上诉。

北京市第三中级人民法院经审理认为：上诉人张某某纠集多人聚众斗殴，且在斗殴过程中持械，系首要分子，其行为已构成聚众斗殴罪，依法应予惩处。鉴于张某某具有自首情节以及本案具体情况，对其依法予以减轻处罚。随案移送扣押的手机，依法予以处理。原审人民法院根据张某某犯罪的事实、犯罪的性质、情节及对社会的危害程度所作的判决，定罪正确，审判程序合法，对随案移送扣押物品的处理适当，唯原判没有认定张某某具有自首情节，对张某某的量刑不当，本院依法予以改判。据此，北京市第三中级人民法院依照《中华人民共和国刑法》第二百九十二条第一款第四项、第六十七条第一款、第六十三条第一款、第四十五条、第四十七条、第六十一条、第六十四条，《最高人民法院关于处理自首和立功具体应用法律若干问题的解释》第一条、第三条，《中华人民共和国刑事诉讼法》第二百二十五条第一款第三项①之规定，作出如下判决：

一、维持北京市朝阳区人民法院（2017）京 0105 刑初 499 号刑事判决主文第二项，即在案华为牌手机一部，予以没收；

二、撤销北京市朝阳区人民法院（2017）京 0105 刑初 499 号刑事判决主文第一项，即被告人张某某犯聚众斗殴罪，判处有期徒刑三年；

三、上诉人（原审被告人）张某某犯聚众斗殴罪，判处有期徒刑二年。

---

① 对应 2018 年《刑事诉讼法》第二百三十六条第一款第三项。

【法官后语】

《〈最高人民法院关于处理自首和立功若干具体问题的意见〉的理解与适用》①中规定：所谓“自动投案”，一般是指犯罪嫌疑人在犯罪后、归案前，出于本人意志而向公安机关、人民检察院、人民法院及其他有关单位和人员承认自己实施了犯罪，并自愿置于上述单位和人员的控制之下，等待法律制裁的行为。复数投案的基础行为是第一次自动投案，要求被告人首次到案时具有将自己置于公安机关的控制之下的主动性、具有明确的投案行为并将自己置于公安机关的控制之下、到案后如实供述犯罪事实，只有同时具备以上要件，才符合自动投案。同时，对于存在复数性到案的案件中，还需要考查公安机关是否明确通知、被告人是否脱离公安机关监管、复数到案过程中是否予以配合，综合认定被告人能否成立“自动投案”型自首。

具体到本案，案发后张某某让其女友拨打110报警，其间，张某某因为受伤到医院就医，后民警在其女友的配合下在医院找到张某某，并对张某某进行了询问，张某某对于双方斗殴的事实予以供认，因张某某需住院治疗，公安机关未对其进行拘传。后张某某经治疗后出院。2016年11月6日，民警电话联系张某某，通知其进行伤检，但没有规定具体时间，也没有说来接受调查。因张某某伤情一直未稳定，张某某说等伤好了再去，张某某没有明确说不去。民警杨某说行，只说让张某某尽快，未强制其到派出所配合工作。证人杨某出庭时证明其并不掌握张某某本人的电话，只给张某某的女友刘某某打过一次电话，电话为张某某本人接听，电话内容为通知张某某到派出所进行伤情鉴定，在张某某提出其伤未好，且缺少材料无法进行鉴定时，未强制其到派出所配合工作，也未对张某某到案时间进行明确的限定。张某某当时也只是客观陈述情况，并未明确表示不到案。现有证据无法认定案发后民警多次与张某某电话联系，拒不配合的情况。事实存疑时有利于被告人，不好认定最终归案缺乏主动性。因其不是民警在多次电话通知未果的情况下将其抓获归案，可以认定张某某具有自首情节。

编写人：北京市第三中级人民法院　熊文超　段伟

---

① 详见最高人民法院刑事审判第一庭编著，张军、黄尔梅主编：《最高人民法院自首、立功司法解释案例指导与理解适用》，法律出版社2012年版，第257~269页。

43

明知被害单位报案仍主动前往被害单位应认定为自首

——张小某、蒋建国盗窃案

【案件基本信息】

1. 裁判书字号

江苏省常州市金坛区人民法院（2018）苏0482刑初221号刑事判决书

2. 案由：盗窃罪

【基本案情】

2018年1月4日至9日，被告人张小某、蒋建国经事先预谋，到江苏省甲医用敷料有限公司，采用乘隙的手段，先后两次窃得该公司半成品仓库内的蓝色手术巾裁片54000片、本色手术巾裁片36000片，合计价值人民币95400元。

【案件焦点】

案发后，被告人张小某明知被害单位已经报警，警察在找其，仍主动前往被害单位，在被害单位门口被警察抓获，其行为是否能认定为自首。

【法院裁判要旨】

江苏省常州市金坛区人民法院经审理认为：被告人张小某、蒋建国以非法占有为目的，合伙秘密窃取他人财物，数额巨大，其行为均已构成盗窃罪。属共同犯罪。被告人张小某在明知被害单位已报案的情况下仍主动前往被害单位，在公安人员抓捕时无拒捕行为，并能供认犯罪事实，应视为自首，依法可以从轻或者减轻处罚。被告人蒋建国归案后能如实供述所犯罪行，有坦白情节，依法可以从轻处罚。被告人蒋建国有犯罪前科，应酌情从重处罚。庭审中，二被告人自愿认罪，均可酌情从轻处罚。案发后，被告人张小某的亲属能代为退赃，现被告人张小某、蒋建国的行为已取得被害单位的谅解，在本案审理期间，被告人张小某的亲属能代为预缴全部罚金，被告人蒋建国的亲属能代为预缴部分罚金，均可视为二被告人的悔罪表现，对被告人张小某、蒋建国从轻处罚。根据二被告人的犯罪情节、认罪态度和悔罪表现，对被告人张小某予以减轻处罚，对被告人蒋建国予以从轻处罚。被告人张小某的辩护人提出的“张小某有自首情节，主观恶性不大，赃物已全部追回，挽回了被害单位的损失，已取得被害单位的谅解，系初犯，能预缴罚金”，被告人蒋建国的辩护人提出的“蒋建国归案后能如实供述，自愿认罪，预缴部分罚金，现赃物已被追回并取得被害单位的谅解”的辩护意见均可以作为对二被告人减少基准刑的情节予以考虑，但根据本案的具体情况，对被告人张小某、蒋建国不宜宣告缓刑，对二被告人的辩护人提出的相应量刑建议不予采纳，且被告人蒋建国无法定减轻处罚情节，对其辩护人提出的“减轻处罚”的量刑建议亦不予采纳。

江苏省常州市金坛区人民法院依照《中华人民共和国刑法》第二百六十四条、第二十五条第一款、第六十七条第一款及第三款、第五十二条、第五十三条，《最高人民法院、最高人民检察院关于办理盗窃刑事案件适用法律若干问题的解释》第一条第一款、第十四条，最高人民法院《关于处理自首和立功若干具体问题的意见》第一条之规定，判决如下：

一、被告人张小某犯盗窃罪，判处有期徒刑二年，并处罚金人民币三万元；

二、被告人蒋建国犯盗窃罪，判处有期徒刑三年，并处罚金人民币三万元。

一审宣判后，公诉机关未抗诉，被告人张小某、蒋建国均未提出上诉，判决已生效。

【法官后语】

本案处理重点主要在于是否能认定被告人张小某自首。《刑法》第六十七条第一款规定的“标准自首”是：“犯罪以后自动投案，如实供述自己的罪行的，是自首”。到1998年4月，为准确认定自首，最高人民法院公布了《关于处理自首和立功具体应用法律若干问题的解释》（以下简称《解释》），其中第一条就将自动投案的情形扩大了，明确犯罪事实或者犯罪嫌疑人虽被发觉，但犯罪嫌疑人尚未受到讯问、未被采取强制措施时，主动、直接向公安机关、人民检察院或者人民法院投案的是自首。另外虽自己未主动前往司法机关，但犯罪嫌疑人向其所在单位、城乡基层组织或者其他有关负责人员投案的；犯罪嫌疑人因病、伤或者为了减轻犯罪后果，委托他人先代为投案，或者先以信电投案的；罪行未被司法机关发觉，仅因形迹可疑被有关组织或者司法机关盘问、教育后，主动交代自己的罪行的；犯罪后逃跑，在被通缉、追捕过程中，主动投案的；经查实确已准备去投案，或者正在投案途中，被公安机关捕获的等情形，均应当视为自动投案。在2010年12月，最高人民法院为规范司法实践中对自首和立功制度的运用，更好地贯彻落实宽严相济刑事政策，又制定公布了《关于处理自首和立功若干具体问题的意见》（以下简称《意见》），其中第一条就强调，《解释》第一条第一项规定了七种应当视为自动投案的情形，体现了犯罪嫌疑人投案的主动性和自愿性。根据《解释》第一条第一项的规定，犯罪嫌疑人具有以下情形之一的，也应当视为自动投案："1. 犯罪后主动报案，虽未表明自己是作案人，但没有逃离现场，在司法机关询问时交代自己罪行的；2. 明知他人报案而在现场等待，抓捕时无拒捕行为，供认犯罪事实的；3. 在司法机关未确定犯罪嫌疑人，尚在一般性排查询问时主动交代自己罪行的；4. 因特定违法行为被采取劳动教养、行政拘留、司法拘留、强制隔离戒毒等行政、司法强制措施期间，主动向执行机关交代尚未被掌握的犯罪行为的；5. 其他符合立法本意，应当视为自动投案的情形。"

具体到本案中，被告人张小某在去往被害单位的途中从其妻子处得知被害单位已经报案，警察不仅到其家中找过，而且已经知道其正前往被害单位，其没有逃跑，而是继续前往被害单位，后在被害单位门口被警察抓获。

虽然从最高人民法院关于自首和立功的《解释》到后来出台的《意见》看，张小某的上述行为均不属于列举的"视为自动投案"的情形，但《意见》中将"明知他人报案而在现场等待，抓捕时无拒捕行为，供认犯罪事实的"视为自动投案的情形，此情形只是嫌疑人留在原地未离开，本案中张小某的行为相当于已离开现场又主动前往现场，在其已明知警察会在被害单位的情况下仍然前往，通俗地说是"自投罗网"，该行为所体现的嫌疑人投案的主动性和自愿性大于《意见》中规定的第二种情形，故即使《意见》未明确规定，但参照上述第二种情形或者是依据最后规定的"其他符合立法本意，应当视为自动投案的情形"，均应认定张小某的行为属"视为自动投案"的情形，其到案后如实供述，应认定为自首。

编写人：江苏省常州市金坛区人民法院　刘丽疆

44

“明知他人报案而在现场等待”的含义界定

——孙宝合故意杀人案

【案件基本信息】

1. 裁判书字号

黑龙江省高级人民法院（2017）黑刑终60号刑事附带民事裁定书

2. 案由：故意杀人罪

【基本案情】

案发前，被告人孙宝合与被害人于某甲（男，殁年62岁）因双方子女结婚给彩礼一事素有矛盾。2015年12月8日16时许，孙宝合在步行去其儿子孙某家时遇到骑电动三轮车经过的于某甲，便搭乘于某甲的车。搭车途中，孙宝合得知于某甲欲去向孙某索要欠款，便生念杀死于某甲。后孙宝合与于某甲一同来到黑龙江省某某县某某镇某某村孙某家，孙宝合见家中无人，便向于某甲谎称自己出去借钱代孙某偿还于某甲，让于某甲在孙家院内等候。后孙宝合来到该村甲食杂店，拿起2把镰刀返回孙某家，并将镰刀藏于孙某家房屋东侧。孙宝合在孙某邻居家找到于某甲，将于某甲带至藏镰刀处，后孙宝合持镰刀连续砍击于某甲头、胸等部位数下，致于某甲当场死亡。经法医鉴定，于某甲系因胸部受到单刃锐器作用致左肺损伤、纵膈损伤、主动脉部分离断，急性失血而死亡。孙宝合作案后，让他人报警，并等至被公安人员抓获。另查明，孙宝合的犯罪行为给王某甲、于某乙、于某丙造成各项经济损失共计人民币189266元。

【案件焦点】

对于视为自动投案情形的“明知他人报案而在现场等待”中的“明知”和“现场”两个概念如何准确界定。

【法院裁判要旨】

黑龙江省齐齐哈尔市中级人民法院经审理认为：被告人孙宝合持事先准备好的镰刀连续砍击于某甲头、颈、胸等部位数次，致于某甲死亡。孙宝合故意非法剥夺他人生命，其行为已构成故意杀人罪。指定辩护人提出本案双方当事人系亲属关系，且事出有因，应在量刑时予以考虑的意见，经查，孙宝合与于某甲系姻亲关系，本案确系因家庭矛盾而引发，故对此项辩护意见，予以采纳。辩护人提出孙宝合构成自首，应从轻处罚的辩护意见，经查，孙宝合在案发后，虽然在甲食杂店让他人报警，但无人回应。本案的实际报案人是于某乙，于某乙在与孙宝合发生争执后，离开甲食杂店返家途中拨打的110报警电话，报案时孙宝合不在场，且孙宝合对于某乙报案过程并不知情，孙宝合的行为不符合明知他人报案而在现场等候，抓捕时无拒捕行为，供认犯罪事实自首情节的构成要件，不应认定其构成自首，故对此项辩护意见，不予采纳。辩护人提出的其他辩护意见及量刑意见，因于法无据，均不予采纳。孙宝合杀人手段极其残忍，后果特别严重，依法应当严惩，但考虑到孙宝合与于某甲系姻亲关系，本案系因家庭矛盾引发，且孙宝合能够如实供述自己的犯罪事实，对其判处死刑，可不必立即执行。

黑龙江省齐齐哈尔市中级人民法院依照《中华人民共和国刑法》第二百三十二条、第六十七条第三款、第六十一条、第五十七条第一款、第四十八条第一款、第三十六条第一款及《中华人民共和国侵权责任法》第十六条，《最高人民法院关于审理人身损害赔偿案件适用法律若干问题的解释》第二十七条、第二十九条，作出如下判决：

一、被告人孙宝合犯故意杀人罪，判处死刑，缓期二年执行，剥夺政治权利终身；

二、被告人孙宝合赔偿附带民事诉讼原告人王某甲、于某乙、于某丙经济损失人民币十八万九千二百六十六元。

上诉人王某甲、于某乙、于某丙以一审附带民事赔偿款没有给付为理由，提出上诉。

被告人孙宝合的辩护人提出孙宝合作案后未逃走，告诉他人报警，并杂食店等候警察来，应构成自首，孙宝合系临时起意杀人，主观恶性不大，本案属于邻里纠纷引发，被害人在案件起因上有一定的过错，一审量刑过重的辩护意见。

黑龙江省高级人民法院经审理认为：被告人孙宝合持镰刀连续砍击被害人头部、胸部数刀，致被害人当场死亡，其行为构成故意杀人罪。孙宝合因被害人向孙宝合儿子孙某追讨欠款而杀死被害人，不能认定被害人有过错。孙宝合的辩护人所提被害人在案件起因上有一定过错的辩护意见，不能成立。案发后，孙宝合告诉多人自己杀人了，让他人报警，且一直在食杂店内等候至被公安人员抓获，孙宝合有合理的依据相信他人会报案，客观上有条件逃跑而未逃跑，归案后如实供述犯罪事实，其行为已构成自首。孙宝合的辩护人所提孙宝合构成自首的辩护意见成立，予以采纳。孙宝合犯罪手段极其残忍，后果特别严重，且素有劣迹，应依法严惩，虽本案因民间矛盾引发，孙宝合有自首情节，亦不足以对其从轻处罚。孙宝合的辩护人所提一审量刑过重的辩护意见，不予采纳。对于一审附带民事判决赔偿款，上诉人王某甲、于某乙、于某丙可于本裁定生效后，向有管辖权的人民法院申请执行。上诉人王某甲、于某乙、于某丙所提一审附带民事赔偿款没有给付的上诉理由，不予采纳。一审判决认定孙宝合犯故意杀人罪的事实清楚，证据确实、充分，定罪准确，量刑适当。附带民事部分判决正确。审判程序合法。

黑龙江省高级人民法院依照《中华人民共和国刑事诉讼法》第二百二十五条第一款第一项①的规定，作出如下裁定：

驳回上诉，维持原判。并根据《中华人民共和国刑事诉讼法》第二百三十七条②的规定，核准一审以故意杀人罪判处被告人孙宝合死刑，缓期二年执行，剥夺政治权利终身的刑事裁定。

【法官后语】

虽然实践中自首形态纷繁复杂，但只要准确把握“自愿将自身置于有关机关控制之下”及“如实供述犯罪事实”这两个认定自首的本质要件，正确判断行为是否符合自首的立法本意，就能够作出正确的认定。为明确认定自首的条件，《最高人民法院关于处理自首和立功具体应用法律若干问题的解释》及最高人民法院《关于处理自首和立功若干问题的意见》列举了多种视为自动投案的情形，其中包括“明知他人报案而在现场等待，抓捕时无拒捕行为，供认犯罪事实”这

① 对应2018年《刑事诉讼法》第二百三十六条第一款第一项。

② 对应2018年《刑事诉讼法》第二百四十八条。

一情形。"明知他人报案而在现场等待"中的"明知"和"现场"两个概念的界定，亦应从自首的本质要件及立法本意出发，结合在案的证据进行客观评断。在本案中，首先，有证据证明被告人作案后告诉多人自己杀人了，让他人报警，且一直在食杂店内等候至被公安人员抓获，证明其自愿将自身置于公安机关控制之下，虽然其不知道是谁报案，但其有合理的依据相信他人会报案，客观上有条件逃跑而未逃跑，据此可以推定对他人报案是明知的。也就是说，"明知他人报案而在现场等待"的"明知"应当包括推定明知，而不应仅限于有证据证明的明知。其次，本案中被告人作案后来到附近食杂店等待抓捕，该食杂店虽然不是案发现场，但被告人作案后即到食杂店等待抓捕，显然不应把食杂店排除在"明知他人报案而在现场等待"中的"现场"之外，如果将"现场"仅界定为"案发现场"则过于狭窄、机械，无法普遍适用于司法实践中复杂的投案情形的认定。至于应如何界定"现场"的含义，笔者认为除案发现场外，还应包括现场附近特殊区域，而这种特殊区域的界定则应因案而异，但总归离不开自首的本质要件和立法本意。

编写人：黑龙江省高级人民法院　祝柏多

45

"明知他人报案而在现场等待"型自首的认定条件

——杜某某盗窃案

【案件基本信息】

1. 裁判书字号

北京市丰台区人民法院（2017）京0106刑初1590号刑事判决书

2. 案由：盗窃罪

【基本案情】

2017年4月20日至23日，被告人杜某某在北京市丰台区科技园甲广场乙刀削面店内，在被害人陈某不知情的情况下，利用陈某的身份信息和手机号码私自注册支付宝账号，在绑定了陈某的银行卡并设置了支付密码后，被告人杜某某通过自己的手机登录被害人陈某的支付宝，多次盗刷陈某银行卡内的人民币共计32000元。

【案件焦点】

本案中，犯罪嫌疑人在案发后因与被害人协商退赔留在现场，协商退赔不成被害人当场报警的，犯罪嫌疑人在未拒捕情况下被带至派出所。对于此种情况，如何理解把握“明知他人报警而在现场等待”构成自首的具体认定条件。

【法院裁判要旨】

北京市丰台区人民法院经审理认为：被告人杜某某及其辩护人关于自首的辩解和辩护意见，经查，被害人陈某陈述与证人王某证言等在案证据间相互印证，可以证实从被害人陈某与被告人杜某某对质至报警前的过程中，始终有多人在场，防止杜某某逃跑；被告人杜某某在他人报警后，被多名单位员工控制并带至派出所。综上，本院认为被告人杜某某系扭送归案，故对被告人杜某某的辩解及辩护人该点辩护意见不予采纳。

北京市丰台区人民法院依照《中华人民共和国刑法》第二百六十四条、第六十七条第三款、第五十二条、第五十三条、第六十四条、第六十一条之规定，判决如下：

一、被告人杜某某犯盗窃罪，判处有期徒刑一年三个月，并处罚金人民币二千元；

二、已退赔人民币三万二千元，发还被害人陈某。

【法官后语】

“现场待捕”能否认定为自首，不能简单做形式审查，应当结合具体案情，从能否客观上节约司法资源，能否体现犯罪嫌疑人规范的主动性和自愿型综合判断。

第一，等待的自愿性。自动投案与被动归案的根本区别在于投案意愿，即被告人的投案是否基于本人意志。投案的自动性，意味着投案是被告人基于自己的意志自由而选择的结果。等待是嫌疑人独立意愿的表现而非客观无奈的选择。即犯罪嫌疑人是在没有强力控制、可以逃匿的前提下，出于独立意愿主动留在现场。此时，是否有强力控制，是否可以逃匿，应当结合主客观情况综合判断：一方面，要考察犯罪嫌疑人的主观认识，即犯罪嫌疑人对现场情况的主观判断是否符合常人的判断；另一方面，要考察现场客观情况，判断现场能否让犯罪嫌疑人随意离去，是否存在被害人阻拦、群众围堵、犯罪嫌疑人受伤或突发疾病等客观上导致被告人无法离开的情况。

第二，等待内容的明确性。从主观而言，行为滞留现场主要目的是主动将自己置于司法机关的控制之下。意图毁灭证据、继续作案、观察四周情况等而留在现场的不能认定自首。从时间节点上看，主要有三种表现形式：其一，行为人在明知他人报警之后在现场停留；其二，行为人在明知他人报警后离开现场，在警察到来前又返回的，也符合将本人置于司法机关控制之下的立法本义；其三，行为人明知他人代其前往公安机关，主动跟随前往。

第三，对“现场”的理解以报警的场所为标准。“现场”的确定不应仅指作案现场，而应当理解为报警场所。一方面，这符合法律设置自首制度的初衷。对于侵财类犯罪，被害人在行为作案后的一段时间内才发现财产损失的情况极为多见。从一般预防的角度，扩大理解现场范围有利于节约司法资源，鼓励其他人犯罪以后自动归案；从特殊预防角度考虑有利于行为人通过从轻处罚创造更好的接受改造的条件。因此，对现场的理解应考虑立法精神。另一方面，也符合司法解释的文义解释。最高人民法院《关于处理自首和立功若干具体问题的意见》第一条规定“明知他人报案而在现场等待，抓捕时无拒捕行为，供认犯罪事实的”，应当视为自动投案。该条款中并没有规定现场仅是作案现场，而是以“明知他人报案”对“现场”做限定。因此，这一理解符合文义解释。

在本案中，被告人杜某某虽然明确得知被害人报警的情况，在被带至派出所的过程中也无拒捕行为，但是客观而言，从对质到报警再到前往派出所的全程，被告人杜某某始终处于四五人的监视下，防止其逃跑；从主观角度，杜某某作为饭店员工，对双方力量对比非常了解，可以作出符合常人的判断。因此，虽然杜某某的行为形式上符合现场待捕型自首的条件，但是由于缺乏等待自愿性的关键要素，因此不宜认定为自首。

编写人：北京市丰台区人民法院　王静　薛碧晗

46

“如实供述”这一构成要件的认定

——田俊峰、翟春某运输、贩卖毒品案

【案件基本信息】

1. 裁判书字号

北京市第一中级人民法院（2017）京01刑终433号刑事判决书

2. 案由：运输、贩卖毒品罪

【基本案情】

公诉机关指控称：2016年8月27日，买毒人在北京市海淀区向网名为“飞火聊小壶”的男子约购毒品。被告人田俊峰于当日在山西省阳泉市携带可疑白色晶体物乘汽车至北京市，后于当日22时许，在北京市海淀区甲大厦地下一层乙快餐店内，以人民币5000元的价格向买毒人贩卖可疑白色晶体物两包时被民警当场查获。经鉴定，该可晶体物检出甲基苯丙胺，净重7.95克。

被告人田俊峰、翟春某于当日在山西省阳泉市携带可疑白色晶体物乘汽车至本市，后经被告人田俊峰居间介绍，被告人翟春某于23时许，在北京市海淀区花园路丙宾馆门口，以人民币5000元的价格向买毒人贩卖可疑白色晶体物一包时被民警当场查获。经鉴定，该可晶体物检出甲基苯丙胺，净重8.27克。

被告人田俊峰对公诉机关指控的事实提出异议，辩称翟春某贩卖的毒品与其无关，数量不应计入其贩卖克数中。

北京市海淀区人民法院经公开审理查明认定了检察院指控的两名被告人的上述犯罪事实。

【案件焦点】

“如实供述”的认定。

【法院裁判要旨】

北京市海淀区人民法院经审理认为：被告人田俊峰、翟春某违反国家对毒品的管理规定，运输、贩卖毒品甲基苯丙胺，其行为均已构成运输、贩卖毒品罪，应予惩处。

北京市海淀区人民法院对被告人田俊峰依照《中华人民共和国刑法》第三百四十七条第一款、第三款、第七款，第二十五条第一款，第六十五条第一款，第五十五条第一款，第五十六条第一款，第五十三条；对被告人翟春某依照《中华人民共和国刑法》第三百四十七条第一款、第四款，第二十五条第一款，第六十七条第三款，第五十三条之规定，判决：

一、被告人田俊峰犯运输、贩卖毒品罪，判处有期徒刑十年，剥夺政治权利二年，罚金人民币一万元；

二、被告人翟春某犯运输、贩卖毒品罪，判处有期徒刑二年，罚金人民币二千元。

一审宣判后，被告人田俊峰提出了上诉，其上诉理由是，其一直如实供述犯罪事实，一审判决未认定其构成如实供述属适用法律有误。原审被告人翟春某对一审判决认定的事实、罪名和量刑均未提出异议，表示认罪服判。

北京市第一中级人民法院经审理认为：一审人民法院根据田俊峰、翟春某犯罪的事实，犯罪的性质、情节和对社会的危害程度所作出的判决，认定的事实清楚、证据确实、审判程序合法，唯一审判决在认定田俊峰是否如实供述犯罪事实以及量刑情节适用方面有误，二审依法予以纠正。

北京市第一中级人民法院依照《中华人民共和国刑事诉讼法》第二百二十五条第一款第一项、第二项①，《中华人民共和国刑法》第三百四十七条第一款、第三款、第四款、第七款，第二十五条第一款，第六十五条第一款，第五十五条第一款，第五十六条第一款，第五十三条，第六十七条第三款，第四十一条之规定，判决：

一、维持北京市海淀区人民法院（2017）京0108刑初616号刑事判决第二项，即：被告人翟春某犯运输、贩卖毒品罪，判处有期徒刑二年，罚金人民币二千元；

① 对应2018年《刑事诉讼法》第二百三十六条第一款第一项、第二项。

二、撤销北京市海淀区人民法院（2017）京0108刑初616号刑事判决第一项，即：被告人田俊峰犯运输、贩卖毒品罪，判处有期徒刑十年，剥夺政治权利二年，罚金人民币一万元；

三、上诉人（原审被告人）田俊峰犯运输、贩卖毒品罪，判处有期徒刑九年六个月，剥夺政治权利一年，并处罚金人民币九千元。

【法官后语】

本案的关键在于如何理解和把握《刑法》第六十七条第三款所规定的“犯罪嫌疑人虽不具有前两款规定的自首情节，但是如实供述自己罪行的，可以从轻处罚”中关于“如实供述自己罪行”的标准。《刑法》第六十七条第三款关于坦白的条文是2011年《刑法修正案（八）》所增设，其立法目的在于鼓励犯罪嫌疑人如实供述犯罪事实，节约司法资源。但是立法及司法解释对于认定“如实供述自己罪行”的标准却并未做详细的规定，这就造成实践中在理解和适用这一条文时出现不同观点——构成《刑法》第六十七条第三款，也就是所谓“坦白”情节，究竟是要求犯罪嫌疑人供述涉嫌犯罪的事实的同时还要认可罪名，即同时供述“罪”与“行”，还是仅供述本人涉嫌的犯罪事实即可？

虽然立法对于何谓坦白中的“如实供述自己罪行”未作具体规定，但在认定自首方面，2004年3月26日施行的《最高人民法院关于被告人对行为性质的辩解是否影响自首成立问题的批复》（法释〔2004〕2号）作出了可供借鉴的解释，该批复规定，“犯罪以后自动投案，如实供述自己的罪行的，是自首。被告人对行为性质的辩解不影响自首的成立”。也就是说，行为人对于性质的辩解不影响自首所要求具备“如实供述”这一构成要件的成立。根据这一立法精神，我们认为对于成立“坦白”所要求的“如实供述自己罪行”同样要求嫌疑人仅如实供述自己涉嫌犯罪的事实即可，其对于本人行为性质的辩解是其进行自我辩护的权利，不能因其对行为性质提出辩解而否认其如实供述罪行构成坦白。

具体到本案，田俊峰在到案之初即如实供述了本人贩卖毒品以及介绍翟春某向他人贩卖毒品的事实，相比而言，田俊峰比翟春某更早地如实供述了二人涉嫌犯罪的事实。虽然田俊峰在一审开庭时辩称不应将翟春某贩卖毒品的数额认定为其贩卖数额，且其行为不构成运输毒品罪，但田俊峰对于其居间介绍翟春某向马壮贩卖毒品的事实始终表示认可。上述辩解仅仅是对法律性质的辩解，田俊峰对于具体的犯罪事实（他居间介绍翟春某贩毒）一直能够如实供述，因此应对其认定为“如实供述自己罪行”，构成“坦白”，一审判决未对其适用《刑法》第六十七条第三款系适用法律有误，故二审法院依法予以改判。

编写人：北京市第一中级区人民法院　张鹏

47

“如实供述自己的罪行”的含义界定

——贾兴龙故意杀人案

【案件基本信息】

1. 裁判书字号

最高人民法院 2017 最高法刑核 37327671 号刑事裁定书

2. 案由：故意杀人罪

【基本案情】

被告人贾兴龙无端怀疑其前女友与其解除恋爱关系是被害人王海某（时年 38 岁）、被害人陈淑某（时年 40 岁）夫妻挑拨所致，心生不满。2015 年 7 月 5 日 17 时许，贾兴龙酒后在黑龙江省七台河市茄子河区铁山乡立新村村委会附近自家轿车内休息时，见王海某经过，即从轿车后备厢拿出镰刀追上，持镰刀刺击王海某腹部及双臂数刀，致王海某重伤。陈淑某及王海某的母亲侯淑某（被害人，时年 67 岁）闻声赶到，贾兴龙又持镰刀砍击陈淑某右臂，致陈轻伤，砍击侯淑某左髋部，致侯轻微伤。贾兴龙又发现王海某之子王某（被害人，殁年 3 岁）在附近玩耍，即上前踹倒王某，持镰刀砍击王某胸腹部及右大腿数刀。王某被送往医院抢救，后因失血性休克、呼吸循环衰竭而死亡。当日 18 时许，贾兴龙在其父陪同下向公安机关投案。

【案件焦点】

对“如实供述自己的罪行”如何具体认定。

【法院裁判要旨】

黑龙江省七台河市中级人民法院经审理认为：被告人贾兴龙故意非法剥夺他人生命，致一人死亡、一人重伤、一人轻伤、一人轻微伤的严重后果，其行为构成故意杀人罪。贾兴龙的犯罪情节特别恶劣，社会危害性极大，主观恶性深，人身危险性大，犯罪后果和罪行极其严重，应依法严惩。因贾兴龙的犯罪行为给附带民事诉讼原告人王海某、陈淑某、侯淑某造成的合理经济损失，应依法予以赔偿。贾兴龙虽主动投案，但庭审中未能如实供述犯罪，其辩护人所提构成自首的辩护意见不能成立。依照《中华人民共和国刑法》第二百三十二条、第五十七条第一款、第三十六条第一款和《中华人民共和国民法通则》第一百一十九条及《最高人民法院关于审理人身损害赔偿案件适用法律若干问题的解释》第十七条、第十九条、第二十条、第二十一条、第二十二条、第二十三条、第二十四条、第二十五条、第二十七条、第二十九条的规定，认定被告人贾兴龙犯故意杀人罪，判处死刑，剥夺政治权利终身；赔偿附带民事诉讼原告人王海某、陈淑某各项经济损失人民币四十九万六千六百七十一元；赔偿附带民事诉讼原告人王海某各项经济损失人民币三十七万八千二百四十五元七角四分；赔偿附带民事诉讼原告人陈淑某各项经济损失人民币九千八百零二元；赔偿附带民事诉讼原告人侯淑某各项经济损失人民币一万一千零七十八元；驳回附带民事诉讼原告人王海某、陈淑某的其他诉讼请求。

贾兴龙以一审判决定性错误，其行为应认定为故意伤害罪；其犯罪后主动投案，并如实供述犯罪事实，应认定为自首；被害人在案件中存在过错，对民事部分所造成的损失应承担相应责任；一审判决量刑过重为理由，提出上诉。贾兴龙的辩护人提出与上诉理由相同的辩护意见。

黑龙江省高级人民法院经审理认为：上诉人贾兴龙持镰刀刺、切被害人王某、王海某、陈淑某、侯淑某身体要害部位，致一人死亡、一人重伤、一人轻伤、一人轻微伤，其行为构成故意杀人罪。从贾兴龙所持的作案工具，刺、切被害人身体部位及后果、作案中的语言表示，均具有明显的杀人故意，贾兴龙及其辩护人所提其行为应认定为故意伤害罪的上诉理由和辩护意见，不能成立。贾兴龙犯罪后虽主动投案，并如实供述犯罪，但在庭审中对犯罪动机、犯罪对象等主要犯罪事实均不如实供述，不符合法律规定的自首构成要件，贾兴龙及其辩护人所提构成自首的上诉理由和辩护意见，不能成立。贾兴龙犯罪手段残忍，犯罪后果严重，特别是对毫无防卫能力的3岁儿童进行残杀，犯罪情节特别恶劣，应依法严惩。本案虽系民间矛盾引发，贾兴龙犯罪后主动投案，但不足以减轻其罪责，贾兴龙及其辩护人所提一审判决量刑过重的上诉理由和辩护意见，不予采纳。没有证据证实王海某、陈淑某挑拨张文华与贾兴龙分手，贾兴龙及其辩护人所提被害人在案件中存在过错，对民事部分所造成的损失应相应承担责任的上诉理由和辩护意见，不予采纳。一审判决认定的事实清楚，证据确实、充分，定罪准确，量刑适当，审判程序合法。民事部分判决正确。依照《中华人民共和国刑事诉讼法》第二百二十五条第一款第一项、第二百三十五条①的规定，拟驳回上诉，维持原判。依法报请最高人民法院核准。

最高人民法院经复核认为：被告人贾兴龙故意非法剥夺他人生命，其行为已构成故意杀人罪。贾兴龙仅因无端猜疑竟持镰刀连续砍击被害人一家，将一名无辜幼童砍死，致一人重伤、一人轻伤、一人轻微伤，犯罪情节特别恶劣，后果特别严重，属罪行极其严重，应依法惩处。贾兴龙虽有投案情节，但其未能在一审判决前如实供述主要犯罪事实，不构成自首。第一审判决、第二审裁定认定的事实清楚，证据确实、充分，定罪准确，量刑适当，审判程序合法。依照《中华人民共和国刑事诉讼法》第二百三十五条、第二百三十九条②和《最高人民法院关于适用〈中华人民共和国刑事诉讼法〉的解释》第三百五十条第一项的规定，裁定核准黑龙江省高级人民法院（2016）黑刑终197号维持第一审以故意杀人罪判处被告人贾兴龙死刑，剥夺政治权利终身的刑事附带民事裁定。

【法官后语】

如实供述自己的罪行，是指犯罪嫌疑人自动投案后，如实交代自己的主要犯罪事实。主要犯罪事实是指对犯罪嫌疑人行为的性质认定有决定意义的事实、情节（即定罪事实）以及对量刑有重大影响的事实、情节（即重大量刑事实）。此外，犯罪嫌疑人自动投案并如实供述自己的罪行后又翻供的，不能认定为自首；但在一

① 对应2018年《刑事诉讼法》第二百三十六条第一款第一项、第二百四十六条。

② 对应2018年《刑事诉讼法》第二百四十六条、第二百五十条。

审判决前又能如实供述的，应当认定为自首。

本案贾兴龙犯罪后在父亲陪同下到公安机关投案，并如实供述犯罪，贾兴龙在公安机关共有四次供述，其中，第二次讯问进行了录像。贾兴龙在一审审理期间提出，其在公安机关所作的有罪供述系公安人员引供、诱供形成，申请一审法院对其供述进行排除。法庭对此启动调查程序，公诉机关向法庭出示了贾兴龙在侦查机关的审讯录像，证实贾兴龙对案件的起因，犯罪过程均如实供述，没有其所称的公安人员对其引供、诱供情形。同时参与审讯的侦查人员亦出庭说明对贾兴龙的讯问均无引供、诱供，均系如实记录，一审开庭审中贾兴龙翻供称，其挥镰刀砍人是当时大脑感觉遭抢劫的意识，感觉所有人都冲我来，我自我反应就是抡刀，并不是有意砍杀。砍第一个黑影时意识到是人，砍其他黑影时没有意识到是不是人。一审庭审中贾兴龙对于犯罪起因、动机、犯罪对象、犯罪过程均不如实供述，属未能如实供述自己的主要犯罪事实。其翻供的情形已超出对犯罪行为性质的辩解范畴，依法不予认定自首。但对其父送子投案的情节应予认定。

编写人：黑龙江省高级人民法院　文明

48

脱保后主动归案能否认定为自首

——陆建某寻衅滋事案

【案件基本信息】

1. 裁定书字号

北京市第一中级人民法院（2017）京01刑终219号刑事判决书

2. 案由：寻衅滋事罪

【基本案情】

2015年10月18日20时许，被告人陆建某在北京市石景山区实兴大街东侧甲地产门前，酒后无故滋事，对被害人于某实施殴打，造成于某右顶部头皮擦伤、面部擦挫伤、右侧 2、3、4、8 肋骨骨折、右膝部擦伤，经鉴定属轻伤二级。案发当日，路人胡运某报警，陆建某被民警当场查获。后陆建某在取保候审期间脱保。2016 年 12 月 1 日，陆建某向公安机关投案。

【案件焦点】

陆建某脱保后主动投案能否认定为自首。

【法院裁判要旨】

北京市石景山区人民法院经审理认为：原公诉机关指控被告人陆建某犯寻衅滋事罪的事实清楚，证据确实、充分，指控的罪名成立。鉴于被告人陆建某脱保后仍能主动向公安机关投案，到案后能够如实供述犯罪事实，可认定为自首，可以依法对其从轻处罚。判决如下：

一、被告人陆建某犯寻衅滋事罪，判处有期徒刑一年六个月；

二、被告人陆建某于本判决生效后十日内赔偿附带民事诉讼原告人于某医疗费、护理费、误工费、交通费、住院伙食补助费、营养费共计人民币二万六千零一十一元七角二分；

三、驳回附带民事诉讼原告人于某的其他诉讼请求。

北京市石景山区人民检察院的抗诉意见及北京市人民检察院第一分院的支持抗诉意见为：认定陆建某构成自首，并依法从轻处罚，属于适用法律错误，导致量刑不当。

北京市第一中级人民法院经审理认为：对于抗诉机关及支持抗诉机关所提原判认定陆建某构成自首，并依法从轻处罚，属于适用法律错误，导致量刑不当的抗诉意见及支持抗诉意见，经查：《最高人民法院关于处理自首和立功具体应用法律若干问题的解释》第一条规定“……自动投案，是指犯罪事实或者犯罪嫌疑人未被司法机关发觉，或者虽被发觉，但犯罪嫌疑人尚未受到讯问、未被采取强制措施时，主动、直接向公安机关、人民检察院或者人民法院投案……”，原审被告人陆建某作案后系被查获归案，到案后即多次受到讯问，并被采取了刑事拘留、取保候审等强制措施，陆建某明知其在取保候审期间负有传讯时随时到案的法定义务，而不经批准擅自脱保一年有余，之后虽能再次归案，但已超过了法律规定的自动投案的时间节点；此外，陆建某的脱保行为客观上造成了大量司法资源毫无必要的浪费，且严重妨碍了刑事诉讼活动的正常进行，其脱保后再次归案的行为既违背了自首制度的立法初衷，也不符合认定自首的法律规定，不应认定为自首，故对于抗诉机关及支持抗诉机关所提上述意见，本院予以采纳，对于陆建某所提相关辩解，本院不予采纳。判决如下：

一、撤销北京市石景山区人民法院（2017）京0107刑初41号刑事附带民事判决主文第一项，即被告人陆建某犯寻衅滋事罪，判处有期徒刑一年六个月；

二、原审被告人陆建某犯寻衅滋事罪，判处有期徒刑一年八个月。

【法官后语】

1. 陆建某不具备自首的法定构成要件

《刑法》第六十七条第一款明确规定了成立自首的两个基本要件：自动投案和如实供述。本案系路人报警后，民警赶到现场将殴打被害人的陆建某当场抓获，故本案中陆建某第一次归案并不具备自首情节，而陆建某脱保后主动归案，虽然是其发现被公安机关上网通缉后，基于其本人的自由意志而选择向公安机关归案，但其二次归案的时间节点却不符合自动投案的时间要件。《最高人民法院关于处理自首和立功具体应用法律若干问题的解释》第一条明确规定了“自动投案行为”时间节点是犯罪嫌疑人“尚未受到讯问、未被采取强制措施时”，而陆建某在被动到案后即接受了讯问并被采取了刑事拘留的强制措施，其主动投案的时间窗口即已经关闭，陆建某被查获到案后，被采取了刑事拘留、取保候审，脱保后又被采取了逮捕等强制措施，即使其存在二次归案的情况，也不应认定为主动投案。

2. 陆建某违反了取保候审的法定义务

取保候审作为《刑事诉讼法》规定的五种强制措施之一，仍具有明确的“强制”的法定属性。陆建某在取保候审期间未经侦查机关批准擅自脱保，侦查机关依法对其变更强制措施予以逮捕、上网通缉的行为，均系侦查机关控制犯罪嫌疑人的法定行为，具有强制性、义务性、明确性、针对性，而陆建某在上述情形下向公安机关归案的行为，应视为其履行取保候审期间应尽的法定义务，是对其逃跑行为的纠正和弥补，不属于自首范畴内的自动投案。

3. 本案违背自首的立法精神

犯罪嫌疑人的归案行为是否实际节约了司法资源，既是自首制度的目的，也是设立自首制度的根据，在判断是否成立自首时应当予以考虑。陆建某在取保候审期间擅自脱保，公安机关多方查找其下落行踪，在多方工作无果的情况下对其变更强制措施，再予网上通缉追逃，陆建某的脱保行为客观上造成了大量司法资源毫无必要的浪费。陆建某脱保后的主动归案，不应被认定为节约了司法资源，而应当被评价为避免了司法资源的继续浪费。

4. 本案打破了罪刑均衡原则

罪刑均衡原则基本内容之一，就是要求犯罪情节相似的案件在刑罚的轻重上应当基本相同。假如一名犯罪嫌疑人犯罪情节与陆建某相当，在被动到案后，能够如实供述所犯罪行，被取保候审期间也能遵守纪律、履行法定义务，那么这名犯罪嫌疑人最终必然无法具备自首这一法定的从轻情节。而陆建某破坏取保候审的法定义务，因其脱保行为而最终被一审法院认定为自首，属于适用法律过程中人为制造的司法不公。

综上，合议庭认为原审被告人陆建某不能成立自首，一审判决在适用法律上存在错误，对陆建某判处有期徒刑一年六个月属于量刑偏轻。根据北京市高级人民法院常见犯罪量刑指导意见的规定，故意伤害致一人轻伤的，在六个月拘役至二年有期徒刑幅度内确定定量刑起点。陆建某到案后如实供述所犯罪行，可减少基准刑的15%（20%以下），对陆建某取保候审期间脱保，之后能主动归案的情况予以综合评价，在量刑时予以考虑，综合全案，拟判处陆建某有期徒刑一年八个月。

编写人：北京市第一中级人民法院　相阳

49

被告人非因案发原因报警能否认定为自首

——翟某甲、翟某故意伤害案

【案件基本信息】

1. 裁判书字号

北京市房山区人民法院（2017）京0111刑初794号刑事附带民事判决书

2. 案由：故意伤害罪

【基本案情】

2017年5月17日1时许，在北京市房山区西潞街道某KTV门前，被告人翟某甲、翟某酒后因琐事与被害人田某发生口角，后翟某甲、翟某用拳脚殴打田某，造成田某右侧眼眶下壁及内壁骨折、右侧鼻骨骨折等损伤。案发后，翟某甲、翟某因打架过程中是否造成车辆损坏问题与他人发生纠纷，翟某遂报警。在民警到达案发现场后，田某向民警报案，被告人翟某甲、翟某于当日2时许在现场被民警传唤到案。经北京市房山区公安司法鉴定中心鉴定，被害人田某身体所受损伤程度为轻伤一级。

经核实，因被告人翟某甲、翟某的犯罪行为给附带民事诉讼原告人田某造成的合理经济损失有：医疗费3784.49元，误工费4982.33元，护理费3300元，交通费500元，营养费1500元，共计14066.82元。

【案件焦点】

对被告人非因案发原因报警的行为是否能认定为自首。

【法院裁判要旨】

北京市房山区人民法院经审理认为：被告人翟某甲、翟某与他人发生矛盾后，不能正确处理，故意伤害他人身体，致一人轻伤一级，其行为均已构成故意伤害罪，依法均应予惩处。北京市房山区人民检察院指控被告人翟某甲、翟某犯故意伤害罪的事实清楚，证据确实、充分，罪名成立，本院予以支持。被告人翟某案发后虽因其他原因报警，但其明知报警后公安机关会调查其殴打田某一案，且其于现场经公安机关传唤到案后如实供述其主要犯罪事实，系自首，可依法对其从轻处罚；被告人翟某甲明知他人报警而在现场等候民警处理，到案后如实供述其主要犯罪事实，系自首，可依法对其从轻处罚。因二被告人给附带民事诉讼原告人田某造成的合理经济损失，依法应予赔偿。附带民事诉讼原告人田某所提各项诉讼请求中合理、有据的部分，本院予以支持，过高和无据的部分，本院不予支持。具体而言，所提医疗费一项，以本院根据其所提交的医疗费票据核实的金额为准；所提营养费一项，结合其受伤需要加强营养的情况，本院予以支持；所提护理费一项，其主张系其家属为护理其而减少的收入，且提供了一份误工证明，但并未提供相应的劳动合同、工资发放记录、完税证明等证据予以证明，本院不予采信，本院根据其家属的劳动能力及需要护理的情况酌情确定为3300元；所提误工费一项，其提供了本人的工资表、收入证明、完税证明等证据在案证实，本院予以支持；所提交通费一项，其主张过高，本院酌情支持500元。

综上，根据被告人翟某甲、翟某犯罪的事实、犯罪的性质、情节、对社会的危害程度以及原告人的经济损失情况，北京市房山区人民法院依照《中华人民共和国刑法》第二百三十四条第一款、第二十五条第一款、第六十七条第一款、第六十一条、第三十六条第一款，《中华人民共和国刑事诉讼法》第九十九条①以及《最高人民法院关于适用〈中华人民共和国刑事诉讼法〉的解释》第一百三十八条、第一百五十五条第一款及第二款之规定，判决如下：

一、被告人翟某甲犯故意伤害罪，判处有期徒刑一年三个月；

二、被告人翟某犯故意伤害罪，判处有期徒刑一年三个月；

三、被告人翟某甲、翟某于本判决生效后十日内赔偿附带民事诉讼原告人田某医疗费等损失共计人民币一万四千零六十六元八角二分；

四、驳回附带民事诉讼原告人田某的其他诉讼请求。

宣判后，在法定期限内被告人均未提出上诉，公诉机关亦未抗诉。判决已生效。

【法官后语】

本案争议的主要问题是，被告人翟某等人在对被害人进行殴打后，又因打架过程中是否造成第三人的车辆损坏问题与该第三人发生纠纷，其因此而报警。被告人此种非因犯罪事由报警的行为能否认定为自首？

从《刑法》和相关司法解释的规定来看，自首的认定须同时具备两个条件，即自动投案和如实供述自己的主要犯罪事实。本案中，对于如实供述犯罪事实的条件不存在争议，主要问题就是自动投案的认定问题。关于自动投案的认定，最高人民法院《关于处理自首和立功若干具体问题的意见》中明确了诸多情形。其中，“犯罪后主动报案，虽未表明自己是作案人，但没有逃离现场，在司法机关询问时交代自己罪行的”“明知他人报案而在现场等待，抓捕时无拒捕行为，供认犯罪事实的”，均可以视为自动投案。

① 对应2018年《刑事诉讼法》第一百零一条。

具体到本案，被告人翟某案发后因其他原因报警，甚至该原因与其犯罪事实并无直接关系，其报警的目的也并非自首，而是希望警方介入处理其他纠纷，应该说，仅就其报警的原因和目的来看，并不符合自首的条件，但其报警时被害人等相关涉案人员均在现场，其亦明知公安机关出警后会调查其殴打田某一案，事实上公安机关到现场调查了解情况时，其也如实交代了自己的罪行，其行为符合“犯罪后主动报案，虽未表明自己是作案人，但没有逃离现场，在司法机关询问时交代自己罪行”的情形，应认定为自首。至于被告人翟某甲，其明知他人报警而在现场等候民警处理，到案后如实供述其主要犯罪事实，亦应认定为自首。

编写人：北京市房山区人民法院　陈艳飞

50

犯罪后投案自首，在取保候审、监视居住期间再犯同种罪行是否认定为自首

——江某盗窃案

【案件基本信息】

1. 裁判书字号

重庆市第一中级人民法院（2017）渝01刑终665号刑事判决书

2. 案由：盗窃罪

【基本案情】

2016年11月，被告人江某（曾于2016年6月因犯盗窃罪被判处有期徒刑六个月，2016年8月刑满释放）在乘车前往合川区古楼镇的途中，扒窃被害人夏小某随身携带的价值1094元的甲牌手机1部。2016年12月，被告人江某主动到公安机关投案并如实供述罪行。在被监视居住期间，被告人江某又分别于2017年1月、3月，在重庆市合川区，扒窃被害人吴玉某随身携带的价值737元的乙牌手机1部、

被害人黄红某随身携带的价值2279元的丙牌手机1部。被告人江某在实施第三次扒窃后被公安民警现场抓获，到案后如实供述了全部罪行。案发后，甲牌手机、丙牌手机已发还被害人。

【案件焦点】

被告人江某在实施第一次盗窃后主动投案，在被监视居住期间又实施了第二次、第三次盗窃，是否应认定没有投案和认罪意愿，从而否定之前的自首情节。

【法院裁判要旨】

重庆市合川区人民法院经审理认为：被告人江某在实施本案第一笔犯罪行为后自动投案，并如实供述该罪行，系自首。被告人江某以非法占有为目的，多次采取秘密手段窃取公民财物，数额较大，其行为构成盗窃罪，并有自首、坦白和累犯情节。根据被告人江某的犯罪事实、性质、情节和社会危害程度，依照《中华人民共和国刑法》第二百六十四条、第六十五条第一款、第六十七条第一款和第三款、第五十二条、第五十三条、第六十四条之规定，作出如下判决：

一、被告人江某犯盗窃罪，判处有期徒刑九个月，并处罚金二千元；

二、对公安机关扣押在案的作案工具镊子一把依法予以没收；

三、责令被告人江某退赔被害人吴玉某经济损失七百三十七元。

宣判后，被告人江某以量刑过重提出上诉。在重庆市第一中级人民法院审理过程中，江某申请撤回上诉。重庆市第一中级人民法院同意一审法院裁判意见，遂准许江某撤诉。

【法官后语】

本案处理重点主要在于对自首情节的认定。我国《刑法》第六十七条规定，犯罪以后自动投案，如实供述自己的罪行的，是自首。《最高人民法院关于处理自首和立功具体应用法律若干问题的解释》规定，犯罪嫌疑人自动投案后又逃跑的，或被告人自动投案并如实供述自己罪行后又翻供的，不能认定为自首。但对本案这种情形没有明确法律的规定。

曾有观点认为，被告人自动投案并如实供述后再犯同种罪行，实际上否定了其之前投案和认罪的意愿，不应认定为自首。但是，本案具有两个特点，即第一次盗窃行为已经达到入罪标准，可以单独定罪；同时，第一次盗窃行为与之后的盗窃行为之间没有关联。因此，虽然本案三次盗窃行为涉及同一罪名，但可以将第一次盗窃行为与之后的盗窃行为区别对待，故不能因再犯同种罪行而否定之前投案和认罪的意愿，从而否定自首情节。换言之，若第一次盗窃行为没有达到入罪标准，系加上之后的盗窃行为才达到入罪标准，且再次盗窃后系被抓获归案的，则不构成自首；又若自动投案前后的犯罪行为之间具有关联，不能区分的，也不能认定自首。例如，被告人成立公司非法吸收公众存款后（已达到入罪标准）投案并如实供述，在取保候审期间又利用该公司继续非法吸收公众存款后被抓获，则应认定其在投案前的犯罪并没有完成，应以再次到案后为节点进行评价。

此外，还有观点认为，本案三次盗窃行为均是同种罪名，应一并处罚，认定自首仅是对第一次盗窃行为的从宽处罚情节，实际上无法分别量刑。笔者认为，认定对前次盗窃行为构成自首，并不意味着要对一罪中的数个行为分别量刑。在具体量刑时，应考虑所有量刑情节与犯罪次数、数额等因素进行综合评价，并没有不好量刑的问题。

编写人：重庆市第一中级人民法院　张帅

51

刑事案件中自首的认定

——栾某等故意伤害案

【案件基本信息】

1. 裁判书字号

北京市高级人民法院（2017）高刑终110号刑事裁定书

2. 案由：故意伤害罪

【基本案情】

被告人栾某、汪某、熊某于2015年12月7日0时许，在北京市丰台区丰体北路甲歌厅内，因琐事与被害人陈某、王某（男，殁年37岁）等人发生口角并互殴，栾某、汪某等人受伤。栾某遂跑出歌厅从其车内取出尖刀，返回歌厅后，栾某持刀与持灭火器的汪某、熊某寻找陈某、王某等人欲行报复。其间，栾某误认为在歌厅内消费的杨某是与自己发生矛盾的男子，持刀刺击杨某的腿部，致杨某轻伤。后栾某持刀，汪某、熊某持灭火器在甲歌厅外发现陈某、王某等人并进行围殴。在殴打过程中，栾某持刀刺破王某的右侧肾脏、肝脏、肠管，致王某失血性休克死亡；刺破陈某的胃、十二指肠、胰腺，致陈重伤。被告人栾某、汪某、熊某作案后逃离现场，经商议准备去投案，在处理栾某的车辆时，于当日14时许被公安机关抓获。在法院审理期间，被告人汪某交纳了赔偿款人民币100000元整，被告人熊某交纳了赔偿款人民币80000元整。

【案件焦点】

刑事案件中，作案后确已准备去投案，被公安机关抓获是否能认定为自首。

【法院裁判要旨】

北京市第二中级人民法院经审理认为：被告人栾某、汪某、熊某遇事不能冷静处理，结伙持械故意伤害他人身体，致一人死亡，一人重伤，其间，栾某还致一人轻伤，三被告人的行为均已构成故意伤害罪，且后果特别严重，依法应予惩处。鉴于本案事出有因，栾某系自动投案等情节，依法对其判处死刑，可不予立即执行；鉴于汪某、熊某在共同犯罪中均系从犯，汪某系自动投案，熊某系自首，且二被告人均能积极赔偿被害人一方部分经济损失等情节，依法分别对汪某、熊某予以减轻处罚。

关于被告人栾某所提其在歌厅外只扎了一个人的辩解，经查，根据多名目击证人的证言和现场监控录像显示的内容，在歌厅过道及大厅内持刀的只有栾某一人，汪某和熊某均持灭火器，证人谷海某和被害人陈某亦能明确证实在歌厅外栾某分别持刀扎了陈某、王某，结合鉴定意见等客观性证据，足以证实栾某在歌厅外持刀刺扎了陈某和王某，故上述辩解不能成立。

关于被告人汪某所提其没有动手的辩解，经查，证人谷海某明确证实三被告人均对被害人王某实施了不同程度的殴打行为，结合证人王永某的证言、同案人熊某的供述及监控录像所反映的汪某在打架中所处位置等情况，可以认定汪某在共同犯罪中对被害人有伤害行为，故上述辩解不能成立。

关于三被告人的辩护人分别所提被害人存在过错的辩护意见，经查，本案中被害人一方确与三被告人在歌厅内发生过殴斗，但现有证据不足以证实被害人陈某、王某参与实施了具体的伤害行为，且双方被劝开之后，被害人陈某、王某等人已经离开歌厅，系三被告人持工具寻找陈某、王某等人欲行报复，在歌厅外发现陈某、王某等人后遂对二被害人进行围殴，三被告人事后的报复伤害行为系造成本案严重后果的直接原因，被害人不存在刑法意义上的过错，上述辩护意见不能成立。

关于辩护人分别所提三被告人具有自首情节的辩护意见，经查，三被告人在作案后确已准备去投案，后被公安机关抓获，应当视为自动投案；被告人栾某和汪某到案后均不能供述主要犯罪事实，依法不能认定为自首，熊某能够供述主要犯罪事实，依法认定自首。故熊某辩护人的该节辩护意见成立，本院予以采纳，栾某、汪某辩护人的相关辩护意见不能成立。

关于被告人汪某、熊某的辩护人分别所提汪某、熊某系从犯的辩护意见，经查，根据汪某、熊某在共同犯罪中的参与程度和实施的具体行为，并结合被害人王某死亡、陈某重伤的原因，可以认定汪某、熊某均系起次要作用的从犯，上述辩护意见成立。

关于被告人栾某的辩护人所提栾某系初犯，主观恶性和社会危害性不大等辩护意见，经查，栾某持刀欲行报复，不计后果连续刺扎二被害人身体，导致一人死亡、一人重伤，之前还误扎杨某致杨轻伤，显见其主观恶性深，社会危害性大，故上述辩护意见不能成立。

北京市第二中级人民法院依照《中华人民共和国刑法》第二百三十四条、第四十八条、第五十一条、第四十五条、第四十七条、第五十七条第一款、第二十五条第一款、第二十六条第一款及第四款、第二十七条、第六十七条第一款、第六十一条、第六十四条，《最高人民法院关于处理自首和立功具体应用法律若干问题的解释》第一条、第三条之规定，判决：

一、被告人栾某犯故意伤害罪，判处死刑，缓期二年执行；

二、被告人汪某犯故意伤害罪，判处有期徒刑五年；

三、被告人熊某犯故意伤害罪，判处有期徒刑三年。

栾某上诉提出：被害人先对其实施伤害行为，其系自首，原判量刑过重；栾某辩护人的辩护意见：被害人存在过错，栾某如实供述自己的罪行，系自首。汪某上诉提出：其如实供述犯罪事实，系自首，原判量刑过重；汪某辩护人的辩护意见：汪某自动投案，如实供述罪行，系自首。

北京市高级人民法院经审理认为：上诉人栾某、汪某、原审被告人熊某遇事不能冷静处理，结伙持械故意伤害他人身体，致一人死亡，一人重伤，其间，栾某还致一人轻伤，三人的行为均已构成故意伤害罪，依法应予惩处。栾某所犯故意伤害罪罪行极其严重，鉴于本案事出有因，栾某系自动投案等情节，依法对其判处死刑，可不予立即执行；鉴于汪某、熊某在共同犯罪中均系从犯，汪某系自动投案，熊某系自首，且二人积极赔偿被害人一方部分经济损失等情节，依法分别对汪某、熊某予以减轻处罚。

对栾某所提被害人先对其实施伤害行为及栾某、汪某辩护人所提被害人存在过错一节，经查，栾某、汪某等人在与被害人一方的互殴中受伤，被劝开后被告人王某、陈某等人已经离开歌厅，栾某、汪某、熊某持械寻找被害人欲进行报复，在歌厅外发现王某、陈某等人后对二人实施追打、围殴的报复伤害行为，造成王某死亡、陈某重伤的严重后果，本案中被害人不存在刑法意义上的过错。

对栾某、汪某以及二人的辩护人所提栾某、汪某系自首的上诉理由及辩护意见，经查，栾某、汪某属于作案后确已准备去投案，后被公安机关抓获的情形，应当视为自动投案，但到案后二人并未如实供述主要犯罪事实，在一审法庭宣判前亦未能如实供述，依法不能认定二人有自首情节。

北京市第二中级人民法院根据栾某、汪某、熊某犯罪的事实、犯罪的性质、情节和对于社会的危害程度作出的判决，定罪及适用法律正确，量刑适当，应予维持。

北京市高级人民法院依照《中华人民共和国刑事诉讼法》第二百二十五第一款第一项[①]之规定，裁定：驳回栾某、汪某的上诉，维持原判。

【法官后语】

本案处理的重点是自动投案和自首的认定问题。

自首制度设定的本意有两个方面，一是鼓励犯罪人悔过自新，减少再犯罪的可能性。二是节约司法资源，使得案件得以及时侦破、审判。所以判断被告人的行为

---

① 对应2018年《刑事诉讼法》第二百三十六条第一款第一项。

是否构成自首，应以立法本意为出发点，结合被告人的具体行为进行分析。

1. 经查实确已准备去投案或在投案途中，被公安机关抓获的，应当视为自动投案

从本案的到案经过看系公安机关通过技术侦查手段将三被告人抓获。在被抓获前三被告人虽然身份已经被公安机关掌握，但逃离现场后仍有大量时间和条件继续潜逃，从证人刘某的证言、被告人的供述看，在栾某给刘某打电话，刘某劝他们自首后，三被告人确实已经商量去投案，只是栾某还要将自己的车辆委托他人处理，于是跟李某联系，李某也能证实栾某等人想要处理完车后去投案的情况，从抓获地点看，是在李某单位旁边，实际上是在处理车辆过程中被抓获。现有证据均能证实三被告人已经准备去投案，三被告人的行为符合《最高人民法院关于处理自首和立功具体应用法律若干问题的解释》第一条第一项规定，即经查实确已准备去投案或在投案途中，被公安机关抓获的，应当视为自动投案。

从相反的角度讲，栾某等人在处理车辆过程中或处理后，也存在思想发生转变又不想去投案的可能性，是否要考虑不能排除这种可能性，而不认定自动投案呢？从证据采信标准看，认定被告人具有从轻、减轻处罚情节时，采取的是优势证据原则，而不是严格证据标准，这也是被司法实践所采用的。回归到本案，从被抓获前，相关材料足以证实栾某等人是准备去投案，且没有相反证据，在这种情况下，不能仅仅因为还存在其他可能性而不认定投案行为。

2. 虽有自动投案，但到案后不能如实供述自己罪行的，仍然不能构成自首

如实供述自己罪行是指交代主要犯罪事实，也就是直接影响犯罪构成和重要量刑情节的相关事实。被告人仅仅对于行为性质提出疑问或辩解不属于不如实供述罪行。对于共同犯罪案件，如实供述的罪行还包括如实交代自己所知道的同案犯的共同犯罪事实。

栾某虽然有自动投案的情节，但没有供述主要犯罪事实，不能认定自首。通过监控录像可以很明确地看出，只有其一个人拿刀（两把），熊某和汪某分别持有灭火器，证人和被害人陈某均证实其扎了两个人，从现有证据看，足以认定栾某持刀扎了陈某和王某。在证据确凿的情况下，栾某庭审中还坚持说有一个人不是自己扎的（通过证据可以看出栾某指的没扎的人是死者王某），事后在车上熊某递给其一把刀，企图将罪责推卸给同案人，汪某证明没有看到熊某在车里有递刀的行为，熊某也予以否认。应该说栾某没有如实供述主要犯罪事实，故不认定自首。

汪某虽然亦有投案情节，但其不仅一直强调自己没有动手（根据同案人熊某的供述、证人证言，结合监控录像可以认定汪某对王某动手殴打），也不供认同案人的犯罪事实，属于不能供述主要犯罪事实的情形，亦不能认定自首。

熊某自动投案，供述了自己的主要行为（持灭火器殴打王某），至于栾某的行为，从现场情况看确实殴斗、扎人过程很短，而且光线不好，有别于证人（旁观者），因为被告人参与了打斗，故注意力不一定在同案人身上，存在看不清同案人的具体行为的情况。而且在公安机关讯问时，熊某也没有否认栾某拿刀的事实和扎人的事实，不好说熊某是有意不供认同案人的行为，故本着有利于被告人的原则，可以认定熊某自首。

编写人：北京市第二中级人民法院　王志东

52

自首、立功的裁判认定

——李艳伶虚开增值税专用发票案

【案件基本信息】

1. 裁定书字号

北京市高级人民法院2017京刑终131号刑事裁定书

2. 案由：虚开增值税专用发票罪

【基本案情】

2010年至2012年，被告人李艳伶作为北京甲科技有限公司（以下简称甲公司）、北京乙科技有限公司（以下简称乙公司）的财务人员，受甲公司实际负责人、乙公司法定代表人刘顺某（已判刑）的指示，参与为北京丙科贸有限公司、北京丁科技开发有限公司、戊世纪系统工程技术有限公司、北京己科技发展有限公司等14家公司虚开增值税专用发票1600余张，税款合计人民币1600余万元，抵扣税款共计人民币1600余万元。

【案件焦点】

1. 被告人李艳伶是否构成虚开增值税专用发票；2. 被告人李艳伶如实供述虚开增值税专用发票的行为是否构成自首；3. 被告人李艳伶揭发刘顺某犯罪事实的行为能否构成立功。

【法院裁判要旨】

北京市第一中级人民法院经审理认为：被告人李艳伶作为乙公司、甲公司的其他直接负责人员，为他人虚开增值税专用发票，其行为已构成虚开增值税专用发票罪。北京市人民检察院第一分院指控被告人李艳伶犯虚开增值税专用发票罪的事实清楚，证据确实、充分，指控罪名成立。被告人李艳伶参与虚开的税款数额巨大，依法应予惩处。李艳伶在共同犯罪中起次要、辅助作用，系从犯，结合李艳伶对于公安机关查获乙公司、甲公司及多家购买增值税专用发票公司的犯罪行为起到重要作用，本案税款损失已大部分被追回等情节，可依法对李艳伶减轻处罚。李艳伶的辩护人关于本案损失已大部分追回的辩护意见，本院酌予采纳。据此，根据被告人李艳伶犯罪的事实、犯罪的性质、情节和对社会的危害程度，依照《中华人民共和国刑法》第二百零五条、第三十条、第三十一条、第二十五条第一款、第二十七条、第六十九条第一款及第三款、第七十条、第六十一条、第六十四条之规定，判决如下：

被告人李艳伶犯虚开增值税专用发票罪，判处有期徒刑三年，与其前罪所犯敲诈勒索罪，判处有期徒刑五年，并处罚金人民币一万元（已缴纳）并罚，决定执行有期徒刑七年，并处罚金人民币一万元（已缴纳）。

被告人李艳伶以其有自首、立功等情节应减轻处罚为由提起上诉。

北京市高级人民法院经审理认为：上诉人李艳伶作为北京乙科技有限公司、北京甲科技有限公司的其他直接责任人员，为他人虚开增值税专用发票，其行为已构成虚开增值税专用发票罪，且参与虚开的税款数额巨大，依法应予惩处。李艳伶在共同犯罪中起次要、辅助作用，系从犯，结合李艳伶对于公安机关查获乙公司、甲公司及多家虚开增值税专用发票公司的犯罪行为起到重要作用，本案税款损失已大部分被追回等情节，可依法对李艳伶减轻处罚。一审法院根据李艳伶犯罪的事实、犯罪的性质、情节和对社会的危害程度所作判决，事实清楚，证据确实、充分，定性准确，量刑适当，审判程序合法，应予维持。据此，本院依照《中华人民共和国刑事诉讼法》第二百二十五条第一款第一项[①]之规定，裁定如下：

驳回上诉，维持原判。

【法官后语】

自首和立功是我国刑罚裁量的两项从宽处罚的制度，自首和立功的设立，是贯彻宽严相济形势政策的重要保障。对于自首和立功的法律规定，主要有《刑法》第六十七条、第六十八条及《最高人民法院关于处理自首和立功具体应用法律若干问题的解释》、最高人民法院《关于处理自首和立功若干具体问题的意见》。法律和司法解释对自首和立功作出了严格的规定，规定了哪些情形下构成自首和立功，哪些情形不应当以自首和立功论，给办案机关在掌握上提供了宝贵的理论支撑。

法律之所以规定自首和立功，其背后的法理在于通过对犯罪分子的从轻、减轻处罚，鼓励犯罪分子主动投案，如实供述自己的和他人已知的犯罪事实，这样不仅能够提高司法效率，节约国家的司法资源，使侦查机关快速侦破案件，而且也是刑法谦抑性的一种象征，这表明刑罚的设立并不以处罚犯罪分子为唯一的目的，在犯罪分子满足自首和立功的条件下是可以从轻或减轻处罚的。

具体到本案，被告人李艳伶共参与实施了两个罪，即敲诈勒索罪和虚开增值税专用发票罪，关于敲诈勒索罪，李艳玲系被公安机关抓获，并非主动投案，很明显不构成自首。关于虚开增值税专用发票罪，公安机关在抓获李艳伶时当场起获了其随身携带的记录虚开增值税专用发票的账本，在侦查阶段李艳伶对单位虚开增值税专用发票的行为进行了如实供述，但在庭审中推翻原供，也一直没有承认。不符合《最高人民法院关于处理自首和立功具体应用法律若干问题的解释》第一条"……犯罪嫌疑人自动投案并如实供述自己的罪行后又翻供的，不能认定为自首，但在一审判决前又能如实供述的，应当认定为自首。"所以，对虚开增值税专用发票罪，李艳伶是不构成自首的。关于立功方面，李艳伶虽然交代了刘顺某的犯罪事实，但这些犯罪事实是由刘顺某和李艳伶共同实施，不符合《最高人民法院关于处理自首和立功具体应用法律若干问题的解释》第五条规定的"犯罪分子到案后有检举、揭发他人犯罪行为，包括共同犯罪案件中犯罪分子揭发同案犯共同犯罪以外的其他犯

① 对应2018年《刑事诉讼法》第二百三十六条第一款第一项。

罪”。在这里，李艳伶交代的仅仅是其和刘顺某的共同犯罪事实，所以也不构成立功。

需要说明的是，李艳伶因为犯敲诈勒索罪被判刑，在交代虚开增值税专用发票罪的时候处于服刑状态，这并不影响对于其是否主动投案的认定，延伸一下，如果李艳伶因为前罪被判缓刑后逃跑，后主动到公安机关如实供述了虚开增值税专用发票罪的行为，对这种情况是否构成自首也是我们在实践中常遇到的问题，一方面，这就需要立法机关和司法机关多作出相关的规定，另一方面，也需要法官在实际审判实务中多总结，严把法律适用的关口。

编写人：北京市第一中级人民法院　谢兆勇

53

行为人主动归案后一直否认犯罪事实，直至第一审开庭时才当庭认罪的，不能认定为自首

——蔡奇养、蔡少升制造毒品案

【案件基本信息】

1. 裁判书字号

广东省高级人民法院（2017）粤刑终638号刑事裁定书

2. 案由：制造毒品罪

【基本案情】

2013年12月至2014年年初，被告人蔡奇养、蔡少升与同案人蔡炳某（另案处理）密谋制造毒品后，以蔡炳某住所二楼一房间为窝点制造毒品甲基苯丙胺。同年2月28日上午，公安机关查获该制毒窝点，现场查获疑似毒品及制毒工具、制毒原料一批。缴获疑似毒品潮湿结晶状物，经自然风干后分装为3袋，分别净重为310克、258克、301克（均检出甲基苯丙胺成分，且含量分别为55.86%、49.12%、

71.38%）；缴获带有结晶状物的液体1桶24.8千克及带有结晶状物的液体2瓶881克，均检出甲基苯丙胺成分。2016年5月27日，被告人蔡奇养到公安机关投案。2016年6月2日，被告人蔡少升到公安机关投案自首。

被告人蔡奇养及其辩护人辩称对指控的犯罪事实无异议，但认为其应认定为投案自首，并当庭认罪，请求法院从轻处罚。被告人蔡少升对指控的犯罪事实无异议，当庭认罪。

【案件焦点】

行为人主动归案后一直否认犯罪事实，直至第一审开庭时才当庭认罪的，能否认定为自首。

【法院裁判要旨】

广东省汕尾市中级人民法院经审理认为：被告人蔡奇养、蔡少升非法制造毒品甲基苯丙胺，数量大，其行为均已构成制造毒品罪，应依法惩处。被告人蔡奇养虽到公安机关投案，但归案后一直否认参与制造毒品的犯罪事实，依法不构成自首，但其当庭认罪，依法可以酌情从轻处罚。被告人蔡少升犯罪以后自动投案并当庭认罪，如实供述自己的罪行，是自首，依法可以减轻处罚。根据二被告人的犯罪事实、犯罪性质、情节和对社会的危害程度，依照《中华人民共和国刑法》第三百四十七条第二款第一项、第六十七条、第五十二条、第五十三条、第五十九条的规定，判决如下：

一、被告人蔡奇养犯制造毒品罪，判处有期徒刑十五年，并处没收个人财产人民币二万元；

二、被告人蔡少升犯制造毒品罪，判处有期徒刑七年，并处罚金人民币一万元。

一审宣判后，被告人蔡奇养不服，提出上诉。上诉人蔡奇养及其辩护人上诉称：其具有自首情节，原判量刑过重。

广东省高级人民法院经审理认为：上诉人蔡奇养、原审被告人蔡少升非法制造毒品甲基苯丙胺，数量大，其行为均已构成制造毒品罪。蔡奇养在一审庭审中当庭认罪，依法可以酌情从轻处罚。蔡少升犯罪以后自动投案并如实供述自己的罪行，是自首，依法可以减轻处罚。原审判决认定事实清楚，证据确实、充分，定罪准确，量刑适当，审判程序合法。依照《中华人民共和国刑事诉讼法》第二百二十五条第一款第一项[1]之规定，裁定如下：

驳回上诉，维持原判。

【法官后语】

本案争议的焦点在于行为人主动归案后一直否认犯罪事实，直至第一审开庭时才当庭认罪的，能否认定为自首。

1. 设立自首制度的意义

自首是我国刑事司法中对被告人适用的一个重要的从宽处罚情节。对于自首制度的价值认识，理论上通常认为包含两个方面：一是从行为人主观认罪悔罪态度考量，即对行为人主动自愿归案、争取从宽处理的鼓励和引导，从而充分实现刑罚的惩罚与教育目的；二是从法律经济的角度考虑，即减少破案的人力、物力消耗，尽可能地降低办案成本，提高司法效率。犯罪行为人承担刑事责任，受到刑事处罚的基础是其犯罪的社会危害性，行为人投案自首，意味着他自行终止了因自己的犯罪行为而形成的可能继续危害社会的持续状态，与犯罪后潜逃相比，其自行减小了其对社会的危害，所以应对其从宽处罚。自首通常是行为人认罪服法、悔罪的客观表现，说明其已具备了接受改造的主观基础，改造起来所需要的时间要相对短些；另外，自首可以节省司法机关因此花费大量的人力、物力和财力，并避免伤及无辜，还可以起到分化、瓦解犯罪分子的作用，有利于及时破案，有效地打击犯罪。

2. 如何认定"如实供述自己罪行"

根据《刑法》第六十七条第一款的规定，成立自首需同时具备两个要件：自动投案和如实供述自己的罪行。最高人民法院《关于处理自首和立功若干具体问题的意见》规定了"自动投案"的具体认定情形，本案中二被告人均系自动投案，这里不再赘述，本案的争议点是如何认定"如实供述自己罪行"。我们认为，认定是否如实供述自己的罪行，一要看供述的内容，二要看时间节点。

(1) 供述的内容应是主要犯罪事实。《最高人民法院关于处理自首和立功具体应用法律若干问题的解释》第一条明确规定，如实供述自己的罪行，是指犯罪嫌疑人自动投案后，如实交代自己的主要犯罪事实。一般而言，主要犯罪事实是指对犯

---

① 对应2018年《刑事诉讼法》第二百三十六条第一款第一项。

罪嫌疑人行为性质的认定有决定意义的事实、情节（定罪事实）以及对量刑有重大影响的事实、情节（重大量刑事实）。本案中，被告人蔡奇养在一审庭审前一直否认自己参与了制造毒品犯罪，对同案人制造毒品的行为也完全不知情，但根据在案证据，同案人均指认其参与了制造毒品，制毒窝点现场也检获含有其DNA的生物检材，被告人蔡奇养否认参与犯罪，并不属于对自己行为性质的辩解，属于未如实供述主要犯罪事实。

（2）供述的时间节点。《最高人民法院关于处理自首和立功应用法律若干问题的解释》第一条第二项对如实供述的时间作了两个节点规定：一是自动投案后作出如实供述的时间节点，一般为第一次讯问时间，除非因时间所限，第一次讯问未能完成对所有犯罪事实的讯问，这样才能体现节约司法资源的宗旨和减小行为人人身危险性的目的，实现自首制度的价值。二是如实供述后又翻供的时间节点为一审判决前，此包含三层意思：一是一审判决前的如实供述纳入是否如实供述的评价，一审判决后的供述不再纳入自首制度中如实供述的评价，但仍可以作为对其认罪态度的评价；二是到案后即如实供述，一审判决前任何阶段翻供，只要在一审判决前又恢复如实供述的，仍可以认定为自首制度中的如实供述；三是一审判决还未重新回到如实供述的，先前的如实供述以及此后的供述均不再认定为如实供述。根据上述时间节点可以看出，影响自首成立的翻供时间必须是在第一次如实供述后至一审判决前的阶段。如果行为人自动投案，但在第一次供述中没有如实供述，而是在侦查机关通过侦查后才促使行为人供述的，这样的供述既不能体现行为人主观上有认罪悔罪的主动性和自愿性，也没有达到节约司法资源的效果。故本案中被告人蔡奇养因自动投案后一直否认犯罪事实，直至一审开庭时才当庭认罪，依法不能认定为自首。

综上所述，本案中被告人蔡奇养、蔡少升均因参与制造毒品被公安机关网上追逃，二人都在各自家属的动员下到公安机关投案，但二人却得到了不同的量刑结果。法院严格按照法律规定认定自首情节，并在量刑时予以体现，一方面对行为人悔罪的主动性、自愿性进行鼓励，另一方面绝不能纵容利用自首制度逃避刑罚的行为。

编写人：广东省汕尾市中级人民法院　曾向虹

54

到案前协助抓捕犯罪嫌疑人不构成立功

——江昌黔等聚众斗殴案

【案件基本信息】

1. 裁定书字号

江西省吉安市中级人民法院（2017）赣08刑终5号刑事裁定书

2. 案由：聚众斗殴罪

【基本案情】

2015年10月3日晚，被告人江昌黔等人与李某、刘甲、刘乙（均已判刑）等人因琐事发生打斗。次日晚上，双方联系约定斗殴，袁水根、肖沅俊、江昌黔伙同胡甲、邹某某等人携带刀具与李某、刘甲、刘乙等人携带刀具在遂川县高速引线陆羽雕像处相遇，双方驾车相互碰撞。之后，双方人员持刀下车相互追砍，打斗中，邹某某左眼睑受伤，双方三辆小车被损毁。经鉴定，邹某某的人体损伤程度为轻微伤，三辆小车损毁价值为207583元。案发后，被告人江昌黔协助公安机关抓获一名盗窃犯罪嫌疑人。之后，2016年9月8日下午，被告人袁水根、肖沅俊、江昌黔在湖南省桂东县城被抓获。被告人肖沅俊、袁水根、江昌黔归案后如实供述了自己的主要犯罪事实。

【案件焦点】

被告人江昌黔到案前协助公安机关抓获犯罪嫌疑人的行为是否构成立功。

【法院裁判要旨】

江西省吉安市遂川县人民法院经审理认为：被告人肖沅俊、江昌黔、袁水根伙同同案人积极参加在交通要道上持械聚众斗殴，致三车损毁，三被告人的行为已构成聚众斗殴罪。被告人肖沅俊系累犯，依法应当从重处罚。案发后，被告人江昌黔协助公安机关抓获一名犯罪嫌疑人，具有立功表现，依法可以从轻处罚。三被告人归案后如实供述了自己的主要犯罪事实，依法可以从轻处罚。依照《中华人民共和国刑法》第二百九十二条、第二十五条第一款、第六十五条第一款、第六十八条、第六十七条第三款之规定，判决：

一、被告人肖沅俊犯聚众斗殴罪，判处有期徒刑三年四个月；

二、被告人袁水根犯聚众斗殴罪，判处有期徒刑三年二个月；

三、被告人江昌黔犯聚众斗殴罪，判处有期徒刑三年。

宣判后，三被告人以量刑过重为由提出上诉。

江西省吉安市中级人民法院经审理认为：立功应当是犯罪分子到案以后的相关行为，江昌黔在归案之前协助公安机关抓获一名盗窃犯罪嫌疑人，不能认定为立功，原判认定江昌黔有立功表现错误，应予纠正，但江昌黔该行为可作为酌定情节从轻处罚。原判根据三上诉人的犯罪事实、性质、悔罪表现及其他量刑情节对三上诉人所判处的刑罚与其罪责相适应，量刑并无不当。裁定：

驳回上诉，维持原判。

【法官后语】

《刑法》第六十八条规定，“犯罪分子有揭发他人犯罪行为，查证属实的，或者提供重要线索，从而得以侦破其他案件等立功表现的，可以从轻或者减轻处罚；有重大立功表现的，可以减轻或者免除处罚”。从该条来看，并没有明确规定立功的时间条件，犯罪分子到案前协助公安机关抓获犯罪嫌疑人是否构成立功，实践中存在争议。1998 年 5 月《最高人民法院关于处理自首和立功具体应用法律若干问题的解释》对立功的处断原则作出了具体规定，其中第五条明确规定：“……犯罪分子到案后有检举、揭发他人犯罪行为或提供侦破其他案件的重要线索，经查证属实……应当认定为有立功表现”。2010 年最高人民法院《关于处理自首和立功若干具体问题的意见》对“关于协助抓捕其他犯罪嫌疑人的具体认定”规定了四种情形，其中第一种情形为“按照司法机关的安排，以打电话、发信息等方式将其他犯罪嫌疑人（包括同案犯）约至指定地点的”，第二种情形为“按照司法机关的安排，当场指认、辨认其他犯罪嫌疑人（包括同案犯）的”，第三种情形为“带领侦查人员抓获其他犯罪嫌疑人（包括同案犯）的”，第四种情形为“提供司法机关尚未掌握的其他案件犯罪嫌疑人的联络方式、藏匿地址的”，从该四种情形的内容来看，犯罪分子只有在归案后，才可能存在按照司法机关安排或带领侦查人员实施抓捕的行为。即根据上述司法解释规定，立功设定的时间条件是将立功发生的时间限定在“到案后”。因此，犯罪分子的立功表现应当视为其归案后的行为。

此外，无论是《最高人民法院关于处理自首和立功具体应用法律若干问题的解释》，还是最高人民法院《关于处理自首和立功若干具体问题的意见》，之所以将立功的开始时间限定在犯罪分子到案之后，笔者认为，是符合立法本意和司法实践的。一是符合《刑法》规定立功的立法本意。《刑法》规定立功的本意是为了给予犯罪分子悔罪的机会，鼓励和引导犯罪分子改恶从善，通过立功获得从宽处罚的机会。犯罪分子不及时归案，其是否有悔罪表现，值得怀疑。因此，立功作为重要的量刑情节，其构成理应在归案后。二是符合司法的功利性原则。如果将立功开始时间过早地设定为犯罪后甚至犯罪前，会导致立功认定的泛滥，甚至导致立功认定具有追溯性，如将犯罪分子到案前或者潜逃期间所实施的见义勇为、举报等行为认定为立功，容易导致司法机关在立功查证上的困难和适用上的混乱，有违《刑法》规定立功的宗旨。

综上，本案中江昌黔协助公安机关抓获犯罪嫌疑人的行为发生在其因本案犯罪归案之前，而立功必须是犯罪分子到案后的表现，因此江昌黔在到案前协助抓获赖某的行为不应构成立功，二审对一审错误认定上诉人江昌黔有立功表现予以纠正是正确的。但基于“上诉不加刑”原则，江昌黔量刑不存在明显畸轻，二审将江昌黔归案前协助抓捕嫌疑人的行为视为酌定从轻情节，未将本案发回重审，而对一审判决予以维持，也符合司法经济性原则。

编写人：江西省吉安市中级人民法院　伍春辉

55

立功情节的认定

——李旦等组织卖淫案

【案件基本信息】

1. 裁判书字号

湖南省株洲市中级人民法院（2017）湘02刑终304号刑事裁定书

2. 案由：组织卖淫罪

【基本案情】

2012年8月，被告人李旦经营株洲市天元区珠江南路××号甲宾馆。因生意不好，李旦决定将宾馆四楼改造装修为卖淫嫖娼场所，于2016年12月10日开始营业。李旦聘请被告人齐树某为该场所的营销主管，负责招聘和管理营销（招聘）人员，聘请被告人彭某为技师主管，负责招聘、管理和培训卖淫女，聘请游百某（另案处理）为整个甲宾馆的收银员。2016年12月21日晚，公安机关对该场所进行突击检查，当场查获由被告人吴某介绍的郭伟某与熊怀某、殷某与何某（均另案处理）的卖淫嫖娼行为，并查获由其他营销人员介绍的卖淫嫖娼行为人，共计六对十三人，其中卖淫妇女七人，嫖娼男性六人。

被告人李旦自动投案，被告人吴某被抓获归案后能如实供述自己所犯罪行。被告人齐树某、彭某被网上追逃期间，李旦规劝齐树某、彭某投案自首，齐树某、彭某经李旦规劝后，由李旦陪同前往公安机关投案，并如实供述了自己所犯罪行。

【案件焦点】

被告人李旦规劝同案人自首是否构成立功。

【法院裁判要旨】

湖南省株洲市天元区人民法院经审理认为：被告人李旦以招募、雇佣手段，管理他人卖淫，其行为已构成组织卖淫罪。被告人齐树某、彭某明知他人实施组织卖淫犯罪活动而为其实施招募、管理等行为，其行为均已构成协助组织卖淫罪。被告人吴某介绍二人以上卖淫，其行为已构成介绍卖淫罪。被告人李旦案发后自动投案，并能如实供述其所犯罪行，系自首，依法减轻处罚。被告人李旦到案后规劝被告人齐树某、彭某投案，系立功，依法从轻处罚。被告人齐树某、彭某在被网上追逃期间经被告人李旦规劝后自动投案，并能如实供述其所犯罪行，均系自首，依法从轻处罚。被告人吴某被抓获归案后如实供述其所犯罪行，且在庭审中自愿认罪，依法从轻处罚。公诉机关指控被告人李旦犯组织卖淫罪，被告人齐树某、彭某犯协助组织卖淫罪，被告人吴某犯介绍卖淫罪的罪名成立。根据四被告人犯罪的事实、犯罪的性质、情节及对社会的危害程度，对被告人李旦依法适用《中华人民共和国刑法》第三百五十八条第一款，第六十七条第一款，第六十八条，第五十二条，第五十三条第一款之规定；对被告人齐树某、彭某均依法适用《中华人民共和国刑法》第三百五十八条第四款，第六十七条第一款，第五十二条，第五十三条第一款之规定；对被告人吴某依法适用《中华人民共和国刑法》第三百五十九条第一款，第六十七条第三款，第五十二条，第五十三条第一款之规定，判决：

一、被告人李旦犯组织卖淫罪，判处有期徒刑三年六个月，并处罚金六万元；

二、被告人齐树某犯协助组织卖淫罪，判处有期徒刑二年，并处罚金四万元；

三、被告人彭某犯协助组织卖淫罪，判处有期徒刑二年，并处罚金四万元；

四、被告人吴某犯介绍卖淫罪，判处有期徒刑六个月，并处罚金二万元。

宣判后，上诉人李旦、齐树某、彭某均不服，提出“量刑过重”的上诉理由。上诉人李旦的辩护人孙勇提出：上诉人李旦的行为是容留卖淫，不是组织卖淫，不构成组织卖淫罪。

湖南省株洲市中级人民法院经审理认为：上诉人（原审被告人）李旦以招募等手段，管理他人卖淫，其行为已构成组织卖淫罪。上诉人（原审被告人）齐树某、彭某明知他人实施组织卖淫犯罪活动而为其实施招募、管理等行为，其行为均已构成协助组织卖淫罪。原审被告人吴某介绍二人以上卖淫，其行为已构成介绍卖淫罪。李旦案发后自动投案，并能如实供述其所犯罪行，系自首，依法减轻处罚。李旦到案后规劝齐树某、彭某投案，系立功，依法从轻处罚。齐树某、彭某在被网上追逃期间经被告人李旦规劝后自动投案，并能如实供述其所犯罪行，均系自首，依法从轻处罚。吴某被抓获归案后如实供述其所犯罪行，且在庭审中自愿认罪，依法从轻处罚。李旦、齐树某、彭某提出的“量刑过重”的上诉理由，经查，原审法院根据李旦、齐树某、彭某等人犯罪的性质、事实、情节及对社会的危害程度，依照法律规定，在法定量刑幅度内量刑适当，故三上诉人“量刑过重”的理由不成立，不予采纳；李旦的辩护人提出“李旦是容留卖淫，不是组织卖淫，不构成组织卖淫罪”的辩护意见，经查，李旦决定将其经营的甲宾馆装修改造为卖淫嫖娼场所后，雇用齐树某、彭某、吴某、游百某等人具体负责招嫖、招募卖淫者等事务，通过对卖淫者进行培训，制定服务流程、项目、考勤、上钟明细等管理制度，对他人在甲宾馆的卖淫活动进行管理。上述事实有李旦、齐树某、彭某、吴某等人的供述、证人游百某、徐伟龙等人的证言、服务流程、考勤表及上钟明细表、微信聊天记录等书证、检查、辨认笔录等证据证明。其主观上有组织卖淫的故意，客观上实施了组织卖淫的行为，符合组织卖淫罪的构成要件，构成组织卖淫罪。辩护人的意见不成立，不予采纳。原判认定事实清楚，证据确实、充分，定罪和适用法律准确，量刑适当，审判程序合法。依照《中华人民共和国刑事诉讼法》第二百二十五条第一款第一项①之规定，裁定如下：

驳回上诉，维持原判。

【法官后语】

立功情节的认定，要根据刑法和有关司法解释的规定，结合立法目的、精神、规范体系，作合理解释。本案中被告人李旦的行为构成立功。理由如下：(1) 适用《最高人民法院关于处理自首和立功具体应用法律若干问题的解释》（以下简称《解释》）第五条“其他有利于国家和社会的突出表现”的规定认定自首，不违反罪刑法定原则。罪刑法定原则即法无规定不为罪，法无规定不处罚。其中的一项重要内容是不得作不利于被告人的类推，但可以作有利于被告人的类推解释。立法不是万能的，不可能预见所有情况，如果出罪及从轻、减轻情节不予认定，显然不符合立法精神。立功是有利于被告人的情节，故对符合立法精神的事实认定为立功，并不违反罪刑法定原则。(2) 李旦的行为不符合《解释》第五条规定的“协助司

---

① 对应2018年《刑事诉讼法》第二百三十六条第一款第一项。

法机关抓捕其他犯罪嫌疑人”。因同案人是经李旦规劝后自首，不是公安机关抓捕归案，故不是“协助司法机关抓捕其他犯罪嫌疑人”。（3）李旦的行为符合《解释》第五条规定的“具有其他对国家和社会的突出贡献”，应认定为立功。同案人经李旦规劝后自首，节约了司法资源，加快了案件的侦破，有利于迅速打击犯罪和恢复社会秩序，还可以为侦破其他案件创造条件，与《刑法》第六十八条规定的“犯罪分子有揭发他人犯罪行为，查证属实的”和“提供重要线索，从而得以侦破其他案件”相比具有相当性。故李旦的行为符合“具有其他对国家和社会的突出表现”，应当认定为立功。

编写人：湖南省株洲市中级人民法院　何健

56

立功线索来源的举证责任如何分配

——吴某受贿案

【案件基本信息】

1. 裁判书字号

福建省南安市人民法院（2017）闽0583刑初475号刑事判决书

2. 案由：受贿罪

【基本案情】

2012年至2015年，吴某利用担任甲银行股份有限公司泉州分行（以下简称甲泉州分行）国际业务部总经理的职务便利，非法收受乙钢管贸易有限公司（以下简称乙公司）董事长陈金某、晋江丙进出口贸易有限公司（丙公司）业务员林美某、丁集团董事长李桂某、戊皮业股份有限公司董事长陈荣某、己贸易发展有限公司法定代表人苏瑞某、厦门庚进出口贸易有限公司法定代表人王巧某的贿赂，共计人民币70000元以及购物卡总面值人民币24000元，并在审批涉外保函、国际信用证等业务的过程中，为上述多家公司提供支持和帮助。2016年6月16日，南安市人民检察院侦查人员到甲泉州分行，将吴某带到指定地点接受询问。经审查，办案机关所掌握线索针对的犯罪事实不成立，在此范围外，吴某主动供述了上述非法收受陈金某等人财物的犯罪事实。2017 年 1 月 22 日，吴某带领泉州市公安局丰泽分局民警在泉州市丰泽区石坪巷一租房内抓获涉嫌犯盗窃罪的犯罪嫌疑人张琳某、易建某。

【案件焦点】

1. 本案吴某据以立功的线索来源无法查清，应由公诉机关承担立功线索来源非法的举证责任还是由提出立功这一积极辩解主张的被告方承当立功线索来源合法的举证责任；2. 又应适用怎样的证明标准。

【法院裁判要旨】

福建省南安市人民法院经审理认为：被告人吴某身为国家工作人员，利用职务上的便利，非法收受他人财物，涉案价值人民币 94000 元，为他人谋取利益，数额较大，其行为已构成受贿罪。公诉机关的指控成立。吴某归案后，在办案机关所掌握线索针对的犯罪事实不成立的情况下，主动供述办案机关尚未掌握的犯罪事实，是自首，可以从轻处罚。吴某积极退赃并预缴罚金，可以酌情从轻处罚。吴某的辩护人提出的上述从轻处罚的辩护意见成立，予以采纳。吴某无法提供告知其立功线索之人的真实身份及有效联系方式，对立功线索的来源无法作出合理说明，立功线索来源不明，不认定其有立功表现，吴某及其辩护人提出应认定立功的辩护意见不能成立，不予采纳。公诉机关建议对被告人吴某在有期徒刑一年至一年六个月的幅度内量刑适当，予以采纳。根据本案的犯罪事实、情节和社会危害后果，结合吴某归案后的认罪、悔罪表现，对被告人吴某予以从轻处罚并适用缓刑。

福建省南安市人民法院依照《中华人民共和国刑法》第九十三条第二款、第三百八十五条第一款、第三百八十六条、第三百八十三条第一款第一项及第二款、第六十七条第一款、第六十四条、第七十二条第一款及第三款、第七十三条第二款及第三款和《最高人民法院、最高人民检察院关于办理贪污贿赂刑事案件适用法律若干问题的解释》第一条第一款、第十九条第一款的规定，作出如下判决：

一、被告人吴某犯受贿罪，判处有期徒刑一年二个月，缓刑一年四个月，并处罚金人民币十万元；

二、被告人吴某已退出的违法所得人民币九万四千元，予以没收，由扣押机关南安市人民检察院依法上缴国库。

【法官后语】

法院是否应查清立功线索的来源，我国以往的法律和司法解释没有明文规定，实践中司法机关认识不一，有观点认为无须查清立功来源、只需考虑有效性，这种观点违反了“任何人不得从其违法行为中获得利益”的基本司法准则，正是基于此考量，《最高人民法院、最高人民检察院关于办理职务犯罪案件认定自首、立功等量刑情节若干问题的意见》、最高人民法院《关于处理自首和立功若干具体问题的意见》明确了立功线索来源非法的不能认定有立功表现。但是，正如本案，实践中常常出现立功线索来源无法查清或没有证据证实立功线索来源非法的情况，此时该如何分配立功线索来源的举证责任？实践中，审判机关主要存在以下三种不同观点：

第一种观点认为应由被告方承担立功线索来源合法的举证责任，并且证明标准需达到“排除合理怀疑”的确实、充分的程度，才能够认定立功线索来源是正当合法的，否则，推定立功线索来源非法。该观点认为在刑事诉讼活动中，被告方对于积极的辩解主张应当承担举证责任，且该证明责任的证明标准等同于公诉方。

第二种观点认为应由公诉方承担立功线索来源非法的举证责任，并且证明标准应达到“排除合理怀疑”的确实、充分的程度，否则，推定立功线索来源合法。该观点认为在刑事诉讼活动中，被告人对于积极的量刑事实亦不承担举证责任，公诉方对于犯罪事实及所有量刑事实的证明标准是一致的，都必须达到确实、充分的标准。

第三种观点认为立功线索来源合法的举证责任由被告人承担，但证明标准只需达到“优势证据标准”的程度。公诉方在被告方举证已达到“优势证据标准”的基础上，承担立功线索来源非法的举证责任，且证明标准必须达到确实、充分的程度，否则，推定立功线索来源合法。该观点在公诉方承担被告人有罪的举证责任的基础上，认为被告方对于积极的辩解主张应承担举证责任，其举证的要求可以低于对公诉方的举证要求，无须达到“排除合理怀疑”的确实、充分的程度，而是坚持相对证据优势原则，即被告方主张立功线索来源合法时，只要证明来源合法的可能性大于非法的可能性，就推定来源合法，除非公诉方能够提供确实、充分的证据证实该线索来源非法。

笔者认同第三种观点，立功线索来源的举证责任应由控辩双方分担——被告方需要承担立功线索来源合法的举证责任，但只需达到优势证据标准即可，在被告方履行举证责任后，反驳该辩护事由存在的举证责任由控方承担且要达到排除合理怀疑的程度。理由如下：

（1）按照“否认者不承担证明责任，抗辩者承担证明责任”的原则，被告方提出立功这一从宽处罚的量刑事实存在的主张，并非承担证明自己无罪的责任或对控诉方指控的犯罪事实予以否认，而是在承认犯罪并因此应承担刑事责任的情况下对减轻刑事责任的积极抗辩，因此，作为抗辩者，被告方应当承担举证责任。不过需要指出，根据《刑事诉讼法》相关解释的相关规定，被告人的立功材料由人民检察院提供，但该规定并非是将立功线索来源合法的举证责任置于公诉方，而是基于现实的考虑——人民检察院既是公诉机关，也是法律监督机关，应遵循客观公正原则，无论是被告人有罪、罪重的证据，还是无罪、罪轻的证据，都应当向人民法院提出。

（2）我国《刑事诉讼法》及相关司法解释均强调公诉机关的客观公正义务，并未在实质上将控辩双方塑造为纯粹的诉讼竞技者，公诉机关享有国家司法资源，其调查取证能力较强，而被告人对于立功等量刑情节的证明，通常缺乏必要的调查取证能力，难以与公诉机关抗衡。基于控辩双方调查取证能力的悬殊和各自所承担的责任性质不同，我们认为要求被告方的证明达到“优势证据标准”即可。同理，在被告方履行举证责任后，反驳该辩护事由存在的举证责任由公诉机关承担，且要达到排除合理怀疑的程度。由此，确保被告方能够与公诉方进行平等的对抗。

综上，本案被告人吴某需要承担立功线索来源合法的举证责任，但因无法提供告知其立功线索之人的真实身份及有效联系方式，对立功线索的来源无法作出合理说明，也即对其立功线索来源的合法性没有提供证据证明，更谈不上提供的证据达到优势证据标准，显然也不存在公诉机关反驳被告人对立功线来源合法的辩护事由而必须承担相应举证责任，故判决认定被告人吴某立功线索来源不明，不能认定为立功。

编写人：福建省南安市人民法院　谢希迎

57

协助抓获的犯罪嫌疑人未被追究刑事责任仍构成立功

——黄清水诈骗案

【案件基本信息】

1. 裁判书字号

福建省泉州市安溪县人民法院（2017）闽0524刑初452号刑事判决书

2. 案由：诈骗罪

【基本案情】

被告人黄清水于2015年9月31日至11月，在厦门市海沧区甲小区×幢××室租房等地，通过他人在互联网上设立乙证券、丙证券、丁证券等网站，冒充证券上述证据公司工作人员，谎称能提供准确的股票预测，诱骗被害人刘某某、程某某、崔某、雷某某、李某等人将“会员费”等汇入其指定的户名为“黄某”“覃某某”等的银行账户内。截至被查获时，共计非法获利69244元（其中4000元已以盈利款名义退还给被害人程某某）。

被告人黄清水于2015年11月12日被抓获，同时被扣押手机5部、笔记本电脑2台、银行U盾3个、SIM卡5张、U盘4个、电脑硬盘1个等作案工具；其归案后能如实供自己的罪行，并于2016年9月25日协助公安机关抓获上网追逃人员苏某某，经审查苏某某无犯罪事实，公安机关终止侦查。

【案件焦点】

行为人协助公安机关抓获的犯罪嫌疑人最终因证据不足没有被追究刑事责任，是否构成立功。

【法院裁判要旨】

福建省泉州市安溪县人民法院经审理认为：被告人黄清水以非法占有为目的，

采用虚构事实的方法，骗取他人财物，其行为已构成诈骗罪，且数额巨大。公诉机关指控被告人黄清水犯诈骗罪的罪名成立。被告人黄清水归案后能如实供述自己的罪行，依法从轻处罚。被告人黄清水归案后协助公安机关抓获上网追逃人员苏某某，被告人黄清水有理由相信苏某某被列为上网追逃人员已涉嫌犯罪，其协助公安机关抓获苏某某的行为确实节约了司法机关办案资源。虽然经审查苏某某无犯罪事实，并已被终止侦查，但目前相关法律及司法解释对于检举、揭发他人犯罪的立功，要求需要经查证属实，但协助抓获其他犯罪嫌疑人并无此要求。被告人黄清水的行为契合立功制度的精神，应当予以鼓励并确认，应认定被告人黄清水具有立功情节，依法予以从轻处罚。

福建省泉州市安溪县人民法院依照《中华人民共和国刑法》第二百六十六条、第六十七条第三款、第六十八条、第六十四条及《最高人民法院关于处理自首和立功具体应用法律若干问题的解释》第五条之规定，作出如下判决：

一、被告人黄清水犯诈骗罪，判处有期徒刑三年，并处罚金人民币一万五千元；

二、追缴被告人黄清水的违法所得款人民币六万五千二百四十四元；其中发还给被害人程某某五万一千八百八十一元、刘某某一千八百元、崔某一千八百零二元、雷某某一千八百元、李某八百八十元；余款七千零八十一元，查无被害人，予以没收上缴国库；

三、没收被告人黄清水被扣押的作案工具。

【法官后语】

被告人黄清水协助公安机关抓获的犯罪嫌疑人最终因证据不足没有被追究刑事责任，是否构成立功？对此存在不同的观点。一种观点认为不构成立功，理由是：协助公安机关抓获的犯罪嫌疑人最终因证据不足，被公安机关终止侦查，没有被追究刑事责任，既然不构成犯罪，那么就不符合立功情节。另一种观点认为构成立功，理由是：协助司法机关抓获其他犯罪嫌疑人，并未要求该犯罪嫌疑人必须构成犯罪，只要协助抓获了该犯罪嫌疑人，即可构成立功。

笔者赞同第二种观点，被告人黄清水的行为构成立功。理由如下：

1. 关于被协助抓获的犯罪嫌疑人是否确定构成犯罪，并不是立功成立的必要条件。根据《最高人民法院关于处理自首和立功具体应用法律若干问题的解释》第五条的规定，协助司法机关抓捕其他犯罪嫌疑人的，构成立功。从该条文的具体内容看，协助司法机关抓获的人为犯罪嫌疑人，而非罪犯。目前相关法律及司法解释对于检举、揭发他人犯罪的立功，要求需要经查证属实，但协助抓获其他犯罪嫌疑人并无此要求，因犯罪嫌疑人属于司法机关有初步证据证实涉嫌犯罪的人员。该犯罪嫌疑人并非以司法机关的处理结果为标准，即只要被告人协助司法机关抓获其他犯罪嫌疑人，那么就可以认定被告人协助行为构成立功。本案中被协助抓获的犯罪嫌疑人苏某某已被公安机关列为上网追逃人员，虽然经审查苏某某被认定无犯罪事实，终止侦查。但被告人黄清水在协助公安机关抓捕前有理由相信被公安机关上网追逃的苏某某已涉嫌犯罪。

2. 认定协助抓获没有被追究刑事责任的犯罪嫌疑人符合立功的构成要件，并符合相关法律及司法解释的精神。根据最高人民法院《关于处理自首和立功若干具体问题的意见》第六条规定："……被告人检举揭发或协助抓获的人行为构成犯罪，但因法定事由不追究刑事责任、不起诉、终止审理的，不影响对被告人立功表现的认定……"由此可知，即使被协助抓获的犯罪嫌疑人的构成犯罪，但因有免于追究刑事责任的情形，最终没有被追究刑事责任，也可构成立功。虽然本案中，被告人黄清水协助抓获的犯罪嫌疑人因证据不足被终止侦查，不能确定其行为是否构成犯罪，但最终结果也是没有被追究刑事责任，与该意见的精神相符，应该认定为立功。

3. 认定立功符合立功制度设立的初衷。我国刑法设立立功制度的目的，不但为被告人提供了一个从轻或减轻的机会，促进被告人悔过自新，而且更有利于发现犯罪，有效预防犯罪。本案中被告人黄清水确实协助公安机关抓获了被列为网上追逃人员的犯罪嫌疑人苏某某，不仅是其悔过表现，也利于公安机关查清事实，不管苏某某是否确实构成犯罪，苏某某的归案也使得案件得以结案。更重要的是，认定该种行为构成立功可以鼓励更多的犯罪嫌疑人或被告人协助司法机关抓获其他犯罪嫌疑人，节约司法资源。

编写人：福建省泉州市安溪县人民法院 高清良

（四）数罪并罚

58

漏罪发现时间的认定

——肖某某强奸案

【案件基本信息】

1. 裁判书字号

北京市第三中级人民法院（2017）京03刑终530号刑事判决书

2. 案由：强奸罪

【基本案情】

2012年11月1日23时许，被告人肖某某在北京市昌平区尾随被害人焦某至北京甲资源回收货场，采用捂嘴、勒脖子的方式，强行将被害人带至顺义区××路××大桥东南侧绿化带内一白色废弃拖车（冀G6××××）内。次日凌晨，被告人肖某某采用暴力方式强行与被害人发生两次性关系。经鉴定，被害人身体所受损伤程度符合轻微伤。被告人肖某某于2017年1月14日被民警抓获。被告人肖某某的上述行为给被害人造成误工费4000元。

经二审审理查明的关于对肖某某所犯强奸罪属于漏罪、应和前判抢劫罪进行数罪并罚的事实：本案强奸罪在2012年发生后因昌平区××派出所接焦某某报警称其女儿焦某被一名身份不明男子带走无法联系到其女儿，接报后民警赶赴现场开展工作，2012年11月2日6时许，焦某回到昌平区北京甲资源回收货场，其称2012年11月2日0时许其在昌平区回收货场门口被一陌生男子按倒并被该男子强行带到一其不认识地方的一废旧车内被该男子强奸。2012年11月7日，昌平刑侦支队将该案检材（焦某血样、阴道拭子、内裤布片、拖车驾驶室地面斑迹、烟蒂）送到市局法医鉴定中心，2012年11月12日做完物证实验后，法医将焦某的阴道拭子上传至全国公安机关DNA数据库。公安机关开展侦查工作，经查案发地在顺义区××镇，2014年6月27日，昌平分局将案件移送至顺义分局刑侦支队进行侦查，同日顺义分局对焦某被强奸案立案。2016年5月29日，市局鉴定中心的系统显示焦某的阴道拭子与江苏人员肖某某的DNA信息比中成功。将比中结果复核后，认为无误，就将结果告知市局刑侦总队。2016年12月15日，顺义分局民警从昌平分局刑侦支队得到DNA比对线索，焦某案发后阴道拭子与肖某某提取的血液样本DNA比对同一，指向嫌疑人是肖某某。2017年1月14日，肖某某在江苏因抢劫罪服刑期满之日被顺义民警拘传后带走。

【案件焦点】

在被告人因抢劫罪服刑完毕之后是否应对被告人数罪并罚。

【法院裁判要旨】

北京市顺义区人民法院经审理认为：被告人肖某某违背妇女意志，采用暴力手段强行与妇女发生性关系，其行为侵犯了妇女性的不可侵犯的权利，已构成强奸罪，应予惩处。故判决：

一、被告人肖某某犯强奸罪，判处有期徒刑四年；

二、被告人肖某某赔偿附带民事诉讼原告人焦某误工费人民币四千元；

三、驳回附带民事诉讼原告人焦某的其他诉讼请求。

一审宣判后，北京市顺义区人民检察院提出抗诉，认为原审判决对肖某某强奸罪判处的刑罚没有与所犯抢劫罪判处的刑罚数罪并罚，量刑适用法律错误。北京市人民检察院第三分院支持抗诉，意见同上。原审被告人肖某某对一审判决未提出异议。辩护人意见同意抗诉意见。

北京市第三中级人民法院经审理认为：被告人肖某某因犯抢劫罪于2014年3月18日被判处有期徒刑三年，罚金人民币三千元，判决期满释放日为2017年1月14日，根据二审的证据显示，北京市公安局顺义分局刑侦支队发现肖某某漏罪强奸罪时间为2016年12月15日。故侦查机关发现肖某某犯强奸罪的时间在其因犯抢劫罪的判决宣告以后，刑罚执行完毕以前，符合《中华人民共和国刑法》第七十条关于数罪并罚的规定。因此，应当对新发现的漏罪强奸罪作出判决，把抢劫罪和强奸罪所判处的刑罚进行并罚，决定执行的刑罚。已经执行的刑期，应当计算在新判决决定的刑期以内。对于抗诉理由及辩护意见，二审予以支持和采纳。鉴于现经二审法院庭审质证的新证据能够证明在肖某某抢劫罪服刑期间发现了强奸罪这一漏罪，应当对其数罪并罚，故依法改判如下：

一、撤销北京市顺义区人民法院（2017）京 0113 刑初 506 号刑事附带民事判决书主文第一项，即被告人肖某某犯强奸罪，判处有期徒刑四年；

二、被告人肖某某犯强奸罪，判处有期徒刑四年，与（2014）吴江刑初字第 0192 号刑事判决书判处的被告人肖某某犯抢劫罪，判处有期徒刑三年，并处罚金人民币三千元并罚，决定执行有期徒刑六年六个月，并处罚金人民币三千元。

【法官后语】

本案处理的重点在于如何确认司法机关发现被告人肖某某犯强奸罪的时间节点，该罪是否作为漏罪与前罪数罪并罚。

《刑法》第七十条的“发现”是指通过司法机关侦查、他人揭发或犯罪分子自首等途径发现犯罪分子还有其他罪行。发现的主体应为司法机关，发现的时间应当根据合理、明确的法律标准确定。一般情形下应当以刑事立案时间为发现时间，在有些案件因其复杂性和特殊性、缺少明确的犯罪嫌疑人的情形下，应当以公安机关通过侦查等方式明确犯罪嫌疑人的时间为发现时间。强奸案发生后因被告人逃离案发现场，被害人未能指认犯罪嫌疑人以及案发现场的痕迹物证当时未能作出有效鉴定等原因，未能明确强奸案的犯罪嫌疑人，虽然 2014 年 6 月 27 日顺义分局已对强奸案立案，但是并不能据此认定公安机关发现了强奸案的犯罪嫌疑人，直到 2016 年 12 月 15 日顺义分局得到 DNA 比对线索，有了明确指向肖某某的证据材料，可以确认公安机关发现了强奸案的犯罪嫌疑人。

一审法院认为在肖某某服刑期间，公安机关发现肖某某有漏罪的时间不能确定，肖某某犯抢劫罪的刑罚已经执行完毕，故未将强奸罪与抢劫罪并罚。而根据在案卷宗显示公安机关在肖某某刑满释放当日即将肖某某刑事拘留，公安出具的到案经过等材料显示公安机关根据比对线索到南京抓获被告人，但缺乏其他证据予以证明，比对线索的来源、时间成为二审审理的关键。二审法院认为有必要查明公安机关发现 DNA 比对线索的时间、鉴定机构作出比对结果的时间以及法医鉴定如何指向江苏服刑人员肖某某的过程，关系到被告人刑罚的具体法律适用，对被告人的量刑有重大影响，故本案二审期间，检察人员依法调取、法官一一庭外核实了当时到南京拘留被告人的侦查人员的证言、作出DNA线索比对、鉴定的人员的证言、侦查机关关于侦查该案、确定犯罪嫌疑人的情况说明、鉴定机构进行比对、复核、通知侦查机关的文档资料，以及法官到监狱调取的被告人因抢劫罪在南京监狱服刑的材料经开庭质证后进行梳理和采信，确定了公安机关发现肖某某犯强奸罪的时间节点，明确了强奸罪属于抢劫罪服刑期间新发现的漏罪，应当数罪并罚，而被告人前罪虽已服刑完毕，但如不数罪并罚则变相加重了被告人的刑期，尽管被告人本人并未上诉，但二审经调查审理后依法对一审的刑罚适用进行了更正。并在对被告人数罪并罚后查明抢劫罪的罚金已经由当时作出判决的外地法院依法移送执行，为避免罚金刑的重复执行在判决中列明。

本案涉及公安机关、鉴定机构、被告人外地服刑监狱等多家机构的配合协调，在注重实地调查的基础上，与案卷审查相结合，充分发挥了检察院和法院在未成年案件审理过程中相互配合与监督，共同保障当事人权利的职能。二审法院在保护未成年被害人权益的基础上，充分保障了被告人在实体上和程序上的权利，体现了法律面前人人平等的精神，对今后如何确定发现漏罪的时间节点，以及在刑罚执行期间发现漏罪，判决作出时原判刑罚已经执行完毕的情况下对被告人进行如何进行处罚的法律适用起到一定的参考作用。

编写人：北京市第三中级人民法院　李彦佳

59

前罪剥夺政治权利期间犯新罪应如何数罪并罚

——蓝洪某贩卖毒品案

【案件基本信息】

1. 裁判书字号

重庆市第一中级人民法院（2016）渝01刑终1048号刑事判决书

2. 案由：贩卖毒品罪

【基本案情】

2016 年 8 月 22 日上午，靳某与被告人蓝洪某电话联系购买 100 元的毒品后，蓝洪某在重庆市铜梁区石鱼镇菜市场门口，将约 0.1 克海洛因卖与靳某吸食，获款 100 元。同月 26 日，蓝洪某因吸毒，在重庆市铜梁区石鱼镇十字路口处被民警抓获，到案后如实供述尚未被掌握的前述事实。

另查明，被告人蓝洪某因犯盗窃罪、抢劫罪，于 2005 年 8 月 16 日被判处有期徒刑十七年，并处罚金 17000 元，剥夺政治权利三年，服刑期间减刑七年五个月，缩减剥夺政治权利一年，2014 年 12 月 17 日刑满释放，其附加刑剥夺政治权利的刑期为 2014 年 12 月 17 日至 2016 年 12 月 16 日。

【案件焦点】

前罪主刑执行完毕后，被告人在剥夺政治权利执行期间又犯新罪的，在数罪并罚时应如何计算前罪尚未执行完毕的剥夺政治权利刑期。

【法院裁判要旨】

重庆市铜梁区人民法院经审理认为：被告人蓝洪某贩卖少量毒品海洛因给他人，其行为构成贩卖毒品罪。蓝洪某曾被判处有期徒刑，刑罚执行完毕后五年内再故意犯应当判处有期徒刑以上刑罚之罪，是累犯，依法从重处罚。蓝洪某因吸毒被抓获，到案后如实供述了尚未被掌握的贩卖毒品的罪行，是自首，依法从轻处罚。蓝洪某在主刑执行完毕后，执行附加刑剥夺政治权利期间又犯新罪，应当对新犯的罪作出判决，与前罪尚未执行完毕的刑罚并罚。依照《中华人民共和国刑法》第三百四十七条第一款及第四款、第六十五条第一款、第六十七条第一款、第五十二条、第五十三条、第六十四条、第七十一条、第六十九条第三款、第五十八条之规定，以被告人蓝洪某犯贩卖毒品罪，判处有期徒刑八个月，并处罚金一千元，其曾犯盗窃罪、抢劫罪被剥夺政治权利二年，决定执行有期徒刑八个月，并处罚金一千元，剥夺政治权利二年；违法所得一百元予以追缴，上交国库。

判决后，蓝洪某以原判量刑过重为由提起上诉。

重庆市第一中级人民法院经审理认为：被告人蓝洪某贩卖海洛因约 0.1 克，其行为构成贩卖毒品罪。蓝洪某曾因犯盗窃罪、抢劫罪被判处有期徒刑，刑罚执行完毕以后，在五年以内再犯应当判处有期徒刑以上刑罚之罪，是累犯，依法从重处罚。蓝洪某因吸毒被抓获，到案后如实供述了尚未被公安机关掌握的贩卖毒品罪行，是自首，依法从轻处罚。一审判决鉴于蓝洪某在主刑执行完毕后，附加刑剥夺政治权利执行期间又犯新罪，对新犯的罪作出判决，与前罪没有执行的刑罚并罚并无不当。但依照《最高人民法院关于在执行附加刑剥夺政治权利期间犯新罪应如何处理的批复》的规定，本案的审理期间，蓝洪某前罪所判处的剥夺政治权利并未停止执行。在本院审理过程中，已于2016年12月16日执行完毕，故不再并罚。鉴于二审审理过程中，蓝洪某因前罪被判处的剥夺政治权利已执行完毕，不再数罪并罚。依照《中华人民共和国刑事诉讼法》第二百二十五条第一款第一、二项①，《中华人民共和国刑法》第三百四十七条第四款、第六十五条第一款、第六十七条第二款、第六十四条之规定，判决如下：

一、撤销重庆市铜梁区人民法院（2016）渝0151刑初433号刑事判决第一项中决定执行刑罚部分，即决定执行有期徒刑八个月，并处罚金一千元，剥夺政治权利二年；

二、维持重庆市铜梁区人民法院（2016）渝0151刑初433号刑事判决第一项中贩卖毒品罪的定罪、量刑部分及第二项，即被告人蓝洪某犯贩卖毒品罪，判处有期徒刑八个月，并处罚金一千元；违法所得一百元予以追缴，上交国库。

【法官后语】

本案争议焦点是前罪主刑执行完毕后，被告人在附加刑剥夺政治权利执行期间又犯新罪，在数罪并罚时应如何计算前罪尚未执行完毕的剥夺政治权利刑期。

1. 新罪生效前，前罪未执行完毕剥夺政治权利刑期不中止执行

从立法规定来看，刑罚中止应以法律或司法解释为依据，但法律或司法解释对于附加刑剥夺政治权利中止执行的情形未做明确规定，《最高院人民法院关于在执行附加刑剥夺政治权利期间犯新罪应如何处理的批复》（以下简称《批复》）规定："一、对判处有期徒刑并处剥夺政治权利的罪犯，主刑执行完毕，在执行附加刑剥夺政治权利期间又犯新罪，如果所犯新罪无须附加剥夺政治权利的，依照刑法第七十一条的规定数罪并罚。二、前罪尚未执行完毕的附加刑剥夺政治权利的刑期从新

① 对应2018年《刑事诉讼法》第二百三十六条第一款第一项、第二项。

罪的主刑有期徒刑执行之日起停止计算，并依照刑法第五十八条规定从新罪的主刑有期徒刑执行完毕之日或者假释之日起继续计算；附加刑剥夺政治权利的效力施用于新罪的主刑执行期间。”

从实践层面来看，被告人被羁押后至新罪生效前，新罪判决处于待定状态，即被告人新罪成立与否及有罪刑期不能确定。如新罪生效判决宣告无罪，将被告人羁押期间不计入前罪剥夺政治权利执行刑期的做法显然不利于被告人；如判决新罪成立，由于裁判文书尚未送达被告人，生效日期亦无法明确。同时，被告人在被羁押期间，政治权利的行使并未受到完全的剥夺，依然具有言论、出版、选举权等政治权利。本案中，蓝洪某犯新罪被刑事拘留，因新罪判决尚未生效，无法确定新罪主刑执行之日，因此不能按照《批复》规定停止执行前罪尚未执行完毕的附加刑剥夺政治权利刑期，即前罪尚未执行完毕的附加刑剥夺政治权利仍在继续执行之中。

2. 前罪附加刑剥夺政治权利已于新罪判决生效之前执行完毕，则无须数罪并罚

前罪与新罪并罚时，应如何计算前罪尚未执行完毕的附加刑剥夺政治权利刑期，《批复》并未作出明确规定。被告人因犯新罪被羁押至新罪判决生效期间，对于剥夺政治权利的并罚会存在两种情形：一是新罪判决生效时，前罪附加刑剥夺政治权利刑期已执行完毕，因此新罪判决无须再根据《刑法》第七十一条的规定进行数罪并罚。二是新罪判决生效时，前罪附加刑剥夺政治权利刑期尚未执行完毕，则应根据《批复》的规定，从新罪判决执行之日起停止计算前罪尚未执行完毕的附加刑剥夺政治权利刑期，前罪尚未执行完毕的附加刑剥夺政治权利刑期与新罪判决确定的刑期实行数罪并罚。本案即属于第一种情形，被告人蓝洪某在新罪判决尚未生效之前，前罪附加刑剥夺政治权利刑期已执行完毕，故新罪判决中无须再实行数罪并罚。

3. 一审判决对附加剥夺政治权利刑期并罚的应然表述

在新罪判决尚未生效之前，对前罪附加刑剥夺政治权利刑期执行完毕与否尚不能确定。因此，一审判决关于附加刑剥夺政治权利刑期的并罚表述就处于不确定状态。为解决这一问题，针对新罪判决尚未生效之前，前罪附加刑剥夺政治权利刑期尚未执行完毕的情形，可以考虑一审判决在对前罪附加刑剥夺政治权利刑期并罚时，在判决主文中不予列明附加刑剥夺政治权利刑期起止的起止日期，在括号注释中用“前罪尚未执行完毕的附加刑剥夺政治权利的刑期从新罪主刑有期徒刑执行之

日起停止计算，从新罪主刑有期徒刑执行完毕之日或假释之日起继续计算”予以备注说明。

编写人：重庆市第一中级人民法院　陈超　黄晨

60

刑罚执行期间公安机关发现漏罪，刑罚执行完毕时对漏罪采取强制措施的法律适用分析

——杨雪某盗窃案

【案件基本信息】

1. 裁判书字号

江苏省江阴市人民法院（2017）苏0281刑初472号刑事判决书

2. 案由：盗窃罪

【基本案情】

被告人杨雪某与黄权某、邹某（均另案处理）经事先合谋，采用汽车干扰器干扰汽车锁门的手段实施盗窃。2015年12月21日下午，由邹某驾驶号牌为苏B2××××轿车从无锡市锡山区出发至江阴市澄江街道绮山路昊柏国际酒店门口停车场，由被告人杨雪某与黄权某各持一干扰器干扰并盗窃车内财物，窃得号牌为苏BP××××的越野车内现金人民币11000余元、软中华香烟5包（价值人民币325元）及金色仿LV打火机1个；窃得号牌为苏BH××××的轿车内男士衬衫2件、软中华香烟9包（价值人民币585元）。

另查明，案发后，涉案共犯邹某已退赔被害人俞某人民币2300元、退赔被害人孙某人民币200元。

再查明，被告人杨雪某于2016年6月24日因犯盗窃罪被江苏省宜兴市人民法院判处有期徒刑八个月，并处罚金人民币1000元，刑期自2016年4月20日起至

2016年12月19日止。2016年5月，江阴市公安局通过侦查明确杨雪某为本案犯罪嫌疑人，2016年12月19日将在江苏省通州监狱服刑期满的被告人杨雪某刑事拘留，羁押于江阴市看守所。

【案件焦点】

在刑罚执行期间侦查机关发现漏罪，刑罚执行完毕时对漏罪采取强制措施的情况是否适用漏罪数罪并罚。

【法院裁判要旨】

江苏省江阴市人民法院经审理认为：被告人杨雪某以非法占有为目的，伙同他人共同采用秘密手段窃取公私财物，数额较大，其行为确已构成盗窃罪，系共同犯罪。被告人杨雪某在判决宣告以后，刑罚执行完毕以前，发现其在判决宣告以前还有其他罪没有判决，应当对新发现的罪作出判决，把前后两个判决所判处的刑罚并罚。被告人杨雪某在共同犯罪中起主要作用，系主犯，应当按照其所参与的全部犯罪处罚；其曾因故意犯罪被判处有期徒刑，在刑罚执行完毕后五年以内再故意犯应当判处有期徒刑以上刑罚之罪，系累犯，应当从重处罚；鉴于其归案后如实供述自己的罪行，本案部分损失已挽回，予以从轻处罚。公诉机关指控被告人杨雪某犯盗窃罪的事实清楚，证据确实、充分，指控的罪名正确，予以采纳。据此，依照《中华人民共和国刑法》第二百六十四条、第二十五条第一款、第二十六条第一款及第四款、第六十五条第一款、第六十七条第三款、第六十九条、第七十条、第六十四条及《最高人民法院、最高人民检察院关于办理盗窃刑事案件适用法律若干问题的解释》第一条，作出如下判决：

一、被告人杨雪某犯盗窃罪，判处有期徒刑九个月，并处罚金人民币五千元，连同前罪判处的有期徒刑八个月，决定执行有期徒刑一年二个月，并处罚金人民币五千元；

二、责令被告人杨雪某退赔人民币九千四百一十元，发还被害人俞某人民币九千零二十五元、孙某人民币三百八十五元，涉案共犯负连带责任。

【法官后语】

在错综复杂的司法实践中，侦查机关经常发现服刑期间的罪犯有漏罪的情况，有时为避免超期侦查，往往在罪犯服刑期满时对罪犯采取强制措施，再移送起诉。虽《刑法》第七十条规定："判决宣告以后，刑罚执行完毕以前，发现被判刑的犯罪分子在判决宣告以前还有其他罪没有判决的，应当对新发现的罪作出判决，把前后两个判决所判处的刑罚，依照本法第六十九条的规定，决定执行的刑罚。已经执行的刑期，应当计算在新判决决定的刑期以内。"对发现漏罪的并罚方式进行了规定，但是对"发现"的界定存在以下两种处理意见：

第一种意见：严格从法条本意理解，"发现"应是严格意义上的经过查证属实的服刑期间罪犯在判决以前还有应被判决而未被判决的罪行。且只有人民法院才能认定服刑罪犯是否有罪，故"发现"时漏罪已在法院审理阶段且刑罚尚未执行完毕。

第二种意见："发现"是指侦查机关发现服刑罪犯遗漏的犯罪事实，并对服刑罪犯的漏罪进行立案侦查。通过一定调查，有相关证据能够证明服刑罪犯实施了犯罪事实，并明确该服刑罪犯为犯罪嫌疑人，证据是否确实、充分在所不论，由法院审理定夺。

对于《刑法》第七十条中"发现"漏罪的界定，司法实践中比较认同的第二种处理意见。本案中，2016年5月，即被告人杨雪某在前判服刑期间，江阴市公安局已通过侦查明确杨雪某为本案犯罪嫌疑人，并有同案犯供述、被害人陈述、同案犯辨认笔录及现场勘验侦查证据等予以证明。

无论从法律公平公正角度还是保障被告人权益方面分析，被告人杨雪某在刑罚执行完毕以前被江阴市公安局明确为犯罪嫌疑人，在服刑期满时被采取强制措施，后移送起诉和提起公诉，被告人杨雪某都应当适用《刑法》第七十条，因为数罪并罚与一罪单独定罪相比较，适用数罪并罚规则所判处的刑期更低。故只要在前罪判决刑罚执行期间发现漏罪，无论侦查机关何时采取强制措施或漏罪判决在前判刑罚期间还是完毕之后，均应当对被告人适用数罪并罚规则，否则将造成法律适用的不确定性。

编写人：江苏省江阴市人民法院　蒋正光　陈梦

61

同类犯罪分案处理中数罪并罚规则的适用

——杜建合同诈骗案

【案件基本信息】

1. 裁判书字号

北京市第二中级人民法院（2017）京02刑终445号刑事判决书

2. 案由：合同诈骗罪

【基本案情】

2009年到2010年，杜建先后在北京市通州区、东城区以及吉林省梅河口市实施诈骗犯罪，被三地司法机关分案处理。其中，2013年5月24日，北京市通州区人民法院认定杜建骗取他人钱款共计163.2万元，以诈骗罪判处杜建有期徒刑十二年，罚金人民币1.2万元；2014年6月20日，吉林省梅河口市人民法院认定杜建骗取他人钱款41.94万元，以合同诈骗罪判处杜建有期徒刑五年，罚金人民币5万元，与前罪所判刑罚并罚，决定执行有期徒刑十六年六个月，罚金人民币6.2万元。

2017年6月12日，北京市东城区人民法院经审理查明，被告人杜建于2009年11月18日，以北京甲科贸有限公司的名义，通过传真等方式与大连乙铝塑建材有限公司签订商品销售合同，骗取对方给付的货款共计人民币277.3404万元，后逃匿。上述款项未予退还。

【案件焦点】

被告人实施多起诈骗犯罪被司法机关分案处理，在进行数罪并罚时，仅遵循《中华人民共和国刑法》第六十九条、第七十条确立的“在总和刑期以下、数刑中最高刑期以上”的并罚规则是否适当。

【法院裁判要旨】

北京市东城区人民法院经审理认为：被告人杜建以非法占有为目的，在签订、履行合同过程中，骗取对方当事人财物，数额特别巨大，其行为扰乱了市场秩序，已构成合同诈骗罪，依法应予刑罚处罚。

北京市东城区人民法院依照《中华人民共和国刑法》第二百二十四条第四项，第五十二条，第五十三条，第六十九条第一款及第三款，第七十条，第六十四条，作出如下判决：

一、被告人杜建犯合同诈骗罪，判处有期徒刑十三年，并处罚金人民币一万三千元；与前罪所处的有期徒刑十六年六个月，罚金人民币六万二千元并罚，决定执行有期徒刑二十年，并处罚金人民币七万五千元；

二、责令被告人杜建退赔大连乙铝业有限公司人民币二百七十七万三千四百零四元。

宣判后，杜建提出上诉。杜建的上诉理由及其辩护人的辩护意见为：杜建收取乙公司的预付款后，柯志某将杜建准备供给乙公司的货物转移，导致杜建因客观原因不能履约，故杜建不具有诈骗乙公司钱款的主观故意和客观行为，依法应宣告杜建无罪。

北京市第二中级人民法院经审理认为：在案杜建的供述、崔彦某等人的证言等证据证实，杜建以甲公司名义与乙公司签订购销合同，谎称可以向乙公司出售PVC，在不具备履约能力的情况下，收取乙公司预付款后迅速将钱款挪作他用，后期采用小额履约的形式拖延还款，直至失去联系；杜建所提其为乙公司筹集的700吨PVC被柯志某转移，导致其不能正常履约，无任何证据予以支持。综上，杜建的行为系在签订、履行合同过程中，收取他人预付款后逃匿，符合了合同诈骗罪的构成要件，杜建及其辩护人所提无罪意见不能成立，不予采纳。

杜建以非法占有为目的，在签订、履行合同过程中，骗取对方当事人财物，其行为已构成合同诈骗罪，且诈骗数额特别巨大，依法应予惩处。杜建曾因犯诈骗罪、合同诈骗罪被判处刑罚，在判决宣告以后，刑罚执行完毕以前，发现还有其他罪没有判决，依法应对新发现的罪作出判决，并与前罪所判处的刑罚并罚。一审法院认定杜建犯合同诈骗罪的事实清楚，证据确实、充分，根据其犯罪的事实、犯罪的性质、情节及对社会的危害程度所作的判决，定罪及适用法律正确，责令退赔被害单位经济损失无误，审判程序合法；但在数罪并罚过程中，未充分考虑杜建前后所犯三罪整体的社会危害程度，导致对杜建决定执行的刑罚过重，本院依法予以改判。

北京市第二中级人民法院依照《中华人民共和国刑法》第二百二十四条第（四）项、第五十二条、第五十三条、第六十一条、第六十四条、第六十九条、第七十条以及《中华人民共和国刑事诉讼法》第二百二十五条第一款第一项、第二项①之规定，作出如下判决：

一、维持北京市东城区人民法院（2017）京0101刑初206号刑事判决主文第二项，即责令被告人杜建退赔大连乙铝业有限公司人民币二百七十七万三千四百零四元；

二、撤销北京市东城区人民法院（2017）京0101刑初206号刑事判决主文第一项，即被告人杜建犯合同诈骗罪，判处有期徒刑十三年，并处罚金人民币一万三千元；与前罪所处的有期徒刑十六年六个月，罚金人民币六万二千元并罚，决定执行有期徒刑二十年，并处罚金人民币七万五千元；

三、上诉人杜建犯合同诈骗罪，判处有期徒刑十三年，并处罚金人民币一万三千元；与前罪所判处的有期徒刑十六年六个月，罚金人民币六万二千元并罚，决定执行有期徒刑十七年，并处罚金人民币七万五千元。

【法官后语】

在司法实践中，被告人采用相同或类似手段，连续或同时实施多起诈骗犯罪，因犯罪地不同，案发时间存在先后，侦查机关收集完备证据的进度各异，从而不可避免会出现多起犯罪被分案处理，由不同或相同法院先后作出判决，产生对被告人进行数罪并罚后决定执行刑罚的问题，杜建案便为实例。北京市东城区人民法院对杜建数罪并罚后决定执行的刑罚，完全符合《刑法》第六十九条、第七十条确立的“在总和刑期以下、数刑中最高刑期以上”的并罚规则，但是否符合《刑法》第五条所规定的“罪刑相适应原则”，一审法院和二审法院出现了认识分歧。

针对以上问题，笔者认为，被告人实施多起诈骗犯罪，但被分案处理，在进行

① 对应2018年《刑事诉讼法》第二百三十六条第一款第一项、第二项。

数罪并罚决定执行刑罚时，应根据被告人累计的诈骗数额，综合考虑《刑法》第五条、第六十九条、第七十条之规定，并遵循以下规则：

1.《刑法》第六十九条、第七十条应在第五条确定的“罪刑相适应原则”下适用

我国《刑法》第五条规定：“刑罚的轻重，应当与犯罪分子所犯罪行和承担的刑事责任相适应。”以上条文设置在《刑法》总则第一章“刑法的任务、基本原则和适用范围”中，系《刑法》对“罪刑相适应原则”的具体阐述。该项原则既要求立法机关针对不同犯罪行为确立轻重适当的法定刑幅度，也同样对审判机关决定被告人刑罚具有普适效力。针对判决宣告后发现被告人存在漏罪的情形，《刑法》第六十九条、第七十条确立了“在总和刑期以下、数刑中最高刑期以上”决定执行刑罚的并罚规则。鉴于《刑法》原则的效力等级明显高于具体规则，故司法机关不能完全脱离“罪刑相适应原则”去适用并罚规则。

2. 被告人多起诈骗行为触犯同一罪名，且以犯罪数额确定法定刑幅度，因分案处理进行并罚时，决定执行的刑罚不应超出犯罪数额累计计算对应的最高法定刑

对以上规则举例明之：被告人田某在北京市房山区等地虚构经营奢侈品需要周转资金，取得被害人的信任，诈骗多名被害人共计33.344万元，后被判处有期徒刑八年，并处罚金人民币20000元。判决生效后，在服刑期间，田某诈骗其他被害人10.38万元被查证属实。田某被解回重审后，因漏罪被判有期徒刑四年，罚金人民币一万元。依据《刑法》第六十九条、第七十条的规定，对田某决定执行有期徒刑的幅度应在八年以上、十二年以下。田某前后两罪诈骗数额共计43万余元，根据《最高人民法院、最高人民检察院关于办理诈骗刑事案件具体应用法律若干问题的解释》第一条之规定，田某诈骗总金额对应的法定刑幅度则应在有期徒刑三年以上、十年以下。通过以上分析中可以看出，对被告人多项诈骗犯罪进行分案处理，决定执行的刑罚就可能出现了“1+1>2”的矛盾。

解决以上因分案处理产生的刑罚适用幅度的矛盾差异，需要坚持被告人的诈骗数额和情节决定了其刑事责任的大小及所应判处的刑罚。被告人实施多起诈骗犯罪，因具体诈骗犯罪侦破的时间存在先后，司法机关进行分案处理，是为了及时惩罚犯罪，而不是为了加重被告人的刑罚。在田某诈骗案中，机械适用数罪并罚规则，则可能作出十年以上有期徒刑的判决，导致对田某决定执行的刑罚与其罪责不

相适应，不仅背离“罪刑相适应原则”，还容易衍生出人为或不当拆分案件，实际增加被告人刑罚的不良后果。故对田某数罪并罚时，应在有期徒刑八年以上、十年以下的幅度内，决定田某的刑罚。

3. 被告人同时构成诈骗罪、合同诈骗罪，也宜将被告人的诈骗总额纳入数罪并罚考量范畴

诈骗罪、合同诈骗罪系诈骗类犯罪中的普通罪名与特殊罪名。二罪虽因侵犯法益存在差异，被分置于《刑法》的不同章节，但均侵犯了他人的财产所有权，行为性质和社会危害性相近。《刑法》为诈骗罪和合同诈骗罪确定了相同的“数额巨大”“数额特别巨大”标准，设置了相同的法定刑幅度，在该范围内，影响被告人刑罚轻重的因素在于犯罪数额和情节，而不在于罪名。不同被告人分别构成诈骗罪和合同诈骗，犯罪数额相同，情节相似，量刑也不应出现较大差别。同一被告人的多起诈骗行为，分别构成诈骗罪、合同诈骗罪，在进行数罪并罚时，也应将被告人的诈骗总额纳入并罚考量范畴。如对被告人所犯两罪同质、社会危害性相近、法定刑幅度相同不加以考虑，机械适用并罚规则，也容易使最终决定执行的刑罚超出被告人的罪责，导致量刑畸重，违背“罪刑相适应原则”。

结合杜建案，杜建前后三项犯罪的作案手段及案发时间相近，共计骗取他人钱款482万余元，分别触犯了诈骗罪和合同诈骗罪两个罪名，根据杜建累计的犯罪数额和其他量刑情节，以任一罪名进行整体考量，均不足以对杜建判处有期徒刑二十年。因三地司法机关未进行串并案，导致杜建先后被三地法院判决。北京市东城区人民法院在并罚后决定对杜建执行有期徒刑二十年，虽符合并罚规则，但未充分考虑杜建三项诈骗犯罪整体的社会危害程度，导致对杜建决定执行的刑罚过重。故二审法院在综合考虑杜建累计诈骗数额及其他量刑情节的基础上，依法改判杜建有期徒刑十七年，更加符合“罪刑相适应原则”。

编写人：北京市第二中级人民法院　周耀

62

刑罚执行期间发现同种漏罪如何量刑

——李某某贩卖毒品案

【案件基本信息】

1. 裁判书字号

湖南省临湘市人民法院（2018）湘0682刑初46号刑事判决书

2. 案由：贩卖毒品罪

【基本案情】

2017年2月至3月，被告人李某某在临湘市非法出售毒品甲基苯丙胺（俗称冰毒）重77.42克。2017年10月31日，临湘市人民法院以被告人李某某犯贩卖毒品罪，判处被告人李某某有期徒刑十五年，剥夺政治权利三年，并处没收个人财产人民币20000元。

上述判决生效后，在刑罚执行期间，临湘市检察院又以被告人李某某贩卖甲基苯丙胺（冰毒）8克提起公诉。经查，2016年9月至11月，李某某先后3次向吸毒人员王姣贩卖毒品甲基苯丙胺（冰毒），共计8克，得毒资人民币850元。李某某在检察机关第一次立案侦查期间，因证据不足，侦查部门未将该犯罪事实移送审查起诉。

【案件焦点】

在同种类的犯罪中，发现漏罪是应按“先并后减”的原则量刑，还是按数额累计的原则量刑。

【法院裁判要旨】

湖南省临湘市人民法院经审理认为：被告人李某某违反国家有关毒品的管制规定，贩卖毒品甲基苯丙胺，其行为已构成贩卖毒品罪。公诉机关指控的罪名成立。被告人李某某多次贩卖毒品，情节严重，应处三年以上七年以下有期徒刑，并处罚金。被告人李某某如实供述自己的罪行，系坦白，可以从轻处罚。被告人李某某在判决宣告以后，刑罚执行完毕以前，还有其他罪没有判决，应当对新发现的罪作出判决，把前后两个判决所判处的刑罚，依照《中华人民共和国刑法》第六十九条的规定，决定执行的刑罚。依照《中华人民共和国刑法》第三百四十七条第一款、第四款、第七款，第六十七条第三款，第六十九条第一款、第三款，第七十条之规定，判决如下：

被告人李某某犯贩卖毒品罪，判处有期徒刑三年七个月，并处罚金人民币一万元。与前罪所判处的有期徒刑十五年，剥夺政治权利三年，并处没收个人财产人民币二万元并罚，决定执行有期徒刑十五年，剥夺政治权利三年，并处没收个人财产人民币二万元，罚金人民币一万元。

【法官后语】

本案处理的重点问题在于同种犯罪的漏罪是否适用数罪并罚原则。

首先，根据罪刑相适应原则，同种漏罪适用数罪并罚不符合罪刑相适应原则。《刑法》对贩卖毒品罪按犯罪数额来设定法定刑。公诉机关对被告人李某某提起的两起贩卖毒品案，属同类犯罪事实，数额可以累加，如对两案的贩卖毒品行为分别评价，必然会加重李某某的处罚。因为李某某贩卖甲基苯丙胺77.42克，已被判处15年有期徒刑。再按漏罪评价贩卖甲基苯丙胺8克的行为，他至少会被判处3年以上有期徒刑，那么，李某某最终可能要被执行18年有期徒刑，但在贩卖甲基苯丙胺数额累计计算的情况下（85.42克），李某某有可能被判处15年以下有期徒刑，显然，适用数罪并罚不符合罪刑相适应原则。

其次，从立法目的来看，本案适用数罪并罚有违立法本意。数罪并罚的规定旨在防止被告人归案后基于避重就轻或者侥幸心理交代不彻底，以惩处漏判之罪。被告人李某某到案后已交代其贩卖甲基苯丙胺77.42克的事实，主观上不存在避重就轻或者侥幸心理，若对其适用数罪并罚有违立法本意。

因此，对被告人李某某不能按数罪并罚的原则量刑，应按数额累计的原则量刑。

编写人：湖南省临湘市人民法院　雷略

63

执行附加剥夺政治权利期间再犯罪如何数罪并罚

——陆某某盗窃案

【案件基本信息】

1. 裁判书字号

江苏省苏州市吴江区人民法院（2017）苏0509刑初662号刑事判决书

2. 案由：盗窃罪

【基本案情】

被告人陆某某因犯惯窃罪，于1994年8月29日被无锡市中级人民法院判处无期徒刑，剥夺政治权利终身，于1996年12月19日被江苏省高级人民法院裁定减为有期徒刑二十年，剥夺政治权利改为八年。被告人陆某某于2010年7月10日被江苏省无锡市中级人民法院裁定假释，假释期至2012年7月18日，剥夺政治权利八年不变。2017年2月16日凌晨，被告人陆某某分别至苏州市吴江区甲医院、苏州市吴江区乙医院，趁被害人熟睡之际，先后实施盗窃作案2起，窃得共计现金人民币1900余元。归案后，被告人陆某某如实供述了自己的犯罪事实。案发后，被告人陆某某的亲属已代为赔偿了被害人的全部损失。

【案件焦点】

前罪主刑执行完毕后，被告人在执行附加剥夺政治权利期间又犯新罪，数罪并罚时应如何计算前罪尚未执行完毕的剥夺政治权利刑期。

【法院裁判要旨】

江苏省苏州市吴江区人民法院经审理认为：被告人陆某某曾因盗窃受过刑事处罚，又以非法占有为目的，秘密窃取他人财物，数额较大，其行为已构成盗窃罪，依法应予以惩处。被告人陆某某在前罪剥夺政治权利期间又犯新罪，依法应予以数罪并罚。被告人陆某某如实供述自己的罪行，可以从轻处罚。被告人陆某某已赔偿被害人的全部损失，酌情从轻处罚。被告人陆某某有前科，酌情从重处罚。判决：

被告人陆某某犯盗窃罪，判处拘役三个月十天，并处罚金人民币一千元，与前罪尚未执行完毕的剥夺政治权利一年四个月六天数罪并罚，决定执行拘役三个月十天，剥夺政治权利一年四个月六天，并处罚金人民币一千元。

一审判决后，被告人未上诉，公诉机关未抗诉，判决已生效。

【法官后语】

案件的争议焦点是前罪主刑执行完毕后，被告人在执行附加剥夺政治权利期间又犯新罪，数罪并罚时应如何计算前罪尚未执行完毕的剥夺政治权利刑期。

如何理解“前罪尚未执行完毕的附加刑剥夺政治权利的刑期从新罪的主刑有期徒刑执行之日起停止计算”，需区分以下两种情况：

1. 对于判决以前先行羁押的，前罪尚未执行完毕剥夺政治权利的刑期可从被告人重新犯罪的被羁押时间作为中止时间。主要理由是，第一，可以和主刑的刑期的实际起算时间一致。《刑法》第四十七条规定，有期徒刑刑期从判决执行之日起计算，判刑执行前先行羁押的，羁押一日折抵刑期一日。对于先行羁押的，新罪所判决的有期徒刑的刑期实际从羁押之日起计算。将羁押之日作为停止计算时间便于计算剥夺政治权利的执行期间。第二，将羁押之日作为中止日期也符合剥夺政治权利的执行特点。剥夺政治权利的执行，由罪犯居住地县级公安机关指定派出所执行，基层组织或者罪犯的原居住单位协助进行监督。当被告人因重新犯罪被羁押后，被强制性地改变了处所，原执行机关实际上难以对其继续执行前罪附加剥夺政治权利。第三，若是将羁押之前的日期如重新犯罪之日作为中止时间，在被告人重新犯罪至被羁押的这段时间内，将会放任被告人在剥夺政治权利期间对其政治权利的行使。而且，实践中很多案件，执行机关也无法确定被告人重新犯罪的具体时间。若是将羁押之后的日期，如拘留时间、逮捕时间、宣判时间为中止时间，那么，如果后罪需要附加剥夺政治权利，就会出现前后罪剥夺政治权利期间重合的问题。如果以判决生效时间作为中止时间，很显然，一审判决时无从知道是否将经过二审或二审何时宣判，也就无从计算尚未被执行完毕的剥夺政治权利的刑期。

2. 对于判决前未被羁押的，可以将一审判决作出之日作为前罪尚未被执行完毕的剥夺政治权利停止计算的时间点。罪犯犯新罪后，原有的被剥夺政治权利状态不应因犯新罪而改变，犯新罪并不必然剥夺政治权利。故在新罪判决有期徒刑执行之日前，都是前罪剥夺政治权利的执行期间。若一审判决时无法确定新罪的有期徒刑执行之日，在技术操作上，可以将一审判决之日作为前罪尚未被执行完毕的剥夺政治权利停止计算的时间点，前罪尚未被执行完毕剥夺政治权利的刑期应扣除一审判决之日至新罪有期徒刑执行之日的期间，计算在新判决确定剥夺政治权利的刑期以内。

被告人陆某某盗窃一案属于判决以前先行羁押的情形，故前罪尚未执行完毕剥夺政治权利的刑期从被告人重新犯罪的被羁押时间即2017年3月6日中止。截至2017年3月5日，被告人陆某某已被剥夺政治权利六年七个月二十四天，故被告人陆某某尚有剥夺政治权利一年四个月六天未执行。故前罪未执行的刑期应与本案盗窃罪的刑罚（拘役三个月十天，并处罚金人民币一千元）并罚，决定执行拘役三个月十天，剥夺政治权利一年四个月六天，并处罚金人民币一千元。

编写人：江苏省苏州市吴江区人民法院　赵程程

64

醉酒驾驶机动车并抗拒执法检查，构成妨害公务罪的，应数罪并罚

——吴某妨害公务、危险驾驶案

【案件基本信息】

1. 裁判书字号

福建省宁德市柘荣县人民法院（2017）闽0926刑初41号刑事判决书

2. 案由：妨害公务罪、危险驾驶罪

【基本案情】

2017 年 7 月 12 日晚，被告人吴某在柘荣县双城镇教师新村××号自己家中喝了酒后，从家中驾驶沪 DL××××号小型汽车出发，次日凌晨 0 时 10 分左右，途经 104 国道柘荣县双城镇坪桥路段时，被正在执勤的柘荣县公安局交通警察查获。被告人吴某为不让民警做呼气酒精含量检测，以口咬、脚踢等方法进行抗拒，致使执法人员魏林某、林雄某受伤。经鉴定，被告人吴某血液中酒精含量为 220.5mg/100ml；魏林某、林雄某损伤程度均属轻微伤。

【案件焦点】

醉酒驾驶机动车并抗拒执法检查，是应当从一重处还是数罪并罚。

【法院裁判要旨】

福建省宁德市柘荣县人民法院经审理认为：被告人吴某在道路上醉酒驾驶机动车，其行为已构成危险驾驶罪；且又以暴力方法阻碍人民警察依法执行职务，其行为又构成妨害公务罪。公诉机关指控罪名成立。被告人吴某无驾驶资格驾驶机动车，且血液中酒精含量达到 220.5mg/100ml，还用暴力袭击正在依法执行职务的人民警察，应从重处罚，但鉴于其到案后能如实供述所犯罪行，予以从轻处罚。被告人吴某在判决宣告以前犯数罪，应数罪并罚。

福建省宁德市柘荣县人民法院依照《中华人民共和国刑法》第一百三十三条之一第一款第二项、第二百七十七条第一款及第五款、第六十九条、第六十七条第三款以及《最高人民法院、最高人民检察院、公安部关于办理醉酒驾驶机动车刑事案件适用法律若干问题的意见》第二条第二项、第五项，第三条的规定，作出如下判决：

被告人吴某犯危险驾驶罪，判处拘役三个月，并处罚金人民币三千元；犯妨害公务罪，判处有期徒刑六个月。数罪并罚，决定执行有期徒刑六个月，并处罚金人民币三千元。

【法官后语】

醉酒驾驶并抗拒检查的行为在刑法上应当评价为两个独立的行为，而非一个行为。通常情况下，行为人实施的行为是单一行为还是数个行为，是决定从一重处还是数罪并罚的根据。我们认为，判断某行为是否属于单一行为，主要应考察该行为的客观事实情状是否具有一致性特征，同时兼顾对行为动机的考察，而行为动机只能作为参考因素而非决定因素。本案中，吴某的行为不具有单一行为的一致性特征，其醉酒驾驶行为和抗拒执法检查行为相继发生，其下车后抗拒执法检查时醉酒驾驶行为已经终结，相互间不存在任何的重合，同时，吴某醉酒驾驶和抗拒执法检查的行为系出于不同的犯罪动机，可见，其醉酒驾驶行为和抗拒执法检查行为虽有一定关联，但在性质上是相互独立的两个行为，并非单一行为。

本案中，吴某明知在道路上醉酒驾驶机动车具有危险性，仍在醉酒状态下驾驶机动车在城市道路上行驶，置公共安全于不顾，其行为构成危险驾驶罪。该行为造成的危险状态一直持续到吴某被执勤民警拦下为止。此时，其危险驾驶行为已经构成犯罪既遂。此后，在被民警抓获并要求检查时，其推搡、拉扯民警，并以口咬、脚踢等方法进行抗拒，阻碍检查，将民警咬成轻微伤，这一系列举动已经超出危险驾驶罪的行为范畴，属于妨害公务罪中阻碍国家机关工作人员依法执行职务的行为，扰乱了国家管理秩序。综上，吴某在不同故意的支配下，先后实施了两个不同行为，分别符合危险驾驶罪和妨害公务罪的构成特征，应当按照数罪并罚的原则予以处罚。

编写人：福建省宁德市柘荣县人民法院　章树清

65

未予并案处理的犯罪行为在刑罚执行完毕后是否并罚

——余某、关某非法获取公民个人信息案

【案件基本信息】

1. 裁判书字号

北京市第三中级人民法院（2017）京03刑终477号刑事裁定书

2. 案由：非法获取公民个人信息罪

【基本案情】

2015 年 5 月至 9 月，被告人余某伙同被告人关某两次侵入西藏自治区公务员报名网站数据库，非法获取报考人员个人信息共计 13462 条。被告人关某在此过程中通过配置参数、编制程序等方式为上述行为提供技术支持，后余某付给关某报酬人民币 9000 元。

本案于 2016 年 6 月 21 日立案侦查，其间，被告人余某因涉嫌犯非法获取公民个人信息罪被羁押，后于 2016 年 7 月 1 日被大兴区法院判刑，于 2016 年 10 月 31 日刑满释放，同日因本案被抓获。被告人关某于 2016 年 8 月 25 日被传唤到案。公安机关冻结被告人关某在甲银行的账户；扣押并移送乙牌笔记本电脑 1 部。

【案件焦点】

判决宣告前已经发现但未予并案处理的犯罪行为，刑罚执行完毕后是否予以并罚。

【法院裁判要旨】

北京市顺义区人民法院经审理认为：本案立案时间为 2016 年 6 月 22 日，而且已锁定被告人余某，即当时已发现本起犯罪事实，而大兴区人民法院对前罪判决宣告时间是 2016 年 7 月 1 日，严格按照《中华人民共和国刑法》第七十条的字面意思来看，本案不应与大兴区人民法院判决数罪并罚。但从数罪并罚的立法原意、目的和对被告人有利的原则，以及与我院其他裁判保持统一来看，前罪宣判之后发现的漏罪即能并罚，即在前罪宣判之前发现的漏罪也应并罚，故本案与大兴区人民法院判决数罪并罚。

北京市顺义区人民法院对被告人余某、关某依照经 2009 年《中华人民共和国刑法修正案（七）》修正的《中华人民共和国刑法》第二百五十三条之一第二款，《中华人民共和国刑法》第十二条、第二十五条第一款、第六十七条第三款、第六十一条、第五十二条、第五十三条、第六十四条、第七十条、第六十九条，作出如下判决：

一、被告人余某犯非法获取公民个人信息罪，判处有期徒刑十一个月，并处罚金人民币一万元，与前罪（2016）京 0115 刑初 622 号刑事判决书判处的有期徒刑一年、罚金人民币一万元予以并罚，决定执行有期徒刑一年十个月，并处罚金人民币二万元；

二、被告人关某犯非法获取公民个人信息罪，判处有期徒刑十个月，并处罚金人民币一万元；

三、在案扣押作案工具乙牌笔记本电脑一台及退缴赃款九千元予以没收、中国建设银行卡一张发还被告人关某。

宣判后，被告人余某以量刑过重为由提起上诉，二审审理期间，上诉人余某表示服从原判，申请撤回上诉，北京市第三中级人民法院依照《最高人民法院关于适用〈中华人民共和国刑事诉讼法〉的解释》第三百零五条第一款、第三百零八条之规定，作出如下裁定：

准许上诉人余某撤回上诉。

【法官后语】

《刑法》关于数罪并罚的规定集中体现在第六十九条、第七十条、第七十一条，不难看出，判决“宣告时间”和“刑罚执行完毕时间”是区分适用上述法条三种情形的两个重要节点，如果在刑罚执行完毕之后发现漏罪或者又犯新罪，则只需对漏罪或新罪依法作出处理即可，不涉及与已判决之罪刑罚的并罚问题，应该说从理论上、逻辑上是周延的，不存在遗漏的情况。但逻辑与现实、法律规定与司法实践往往存在例外。就如本案，被告人余某的本起犯罪事实发生在另一起犯罪事实之前，但另一起犯罪事实已被宣告判决，明显已无适用第六十九条规定的判决宣告数罪并罚的前提，当然也不属于第七十一条规定的又犯新罪的情况。被告人余某的本起犯罪事实应属于漏罪，但不符合第七十条对漏罪数罪并罚的时间规定。如果依照相关规定，本应并案侦查、起诉，判决时一并处理，依据《刑法》第六十九条数罪并罚（本案被告人余某涉及均是侵犯公民个人信息行为，审判中一般作一罪判处）。但由于实践中，公安机关可能因异地办案麻烦（需要办理提押、解回等手续）或办案机关疏于相互沟通协调等各种原因，当时发现后并未移送并案处理，而是分案先后处理，导致其中部分犯罪事实被先行判决。在此种情况下，如果对另一起犯罪事实再行判决时，不与前罪并罚，就变相加重了被告人的刑罚。一般来说，并罚比不并罚对被告人有利，尤其在《刑法修正案（九）》作出关于并罚时有期徒刑吸收拘役的规定后，则更为明显。

就本案来说，即要维护前罪生效判决的稳定性，又从有利于被告人的角度，可以参照适用《刑法》第七十条规定，将本起非法获取公民个人信息罪，与前起非法获取公民个人信息罪并罚[①]。因为，从法理上分析，《刑法》第七十条规定的对漏罪的并罚，与《刑法》第六十九条规定的判决宣告前一人犯数罪的并罚，实质上是相同的。一方面，都是一人犯数罪；另一方面，第七十条先并后减的并罚方法与第六十九条规定的并罚结局完全相同，对被告人实际执行的刑期没有影响。因此，在判决宣告后刑罚执行完毕前发现的漏罪应该并罚，那么在判决宣告之前即已发现，因客观原因当时未予并罚处理的漏罪，也应参照适用《刑法》第七十条的规定予以并罚，这是符合立法本意的。

编写人：北京市顺义区人民法院　宋素娟　王芳

（五）缓　刑

66

出具谅解书不是判处缓刑的必要条件

——姜某故意伤害案

【案件基本信息】

1. 裁判书字号

山东省威海经济技术开发区人民法院（2017）鲁1092刑初160号刑事判决书

2. 案由：故意伤害罪

---

① 本案漏罪虽与前罪属同种数罪，但依据《最高人民法院关于判决宣告后又发现被判刑的犯罪分子的同种漏罪是否实行数罪并罚问题的批复》（法复〔1993〕3号）规定，人民法院的判决宣告并已发生法律效力以后，刑罚还没有执行完毕以前，发现被判刑的犯罪分子在判决宣告以前还有其他罪没有判决的，不论新发现的罪与原判决的罪是否属于同种罪，都应当依照《刑法》第六十五条的规定实行数罪并罚。

【基本案情】

2016 年 12 月 1 日 1 时许，被告人姜某与朋友梁海某在威海经济技术开发区甲烧烤店吃饭期间，因梁海某无故被在该店饮酒的丛军某打了一耳光，被告人姜某遂上前与丛军某发生争执并相互厮打，被告人姜某持啤酒瓶将丛军某头部打伤。经法医鉴定，丛军某的损伤构成轻伤二级。案发后，被告人姜某明知他人报警而在现场等待，归案后如实供述了上述犯罪事实。

附带民事诉讼原告人丛军某伤后在威海海大医院住院治疗 13 天，合理经济损失包括：医疗费 17476.64 元、误工费 11996 元、护理费 4888 元、住院伙食补助费 1300 元、鉴定费 780 元、病历复印费 7.5 元，合计 36448.14 元。

本案审理过程中，附带民事诉讼原告人与被告人曾自行和解，合议庭也曾多次主持调解，但因丛军某其坚持十二万元“底线”不松口，并扬言不满足其要求就不出具谅解书。被告人姜某认为赔偿数额过高，没有赔偿能力，自愿赔偿被害人损失五万元，并将该款缴纳至法院账户。法院委托威海经济技术开发区司法局对被告人姜某进行社会调查，结论为宣告缓刑对所居住社区没有重大不良影响。

【案件焦点】

附带民事诉讼调解不成，被告人自愿赔偿数额高于合理损失，附带民事诉讼原告人不出具谅解书的，可否对被告人判处缓刑。

【法院裁判要旨】

山东省威海经济技术开发区人民法院经审理认为：被告人姜某故意伤害他人身体，致人轻伤，其行为已构成故意伤害罪。案发后，被告人姜某明知他人报警而在现场等待并如实供述自己的犯罪事实，系自首，依法可从轻处罚。被害人酒后殴打被告人姜某的朋友，具有过错，可酌情对被告人从轻处罚。被告人姜某的犯罪行为给附带民事诉讼原告人造成的合理经济损失三万五千六百六十元六角四分，依法应当按责任比例予以赔偿。被告人姜某自愿负担超出应付的赔偿数额，不违反法律规定，本院予以准许。根据被告人姜某的犯罪情节及悔罪表现，适用缓刑不致再危害社会。

山东省威海经济技术开发区人民法院依照《中华人民共和国刑法》第二百三十四条第一款、第六十七条第一款、第三十六条第一款及《最高人民法院关于适用

〈中华人民共和国刑事诉讼法〉的解释》第一百五十五条第一款和第二款、第一百五十七条之规定，作出如下判决：

一、被告人姜某犯故意伤害罪，判处有期徒刑九个月，缓刑一年；

二、被告人姜某于判决生效后十日内赔偿附带民事诉讼原告人丛军某经济损失人民币五万元。

【法官后语】

对于故意伤害等侵犯公民人身权利的刑事案件，法院往往将被告人业已赔偿被害人出具谅解书作为被告人有悔罪表现并判处缓刑的必要条件。因此，被害人借机索要"天价赔偿"的情况时有发生。被告人为争取缓刑，往往对被害人作出巨大让步，造成双方利益明显失衡，以致给公众造成"花钱买刑"的印象。

本案中，被害人实际损失仅有三万六千元余元。在审理过程中，因丛军某其坚持十二万元"底线"不松口，调解未果。丛军某还扬言如果其要求得不到满足，坚决不出具谅解书。被告人姜某愿意赔偿，但没有赔偿能力，只能赔偿五万元。合议庭认为，被告人自愿认罪并积极筹款赔偿被害人，在调解未果的情况下自愿提高赔偿数额并主动筹款五万元交到法院，足以认定被告人具有悔罪表现。考虑到被害人有过错，被告人仅造成轻伤的后果且有自首情节，司法行政部门经调查也认为被告人适合社区矫正。如果法院仍将被害人出具谅解书作为判处被告人缓刑的必备条件，就会导致对被告人造成不公。综上，合议庭一致决定对被告人姜某判处缓刑。

这一裁判结果，在保障被害人合法权益的前提下，更有效地维护了被告人的合法权益，有效打击了个别被害人乘人之危、漫天要价的歪风邪气，较好地解决了侵犯公民人身权类案件中存在的被告人与被害人在民事赔偿调解中所存在的利益明显失衡问题，对于相关案件的审理和裁判具有借鉴意义。

编写人：山东省威海经济技术开发区人民法院　张德民

67

社区矫正期间涉嫌新罪后继续社区矫正至期满不影响撤销缓刑

——张庆某危险驾驶案

【案件基本信息】

1. 裁判书字号

福建省厦门市海沧区人民法院（2017）闽0205刑初191号刑事判决书

2. 案由：危险驾驶罪

【基本案情】

2016年11月3日凌晨5时许，被告人张庆某酒后驾驶车号为闽D8××××的小型面包车行经厦门市思明区嘉禾路吕厝转盘路段时，被设卡盘查民警现场查获，经检测，被告人张庆某血液酒精含量为120.54mg/dl，已达到醉酒驾驶机动车标准。

另查明，2016年3月24日，被告人张庆某因涉嫌拒不支付劳动报酬罪被厦门市公安局同安分局刑事拘留，2016年4月23日被厦门市公安局同安分局取保候审。2016年8月25日因犯拒不执行劳动报酬罪被厦门市海沧区人民法院判处拘役六个月，缓刑八个月，并处罚金人民币5000元。社区矫正期间，被告人张庆某涉嫌危险驾驶罪被刑事拘留，2016年11月10日变更为取保候审后，厦门市海沧区司法局继续对被告人张庆某进行社区矫正，2017年5月5日社区矫正期满，厦门市海沧区司法局决定对张庆某终止社区矫正。

【案件焦点】

社区矫正期间涉嫌新罪后继续社区矫正至期满，是否不影响撤销缓刑数罪并罚。

【法院裁判要旨】

福建省厦门市海沧区人民法院经审理认为：被告人张庆某在道路上醉酒驾驶机动车，其行为已构成危险驾驶罪。被告人张庆某到案后如实供述自己所犯罪行，当庭自愿认罪，依法可以从轻处罚。被告人张庆某在缓刑考验期限内犯新罪，依法应当撤销缓刑，把前罪和后罪所判处的刑罚，实行数罪并罚。

福建省厦门市海沧区人民法院依照《中华人民共和国刑法》第一百三十三条之一第一款第二项、第六十七条第三款、第七十七条、第六十九条及《最高人民法院、最高人民检察院、公安部关于办理醉酒驾驶机动车刑事案件适用法律若干问题的意见》第一条，作出如下判决：

一、撤销福建省厦门市海沧区人民法院（2016）闽0205刑初411号刑事判决中被告人张庆某犯拒不支付劳动报酬罪判处拘役六个月、缓刑八个月、罚金人民币五千元的缓刑部分；

二、被告人张庆某犯危险驾驶罪，判处拘役一个月，并处罚金人民币一千元。与前罪的刑罚并罚，决定执行拘役六个月零十五天，罚金人民币六千元。

【法官后语】

本案焦点在于，被告人在社区矫正期间涉嫌犯危险驾驶罪被取保候审后，社区矫正部门继续对被告人社区矫正直至期满，期满后出具解除社区矫正证明书，是否影响对被告人撤销缓刑，将前罪和后罪进行数罪并罚。

1. 社区矫正部门可对涉嫌新罪被取保候审的矫正对象继续社区矫正

根据《刑法》第七十七条的规定，缓刑考验期限内犯新罪的，应当撤销缓刑，对新犯的罪作出判决，把前罪和后罪所判处的刑罚，依照《刑法》第六十九条的规定，决定执行的刑罚。只是新罪的侦查、移送审查起诉需要一定的时间，在这段时间内，如果社区矫正对象因涉嫌犯新罪被羁押，则社区矫正终止或中止，不存在是否继续实施社区矫正的问题；如果社区矫正服刑人员涉嫌犯新罪后被采取的是取保候审强制措施，社区矫正部门是否继续对其进行社区矫正，若继续社区矫正直至期满，是否影响撤销缓刑，是个需要考虑的问题。取保候审强制措施与社区矫正，在作出机关、执行机关、当事人应遵守的义务方面均有所不同，二者互不重叠，不能互相替代。最高人民法院、最高人民检察院、公安部、司法部联合制定的《社区矫正实施办法》（2012年）并未对社区矫正服刑人员取保候审后是否继续社区矫正作出规定。有个别省份在制定实施细则时对此作出规定，如《四川省社区矫正实施细则（试行）》（2014年）第一百五十一条规定："社区服刑人员涉嫌违法犯罪被羁押的，社区矫正中止；不构成犯罪的，社区矫正继续进行。涉嫌违法犯罪被取保候审或者监视居住的，不影响社区矫正的进行。社区矫正期满时，涉嫌违法犯罪仍未结案的，社区矫正终止。社区矫正期满后，不构成犯罪的，应当按照解除矫正程序补办相关手续。"这一规定有合理的地方，因为社区矫正服刑人员即使被取保候审，但并未被定罪，继续对其社区矫正，符合任何人未经审判不能认定有罪的司法理念，且可避免漏管、脱管，一旦不构成犯罪，按解矫程序补办手续也可很好地衔接。

2. 继续社区矫正不影响撤销缓刑，但应避免程序瑕疵

《刑法》关于缓刑考验期限内犯新罪应当撤销缓刑的规定，是强制性规定，不因社区矫正期满而不撤销缓刑。社区矫正部门在服刑人员被取保候审后继续社区矫正直至期满的，应注意选择终止社区矫正，而非解除社区矫正。根据最高人民法院、最高人民检察院、公安部、司法部联合制定的《社区矫正实施办法》（2012年）第三十条规定，社区矫正人员矫正期满，司法所应当组织解除社区矫正宣告，宣告事项包括：对宣告缓刑的，宣布缓刑考验期满，原判刑罚不再执行。因此，若采用宣告解除社区矫正程序，容易让当事人误以为原判刑罚不再执行，与《刑法》规定的应当撤销缓刑的规定不合，程序上不严谨。

本案中，司法局在被告人涉嫌危险驾驶罪被取保候审后，继续对其社区矫正直至期满，本无不妥，但对被告人出具《解除社区矫正证明书》，程序上有瑕疵，之后司法局主动撤销解除社区矫正决定书，作出终止社区矫正决定书并将相关文书送达被告人，补正了程序上的瑕疵。一审判决撤销原判缓刑部分，对新犯的危险驾驶罪作出判决，与前罪的刑罚并罚。

编写人：福建省厦门市海沧区人民法院　苏桔海

68

污染环境犯罪缓刑的准确适用

——王传某污染环境案

【案件基本信息】

1. 裁判书字号

山东省淄博市临淄区人民法院（2017）鲁0305刑再6号刑事裁定书

2. 案由：污染环境罪

【基本案情】

2013年7月、8月以来，被告人王传某在临淄区皇城镇北羊村东寿济路北侧租用场地，利用他人身份注册淄博甲石化设备防腐有限公司，并负责公司的整个生产运营，主要从事化工设备除锈、涂装业务。生产过程中，被告人王传某安排他人利用盐酸进行设备酸洗除锈，酸洗产生的废酸液直接排入无防渗渗坑内，污染环境。2016年2月29日被临淄区环保分局执法人员当场查获。依据《国家危险废物名录》，该公司酸洗工艺产生的废酸液属于危险废物，应认定为有毒物质。2016年6月，在公安机关的监督下，被告人王传某对污染环境场地和污染物进行了无害化处置，消除污染。

另查明，被告人王传某于2016年5月31日主动到临淄区公安分局皇城派出所投案。

【案件焦点】

本案对被告人王传某适用缓刑是否违反法律规定。

【法院裁判要旨】

山东省淄博市临淄区人民法院经审理认为：被告人王传某违反国家规定，利用无防渗渗坑排放有毒物质，污染环境，其行为构成污染环境罪。公诉机关指控的罪名成立，适用法律的意见正确。被告人王传某案发后主动到公安机关投案，系自首，依法可从轻处罚。被告人王传某对污染侵蚀的土壤进行无害化应急处置，依法可酌情从轻处罚。山东省淄博市临淄区人民法院依照《中华人民共和国刑法》第三百三十八条、第七十二条第一款及第三款、第七十三条第二款及第三款、第五十二条、第五十三条、第六十一条之规定，判决如下：

被告人王传某犯污染环境罪，判处有期徒刑一年，缓刑一年，并处罚金人民币五万元。

判决生效后，检察机关抗诉主张：原审判决认定事实不清。原审被告人王传某安排他人利用盐酸进行设备酸洗除锈，酸洗产生的废酸液直接排入无防渗渗坑内，严重污染环境，原审判决没有充分考虑这一事实；原审判决适用法律错误，量刑不当。原审被告人王传某污染环境时间长、排放污染物质数量大、社会危害大，犯罪情节严重，不符合缓刑规定的犯罪情节较轻的条件。因此对原审被告人不应适用缓刑。原审被告人王传某认为原审判决认定事实和适用法律正确，量刑适当。

山东省淄博市临淄区人民法院再审认为：根据《中华人民共和国刑法》第三百三十八条规定，污染环境罪定罪量刑，必须以“严重污染环境”为条件，原审判决认定“原审被告人王传某利用无防渗渗坑排放有毒物质，污染环境，其行为构成污染环境罪”，已充分考虑“原审被告人王传某安排他人利用盐酸进行设备酸洗除锈，酸洗产生的废酸液直接排入无防渗渗坑内，严重污染环境”这一事实，原审判决认定事实清楚，抗诉机关的该项抗诉主张不能成立，本院不予支持。

关于原审判决法律适用和量刑问题。认定缓刑适用条件中的“犯罪情节较轻”与作为情节加重犯的“情节严重”，在评价目的、参照标准和评价内容等方面有所不同。情节加重犯中的“情节严重”是与该罪的基本构成相比较而言的，即以某个犯罪的基本构成特征作为参照，来认定某个犯罪行为在具备该罪基本构成特征的基础上，是否还具有更加严重的情节，从而决定对被告人是否适用加重法定刑，本质上属于量刑层面的问题，一般情况下，与刑罚的执行方式（即应判处实刑还是缓刑）关联不大。而作为缓刑适用条件的“犯罪情节较轻”，是一种能够综合反映犯罪分子所犯罪行的社会危害程度和主观恶性大小，并影响到刑罚执行方式的条件，是在确定行为人已构成犯罪并应判处刑罚和确定具体刑种、刑度的基础上对刑罚执行方式的评价，因此，有别于刑法分则规定的加重量刑情节。为了避免对犯罪情节重复评价，即在量刑时已经考量犯罪情节的轻重，在决定刑罚执行方式时又二次评价上述量刑情节是否符合缓刑适用条件的“犯罪情节较轻”，宜将缓刑适用条件的“犯罪情节较轻”界定为立法的特别提示性规定。此处的“犯罪情节较轻”意在限制缓刑的适用，将一些虽然判处拘役、三年以下有期徒刑，但经整体评价社会危害性大、主观恶性深的罪犯排除在适用缓刑之外。根据罪刑法定原则，作为情节加重犯的加重情节，应当由刑法或者司法解释明确规定，没有规定的，应当结合其他刑法渊源，根据案件具体情况，从贯彻罪责刑相适应的角度在个案中综合分析、慎重把握。评价犯罪分子是否符合缓刑适用条件的“犯罪情节较轻”，要综合评价犯罪分子的主观和客观方面，既要考虑刑法分则或者司法解释规定的量刑情节，又要在评价犯罪行为本身情节轻重的基础上，考察个案中是否还存在支撑对其选择较为轻缓的刑罚执行方式的特殊事实依据和理由。具体要从犯罪构成的四个方面进行综合把握，而且不能脱离社会一般公众的标准进行评价。对于具备加重情节的犯罪，在是否适用缓刑时要更加慎重把握，但不排除在一些特殊个案中存在其他可以被考虑为“犯罪情节较轻”的因素。如果经综合权衡，对被告人宣告缓刑要比判处实刑更有利于实现刑罚的目的和取得更好的法律、社会效果，也可以认定被告人符合《中华人民共和国刑法》第七十二条第一款规定的缓刑适用条件。这样处理，对一些确实存在特殊情况的个案，可以避免出现如果严格依照司法解释列举的加重处罚情节对被告人升格法定刑，可能导致刑罚过于严苛而偏离罪责程度的极端情形发生。综上，作为情节加重犯适用条件的“情节严重”与缓刑适用条件中的“犯罪情节较轻”在适用时并不矛盾。

本案中，原审判处被告人王传某有期徒刑一年的结果表明，其行为的社会危害性较轻。若再认为王传某污染环境时间长、排放污染物质数量大、社会危害大，犯罪情节严重，不符合缓刑适用条件的“犯罪情节较轻”，属于重复评价。污染环境罪本身为法定犯，其相较于自然犯而言危害行为的社会危险性、行为人的人身危险性较低。该罪主要以单位犯罪的形式存在，作为单位的主管人员和直接责任人员而受到追诉的人身危险性较之于非单位犯罪而言较低。原审被告人王传某案发后主动到公安机关投案，系自首。原审被告人王传某对污染侵蚀的土壤进行了无害化应急处置，在一定程度上降低了危害后果。原审判决充分考虑缓刑适用的四个条件，对原审被告人王传某判处有期徒刑一年，缓刑一年，缓刑适用并无不当。另外，《最高人民检察院关于在检察工作中贯彻宽严相济刑事司法政策的若干意见》第十条规定："在抗诉工作中正确贯彻宽严相济的刑事司法政策。既要重视对有罪判无罪、量刑畸轻的案件及时提出抗诉，又要重视对无罪判有罪、量刑畸重的案件及时提出抗诉。对于被告人认罪并积极赔偿损失、被害人谅解的案件、未成年人犯罪案件以及具有法定从轻、减轻情节的案件，人民法院处罚偏轻的，一般不提出抗诉。对于第一审宣判后人民检察院在法定期限内未提出抗诉，或者判决、裁定发生法律效力后六个月内未提出抗诉的案件，没有发现新的事实或者证据的，一般也不得为加重被告人刑罚而依照审判监督程序提出抗诉。"本案原审2016年11月18日判决，2017年7月21日抗诉机关抗诉，并没有发现新的事实或者证据，因此，从严格诉讼程序角度考虑，本案即使抗诉，也不宜改判。

综上所述，原审判决认定事实和适用法律正确，量刑适当，抗诉机关抗诉理由不能成立，应予驳回，原审判决应予维持。

山东省淄博市临淄区人民法院依照《中华人民共和国刑法》第三百三十八条、第七十二条第一款及第三款、第七十三条第二款及第三款、第五十二条、第五十三条、第六十一条，《中华人民共和国刑事诉讼法》第二百四十五条、第二百一十九条①，《最高人民法院关于适用〈中华人民共和国刑事诉讼法〉的解释》第三百八十九条第一款第一项之规定，裁定如下：

维持本院（2016）鲁0305刑初586号刑事判决。

【法官后语】

我国《刑法》中有些罪将"情节严重"作为情节加重犯适用条件，作为情节加重犯适用条件的"情节严重"是否与缓刑适用条件中的"犯罪情节较轻"在适用时相矛盾，实践中存在不同认识。我们认为，行为人即使属于"情节严重"，但与《刑法》第七十二条第一款规定的缓刑适用条件并不矛盾，仍然可以对其适用缓刑。具体理由如下：

---

① 对应2018年《刑事诉讼法》第二百五十六条、第二百三十条。

1. 认定缓刑适用条件中的“犯罪情节较轻”与作为情节加重犯的“情节严重”，在评价目的、参照标准和评价内容等方面有所不同

(1) 二者评价目的和参照标准不同。情节加重犯中的“情节严重”是与该罪的基本构成相比较而言的，即以某个犯罪的基本构成特征作为参照来认定某个犯罪行为在具备该罪基本构成特征的基础上，是否还具有更加严重的情节，从而决定对被告人是否适用加重法定刑，本质上属于量刑层面的问题，一般情况下，与刑罚的执行方式（即应判处实刑还是缓刑）关联不大。而作为缓刑适用条件的“犯罪情节较轻”，是一种能够综合反映犯罪分子所犯罪行的社会危害程度和主观恶性大小，并影响到刑罚执行方式的条件，是在确定行为人已构成犯罪并应判处刑罚和确定具体刑种、刑度的基础上对刑罚执行方式的评价，因此，有别于刑法分则规定的加重量刑情节。

为了避免对犯罪情节重复评价，即在量刑时已经考量犯罪情节的轻重，在决定刑罚执行方式时又二次评价上述量刑情节是否符合缓刑适用条件的“犯罪情节较轻”，笔者认为，宜将缓刑适用条件的“犯罪情节较轻”界定为立法的特别提示性规定。因为，“判处拘役、三年以下有期徒刑”是《刑法》总则第七十二条明确规定的缓刑适用的前置性要件，也可称为刑种、刑度要件，但符合这一要件的犯罪分子显然很多，并不是判处该刑罚的犯罪分子都可以适用缓刑，故第七十二条同时列举了四项条件以明确缓刑的适用范围，其中第一项条件即“犯罪情节较轻”。换言之，此处的“犯罪情节较轻”意在限制缓刑的适用，将一些虽然判处拘役、三年以下有期徒刑，但经整体评价社会危害性大、主观恶性深的罪犯排除在适用缓刑之外。

(2) 二者评价内容不同。根据罪刑法定原则，作为情节加重犯的加重情节，应当由刑法或者司法解释明确规定，没有规定的，应当结合其他刑法渊源，根据案件具体情况，从贯彻罪责刑相适应的角度在个案中综合分析、慎重把握。从我国刑法分则来看，明确加重处罚情节的刑法条款大多采取逐项列举式规定。司法解释对加重处罚情节的明确也大多采取列举式规定。

评价犯罪分子是否符合缓刑适用条件的“犯罪情节较轻”，要综合评价犯罪分子的主观和客观方面，既要考虑《刑法》分则或者有关司法解释规定的量刑情节，又要在评价犯罪行为本身情节轻重的基础上，考察个案中是否还存在支撑对其选择

较为轻缓的刑罚执行方式的特殊事实依据和理由。具体要从犯罪构成的四个方面进行把握：

①关于犯罪主体方面，即犯罪人的身体、精神状况及职业情况，是否系未成年人，是否精神健全，是否具有特殊身份等。通常情况下，未成年犯、老年犯及患有间歇性精神病的犯罪人，在罪行本身并不严重的情况下，可以考虑认定为犯罪情节较轻。而某些犯罪如果由特殊身份的人实施就具有较大的社会危害性，如利用教师身份实施猥亵儿童犯罪，即使只判处了拘役，也不宜认定为犯罪情节较轻。

②关于犯罪主观方面，包括主观罪过（故意或过失）、犯罪动机等。过失犯罪的行为人主观恶性相对较小，相对于故意犯罪可优先考虑认定为犯罪情节较轻。对出于义愤、防卫或者因为紧急避险以及为满足基本生活需求、抚养小孩、赡养老人等动机实施的犯罪，可以考虑认定为犯罪情节较轻，而对于一些动机卑劣的犯罪则不宜认定为犯罪情节较轻。

③关于犯罪客观方面，包括危害行为、危害结果及犯罪对象等方面。对于未造成严重后果、被害人身心受伤害较小或者取得被害人谅解的犯罪可以考虑认定为犯罪情节较轻。而对于犯罪手段残忍、被害人身心受到严重伤害、对老人和儿童等弱势群体实施的犯罪，则不宜认定为犯罪情节较轻。若犯罪后果未发生，或者已发生但在事后得到完全或者大部分弥补的，也可以认定为犯罪情节较轻，如预备犯、中止犯等。

④关于犯罪客体方面，《刑法》所要保护的法益越重要，对是否认定属于犯罪情节较轻，越要从严把握。例如，抢劫本身属于严重犯罪，具有持枪抢劫、入户抢劫等加重处罚情节的，即使同时具备其他从轻、减轻情节，整体上通常也不宜评价为犯罪情节较轻。相反，如果基本犯侵犯的法益不那么严重，那么，即使具备加重情节，在综合考量其他从轻情节、因素的情况下，也有可能评价为犯罪情节较轻。

值得注意的是，在判断被告人是否具备缓刑适用条件中的“犯罪情节较轻”时，对上述几个方面的因素不能孤立来看，也不能脱离社会一般公众的标准进行评价，这一点有别于量刑时对情节轻重的判断。对量刑情节的判断，要严格限定在法律和个案事实的框架内，而是否选择缓刑的刑罚执行方式，还要考虑一般公众的认知和刑事政策。例如，就具体的贪污受贿犯罪而言，情形、情节千差万别，既存在情节特别严重的个案，也存在情节较轻的个案，在量刑时需要区别对待。但即使从量刑意义上属情节较轻的贪污受贿犯罪，从社会公众和刑事政策的角度考量，认定“犯罪情节较轻”也需要从严掌握。

通过上述比较可以看出，认定缓刑适用条件的“犯罪情节较轻”所考虑的因素通常比认定情节加重犯所考虑的因素更为广泛，不能认为情节加重犯就必然是一种具有严重社会危害性的犯罪行为，就必然不符合缓刑适用条件。对于具备加重情节的犯罪，在是否适用缓刑时要更加慎重把握，但不排除在一些特殊个案中，存在其他可以被考虑为“犯罪情节较轻”的因素。如果经综合权衡，对被告人宣告缓刑要比判处实刑更有利于实现刑罚的目的和取得更好的法律、社会效果，也可以认定被告人符合《刑法》第七十二条第一款规定的缓刑适用条件。这样处理，对一些确实存在特殊情况的个案，可以避免出现如果严格依照司法解释列举的加重处罚情节对被告人升格法定刑，可能导致刑罚过于严苛而偏离罪责程度的极端情形发生。

2. 本案被告人符合缓刑适用条件

本案中，原审判处被告人王传某有期徒刑一年的结果表明，其行为的社会危害性较轻。若再认为王传某污染环境时间长、排放污染物质数量大、社会危害大，犯罪情节严重，不符合缓刑适用条件的“犯罪情节较轻”，属于重复评价。污染环境罪本身为法定犯，其相较于自然犯而言危害行为的社会危险性、行为人的人身危险性较低。该罪主要以单位犯罪的形式存在，作为单位的主管人员和直接责任人员而受到追诉的人身危险性较之于非单位犯罪而言较低。原审被告人王传某案发后主动到公安机关投案，系自首。原审被告人王传某对污染侵蚀的土壤进行了无害化应急处置，在一定程度上降低了危害后果。原审判决充分考虑缓刑适用的四个条件，对原审被告人王传某判处有期徒刑一年，缓刑一年，缓刑适用并无不当。

编写人：山东省淄博市临淄区人民法院　刘海红

（六）减　　刑

69

缓刑减刑案中检举揭发构成重大立功的认定

——张某缓刑减刑案

【案件基本信息】

1. 裁判书字号

安徽省马鞍山市中级人民法院（2018）皖05刑更136号刑事裁定书

2. 案由：减刑

【基本案情】

执行机关安徽省马鞍山市雨山区司法局提出：社区矫正人员张某（化名）接受社区矫正期间，遵守社区矫正管理规定，服从矫正工作人员的管理和教育。积极参加集中教育，积极参加公益劳动。二次检举揭发他人重大犯罪活动，经查证属实（为保证矫正人员人身安全，详见证据）。建议对张某减去有期徒刑一年六个月，同时依法缩减其缓刑考验期限。安徽省马鞍山市司法局经审核，同意马鞍山市雨山区司法局的减刑建议。

马鞍山市人民检察院认为：经审查，罪犯张某在社区矫正期间，能认真遵守社区矫正管理规定，服从矫正工作人员管理，积极参加集中教育和公益劳动，积极履行财产刑。二次检举揭发他人重大犯罪活动，经查证属实，具有重大立功表现。依据《中华人民共和国刑法》第七十八条及有关法律法规、司法解释之规定，建议人民法院裁定减刑。

法院经审理查明：罪犯张某在社区矫正期间，能够认罪悔罪，积极履行罚金刑，罚金四十万元已缴纳，能认真遵守社区矫正的相关法律规定，积极参加教育学习和社区服务，并检举、揭发二起他人犯罪活动。

【案件焦点】

如何认定检举、揭发他人犯罪活动构成重大立功。

【法院裁判要旨】

安徽省马鞍山市中级人民法院经审理认为：罪犯张某在社区矫正期间，能够认罪悔罪，积极履行罚金刑，确有悔改表现，检举、揭发二起他人犯罪活动，经查证属实。根据《最高人民法院关于处理自首和立功具体应用法律若干问题的解释》，张某检举、揭发的第二起案件属于可能被判处无期徒刑以上刑罚的重大案件。所以应当认定张某检举、揭发该起犯罪行为构成重大立功。综上，罪犯张某符合法定的减刑条件，应当减刑，同时应当依法缩减其缓刑考验期。安徽省马鞍山市雨山区司法局的减刑建议、安徽省马鞍山市人民检察院的检察意见，予以部分采纳。

安徽省马鞍山市中级人民法院依照《中华人民共和国刑法》第七十八条、第七十九条，《最高人民法院关于办理减刑、假释案件具体应用法律的规定》第十八条和《中华人民共和国刑事诉讼法》第二百六十二条第二款①之规定，作出如下裁定：

对罪犯张某减去有期徒刑一年，缓刑考验期缩减二年。

【法官后语】

本案处理重点在于张某检举、揭发二起他人犯罪活动是否构成重大立功。通常，缓刑犯是不考虑减刑的，但构成重大立功的，法律规定可以予以减刑。根据1998年4月17日最高人民法院发布的《关于处理自首和立功具体应用法律若干问题的解释》（以下简称《解释》）及2010年12月22日最高人民法院发布的《关于处理自首和立功若干具体问题的意见》（以下简称《意见》）对重大立功作了专门规定。根据《解释》和《意见》的规定，被检举、揭发的他人犯罪活动的犯罪嫌疑人、被告人可能被判处无期徒刑以上刑罚或者案件在本省、自治区、直辖市或者全国范围内有较大影响等情形下，检举、揭发者可构成重大立功。

① 对应2018年《刑事诉讼法》第二百七十三条第二款。

具体到本案中，张某检举揭发的第一起非法制造、买卖枪支罪案件是省公安厅挂牌督办刑事案件，能否认为是“重大案件”或者是在本省有较大影响的案件，并无明确的法律依据，因此不予以认定张某对该案的检举、揭发属重大立功。

张某检举、揭发的第二起某逃犯涉故意伤害罪案件。该逃犯的二个共同犯罪同案犯已经由某市中级人民法院审理认为，二被告人故意伤害他人身体，致一人死亡，三人受伤的严重后果，其行为均已构成故意伤害罪，且手段残忍、后果严重，应予严惩。两被告人赔偿被害人家属部分经济损失，酌情从轻处罚，一被告人被判处有期徒刑十五年，另一被告人被判处有期徒刑十年。该案经某省高级人民法院二审，裁定驳回上诉，维持原判。该起犯罪因该逃犯与被害人之间的口角纠纷引发，该逃犯与同案犯纠集人员进行报复，该逃犯是犯意的发起者，也是犯罪的纠集者，该逃犯应被科处不低于上述二共同犯罪被告人的刑罚。张某检举、揭发的该逃犯涉故意伤害罪案属于可能被判处无期徒刑以上刑罚的重大案件。所以应当认定张某检举、揭发他人犯罪行为符合重大立功的规定。根据《最高人民法院关于办理减刑、假释案件具体应用法律的规定》，罪犯张某符合法定的减刑条件，应当减刑，同时应当依法缩减其缓刑考验期。罪犯在缓刑考验期间因检举、揭发他人重大犯罪活动构成重大立功而获减刑，在全国都很少见。对认定为重大立功的缓刑犯减刑，既体现了刑罚的教育改造功能，也进一步彰显了法律的正面引导作用。

编写人：安徽省马鞍山市中级人民法院　刘畅

70

有退赃能力而未主动退赃的不予减刑

——黄培明不予减刑案

【案件基本信息】

1. 裁判书字号

广东省韶关市中级人民法院（2016）粤02刑更3700号刑事裁定书

2. 案由：减刑

【基本案情】

黄培明系金融诈骗服刑罪犯，其涉案诈骗财物价值219万余元，仅在原侦查机关退赃51万元。2016年1月29日，广东省韶关市中级人民法院以罪犯黄培明狱内开支大，未通过主动退赃、主动赔偿损失等方式来积极消除其犯罪行为所产生的社会影响，难以认定为确有悔改表现为由决定退案。退案后，执行机关于2016年6月22日再次以其在服刑期间确有悔改表现，在考核期间共获得嘉奖36次，两次被评为改造积极分子为由提出减刑建议，但该犯在2016年1月29日被法院退案后，仍未主动退赃，且根据执行机关提供的罪犯收支明细表及消费台账显示，该犯近两年狱内消费仍然较高。

【案件焦点】

罪犯在狱内表现积极，但有退赃能力而未积极主动退清赃款，是否应当予以减刑。

【法院裁判要旨】

广东省韶关市中级人民法院经审理认为：罪犯黄培明虽然客观改造成绩好，减刑间隔时间较长，但该犯具有一定的退赃能力，在刑罚执行期间分文未退。特别是在法院严肃指出其退赃不积极，狱内开支大并决定退案后，该犯仍未主动退赃，说明该犯并未深刻认识到其犯罪行为所产生的社会危害性，亦未通过积极主动退赃来消除其犯罪行为所产生的社会影响，不应认定为确有悔改表现。据此，裁定对罪犯黄培明不予减刑。

【法官后语】

减刑、假释是刑罚变更的方式，其根本目的是激励罪犯积极改造，是刑罚执行过程中对积极改造罪犯的一种奖励性措施，并非所有的罪犯都可以获得减刑、假释。近几年来，由于张海案等刑罚变更案件引发舆论的强烈关注，“以钱买刑”的扭曲观念引起社会对司法公正的质疑。根据《最高人民法院关于适用〈中华人民共和国刑事诉讼法〉的解释》第四百五十一条“审理减刑、假释案件，应当审查财产刑和附带民事裁判的执行情况，以及罪犯退赃、退赔情况。罪犯积极履行判决确定的义务的，可以认定有悔改表现，在减刑、假释时从宽掌握；确有履行能力而不履行的，在减刑、假释时从严掌握”的规定，财产性判项的履行情况是减刑、假释中需要考察的重要内容之一，即财产性判项的履行也只是考量罪犯是否确有悔改表现的其中一个因素，并不是履行了财产性判项就必须减刑、假释，也不是不履行财产性判项就一定不能减刑、假释。罪犯是否可以减刑，应以罪犯主观认罪悔罪表现及客观改造事实，并结合财产刑与附带民事裁判履行以及罪犯退赔、退赃等情况进行综合考核。该案暴露了部分罪犯思想价值观的歪曲的现象，警醒罪犯并不是简单地以客观改造成绩或者财产刑判项的履行数额来兑现减刑幅度，其处理结果也会促进罪犯和相关部门自身的反思，澄清司法实践中对减刑、假释性质的认识偏差并纠正一些不正确的做法。

编写人：广东省韶关市中级人民法院　钟素雅

三、刑事证据与时效

71

贩卖毒品罪中非法证据排除的认定

——钟某贩卖毒品案

【案件基本信息】

1. 裁定书字号

广西壮族自治区贺州市钟山县人民法院（2017）桂1122刑初105号刑事判决书

2. 案由：贩卖毒品罪

【基本案情】

2017年3月20日，被告人钟某接到吸毒人员蒋某购买冰毒的电话并约定在其住处（钟山县西路甲小区廉租房第×栋×××号）交易后。当天16时许，蒋某到了被告人钟某的住处并与钟某一起吸食冰毒，后蒋某向钟某购买了200元的冰毒，当交易完成时，两人被钟山县公安局民警当场抓获，从蒋某身上查获疑似毒品净重0.58克，从钟某身上查获毒资200元。经鉴定，从蒋某身上查获的疑似毒品中检出甲基苯丙胺。

【案件焦点】

侦查人员从钟某住处查获的9.66克毒品是否依照法定程序展开侦查、收集的，能否作为本案的证据。

【法院裁判要旨】

广西壮族自治区贺州市钟山县人民法院经审理认为：对公诉机关指控侦查人员从

钟某住处查获的 9.66 克毒品的意见，经查，本案现无证据证实侦查人员在持有搜查证的情况下搜查了被告人钟某的住处，虽然针对侦查机关无证搜查的行为有经公诉人在庭上宣读的“关于钟某贩卖毒品案的现场查获经过”，但从该份证据证实的内容看，该情况也不属于法律规定的“在执行逮捕、拘留的时候，遇有紧急情况，不另用搜查证也可以进行搜查”的情形，且也无搜查笔录、执法记录仪等其他证据充分证实 9.66 克毒品的合法来源。因此，根据法律的相关规定及本案现有证据，对侦查人员无证搜查的 9.66 克毒品，本院不予认可，对公诉机关的上述意见，本院不予采纳。被告人钟某明知是毒品而贩卖给他人，其行为已触犯《中华人民共和国刑法》第三百四十七条的规定，构成贩卖毒品罪。公诉机关指控被告人钟某犯贩卖毒品罪罪名成立。被告人钟某到案后供述了主要犯罪事实，且当庭认罪，本院予以从轻处罚。

广西壮族自治区贺州市钟山县人民法院依照《中华人民共和国刑法》第三百四十七条第一款、第四款，第六十七条第三款，第五十二条，第五十三条，第六十四条的规定，判决如下：

一、被告人钟某犯贩卖毒品罪，判处有期徒刑十个月；并处罚金人民币一千元。

二、毒资人民币二百元依法没收，由本院上缴国库。

【法官后语】

本案中，被告人钟某明知是毒品而贩卖给他人其行为已触犯《刑法》第三百四十七条的规定，构成贩卖毒品罪，各方对此并无争议。

本案争议的焦点在于侦查人员从钟某住处查获的 9.66 克毒品是否依照法定程序展开侦查、收集的，能否作为本案的证据。根据《刑事诉讼法》第五十六条非法证据排除规则：采用刑讯逼供等非法方法收集的犯罪嫌疑人、被告人供述和采用暴力、威胁等非法方法收集的证人证言、被害人陈述，应当予以排除。收集物证、书证不符合法定程序，可能严重影响司法公正的，应当予以补正或者作出合理解释；不能补正或者作出合理解释的，对该证据应当予以排除。在侦查、审查起诉、审判时发现有应当排除的证据的，应当依法予以排除，不得作为起诉意见、起诉决定和判决的依据。第五十七条证据收集合法性的证明：在对证据收集的合法性进行法庭调查的过程中，人民检察院应当对证据收集的合法性加以证明。现有证据材料不能证明证据收集的合法性的，人民检察院可以提请人民法院通知有关侦查人员或者其他人员出庭说明情况；人民法院可以通知有关侦查人员或者其他人员出庭说明情况。有关侦查人员或者其他人员也可以要求出庭说明情况。经人民法院通知，有关人员应当出庭。第五十八条非法证据的处理：对于经过法庭审理，确认或者不能排除存在本法第五十四条规定的以非法方法收集证据情形的，对有关证据应当予以排除。综合本案证据，笔者认为本案侦查人员搜查的9.66克毒品，不符合法定程序，不能作为本案的证据。主要理由如下：

本案现没有证据证实侦查人员在被告人钟某的住处搜查出9.66克毒品时持有搜查证，是按照法定程序展开侦查和收集证据的。虽然公诉人在庭上宣读的“关于钟某贩卖毒品案的现场查获经过”，但检察院没有对该证据收集的合法性加以证明，或作出补正；也没有提请法院通知有关侦查人员或者其他人员出庭说明当时的搜查情况。从该份证据证实的内容看，该情况也不属于法律规定的“在执行逮捕、拘留的时候，遇有紧急情况，不另用搜查证也可以进行搜查”的情形，且也无搜查笔录、执法记录仪等其他证据充分证实9.66克毒品的合法来源。

因此，笔者认为本案侦查人员搜查的9.66克毒品，在搜查程序上不合法，对此证据应予以排除，不能作为本案的证据。

编写人：广西壮族自治区贺州市钟山县人民法院　何著文

72

检材污染不能补正的证据应依法予以排除

——范勇强贩卖毒品案

【案件基本信息】

1. 裁判书字号

四川省攀枝花市仁和区人民法院（2017）川0411刑初340号刑事判决书

2. 案由：贩卖毒品罪

【基本案情】

2017年4月以来，被告人范勇强在其租住的位于攀枝花市仁和区甲酒店旁边的5楼出租房的楼下，向赵某、郑维某等人多次贩卖毒品甲基苯丙胺。

2017年9月4日15时许，赵某在被告人范勇强的出租房内向被告人范勇强购买了200元的甲基苯丙胺后，到攀枝花市仁和区乙影院上班时，被公安民警查获。公安民警从赵某随身携带的挎包内查获疑似甲基苯丙胺1小袋，净重0.37克。随后，公安民警根据赵某的交代，在攀枝花市仁和区甲酒店楼下将被告人范勇强抓获，并从其随身携带的挎包内及出租房内搜出疑似毒品甲基苯丙胺51袋，共计净重33.75克，其中一大袋疑似毒品甲基苯丙胺净重17.64克。公安机关将查获的上述疑似毒品甲基苯丙胺共计52袋予以扣押后，除将一大袋净重17.64克的疑似毒品甲基苯丙胺只抽取0.95克送检外，其余扣押的51袋疑似毒品甲基苯丙胺全部送检。经攀枝花市公安局物证鉴定所检验，上述查获的疑似毒品中均检出甲基苯丙胺成分。

另查明，被告人范勇强到案后，如实供述了其多次向他人贩卖毒品的事实，但其被查获后即提出公安机关扣押的一大袋疑似毒品甲基苯丙胺净重17.64克系其用于添加到甲基苯丙胺中的塑化剂，不是甲基苯丙胺。当时，公安机关对该疑似毒品做称量、抽样送检时，与其余扣押的毒品甲基苯丙胺一起采用同一包装物及设备进行称量，并封存、送检。

【案件焦点】

公安机关对扣押在案的多份疑似毒品进行称量、抽样送检时，未将每份疑似毒品分开用不同的包装物进行称重、抽样送检，是否可以将该证据作为定罪量刑的根据。

【法院裁判要旨】

四川省攀枝花市仁和区人民法院经审理认为：本案中，公安机关对查获的疑似毒品甲基苯丙胺净重17.64克做称量、抽样送检时，被告人范勇强即提出此系用于添加到甲基苯丙胺中的塑化剂，不是甲基苯丙胺，但公安机关对该疑似毒品做称量、抽样送检时，与其余扣押的毒品甲基苯丙胺采用相同设备进行称量，并封存、送检，不排除该物品被其他毒品污染的可能，且未对该疑似毒品进行含量或纯度检验，故公诉机关指控公安机关查获的疑似毒品甲基苯丙胺净重17.64克应计算为被告人范勇强贩卖毒品数量的证据不足，不应计算为被告人范勇强贩卖毒品数量。被告人范勇强归案后如实供述本案事实，庭审时认罪态度较好，量刑时可以从轻处罚。从被告人范勇强处查获的疑似毒品 17.64 克，系违禁品，依法应当没收，鉴于公安机关未随案移送，可由公安机关依法处理。

四川省攀枝花市仁和区人民法院依照《中华人民共和国刑法》第三百四十七条第一款、第三款，第六十四条，第六十一条之规定，作出如下判决：

一、被告人范勇强犯贩卖毒品罪，判处有期徒刑八年，并处罚金二万元；

二、对扣押在案的疑似毒品 17.64 克予以没收。

宣判后，被告人未上诉，公诉机关未抗诉。现判决已发生法律效力。

【法官后语】

被告人范勇强对公安机关查获的一大袋疑似毒品甲基苯丙胺净重 17.64 克始终供述其为毒品掺假的塑化剂。法院当庭播放公安机关抽样、称量取证同步录音录像视频，发现公安机关将所有疑似毒品轮流拆封后放在同一张包装纸上称重、抽样送检。《办理毒品犯罪案件毒品提取、扣押、称量、取样和送检程序若干问题的规定》(以下简称《规定》) 第十五条规定，“对两个以上包装的毒品，应当分别称量……不得混合后称量……”，本案侦查机关将每份疑似毒品用同一张包装纸称重、抽样送检，可能导致疑似毒品被真正毒品污染而被检查出毒品成分。按照《规定》第二十七条、第九条、第二十九条规定，本案无证据显示取样后封装剩余毒品经被告人和见证人确认以及抽样送检后侦查机关对剩余所有疑似毒品的保管符合规定。

《刑事诉讼法》第五十六条规定，“……收集物证、书证不符合法定程序，可能严重影响司法公正的，应当予以补正或者作出合理解释……”，而本案庭审结束后，侦查机关、公诉机关均未启动补充侦查程序。《规定》第三条规定，“……毒品的提取、扣押、称量、取样、送检程序存在瑕疵，可能严重影响司法公正的……对相关证据应当依法予以排除……”，综上，法院对该证据不予采信，依法予以排除。

编写人：四川省攀枝花市仁和区人民法院　范译丹

73

盗窃案中赃物未追回能否认定犯罪事实

——曾某盗窃案

【案件基本信息】

1. 裁判书字号

湖南省益阳市资阳区人民法院（2017）湘0902刑初113号刑事判决书

2. 案由：盗窃罪

【基本案情】

湖南省益阳市资阳区人民检察院指控：2016年12月31日18时许，被告人曾某在益阳市资阳区甲小区×栋×单元×××室被害人贺艳某家，盗得××钻戒1枚。经物价认证，被盗物品价值545500元。

湖南省益阳市资阳区人民检察院向法院移送了指控被告人曾某犯盗窃罪的被害人陈述、证人证言、被告人的供述与辩解等证据，认为被告人曾某以非法占有为目的，入户盗窃他人财物，数额特别巨大，其行为已触犯《中华人民共和国刑法》第二百六十四条之规定，应当以盗窃罪追究其刑事责任。根据《中华人民共和国刑事诉讼法》第一百七十二条[①]之规定，提请法院定罪科刑。

针对公诉机关的指控，被告人曾某及其辩护人均提出2016年12月31日，曾某在被害人贺艳某家盗窃的是一枚普通装饰品戒指，并非起诉书上指控的××钻戒的辩解理由及辩护意见。

针对被告人曾某及其辩护人提出的2016年12月31日曾某并未盗窃被害人贺艳某××钻戒的辩解理由及辩护意见，经一审法院审查实，案发当日被告人曾某虽进入被害人家中实施盗窃，但案发后侦查机关未在曾某处查到该枚钻戒实物，亦没有查到该

---

① 对应2018年《刑事诉讼法》第一百七十六条。

钻戒的相关收购者，而被告人曾某对于所认可的盗窃物品（几枚饰品戒指）与失窃钻戒特征不一致，且公诉机关未提供其他相关证据证实被告人曾某盗窃了该枚钻戒。

【案件焦点】

能否在赃物未查获、被告人与被害人对赃物描述不一致的情况下认定此笔盗窃犯罪事实。

【法院裁判要旨】

湖南省益阳市资阳区人民法院经审理认为：被告人曾某虽进入被害人贺艳某家盗窃，且案发后被害人向公安机关报失××戒指一枚，但公安机关经过侦查，并未从被告人曾某处查获失窃钻戒，也未追索到该钻戒的收购信息等相关下落，在侦查过程中，被告人曾某在公安机关对自己所盗戒指上雕刻的文字、估值的供述与被害人贺艳某对钻戒特征的陈述不相符合，且公诉机关未提供其他相关证据证实曾某实施了对该钻戒的盗窃。故法院依照“有利于被告人”的原则，对被告人曾某及其辩护人的辩解理由和辩护意见予以采纳，不认定被告人曾某盗窃了此枚钻戒。

湖南省益阳市资阳区人民法院依照《中华人民共和国刑法》第二百六十四条、第六十七条第三款、第四十七条、第五十二条、第五十三条、第六十四条之规定，作出如下判决：

被告人曾某犯盗窃罪，判处有期徒刑一年三个月，并处罚金一万元。

湖南省益阳市资阳区人民检察院提出，原判决未认定原审被告人曾某盗窃××钻戒的事实错误，且因对该部分犯罪事实未予认定，导致量刑畸轻，遂提起抗诉。

湖南省益阳市中级人民法院经审理认为：原审被告人曾某虽进入被害人贺艳某家中行窃，案发后，侦查机关未能查获证据实物，亦未能查实该钻戒的销赃去向，原审被告人曾某供述其所从被害人家中盗窃的戒指的雕刻、文字等细节与被害人陈述的失窃钻戒特征不一致；侦查机关组织的第一次辨认违反了混同辨认的法定程序，在补侦阶段进行的第二次辨认才采用混同辨认；对该钻戒进行鉴定的鉴定依据并非失窃证据实物，且因被害人称该钻戒系在迪拜购买，对被害人提供的购货发票及钻戒证书的真实性尚待核实，鉴定机构仅依据购买凭证和失窃物照片所作出的鉴定意见结论缺乏足够的证明力，对公诉机关指控原审被告人曾某盗窃××钻戒的事实，因证据存疑，且无法确定其实际价值，不予采信。原审被告人曾某多次入户盗窃他人财物，数额较大，原审法院以原审被告人曾某犯盗窃罪，判处有期徒刑一年三个月，并处罚金一万元，系在法定量刑幅度内量刑，并无不当。综上，检察机关提出的抗诉理由不能成立，终审法院不予支持，原判决认定事实清楚，证据充分，量刑适当，审判程序合法。

湖南省益阳市中级人民法院依照《中华人民共和国刑事诉讼法》第二百二十五条第一款第一项、第二项①之规定，作出如下裁决：

驳回抗诉，维持原判。

【法官后语】

本案处理重点主要在于对“疑罪从无”原则的理解。我国《刑事诉讼法》第二百条第三项规定，“证据不足，不能认定被告人有罪的，应当作出证据不足，指控的犯罪不能成立的无罪判决。”

具体到本案中，一审法院与检察机关的意见不同，其主要原因即在于对上述规定的不同理解。一审法院认为认定原审被告人曾某盗窃钻戒的证据不足且已有的证据缺乏足够的证明力，不足以得出曾某盗得钻戒的唯一结论，故不予认定盗窃钻戒事实。检察机关认为该案中虽未追查到赃物，但可以根据现有证据认定原审被告人曾某盗窃钻戒事实。

值得注意的是，本案是在侦查机关未能查获证据实物或销赃去向、被告人与被害人对赃物的特征描述不一致、侦查机关未在法定程序内组织辨认且鉴定依据也存在诸多瑕疵的情况下，一、二审法院才依据“疑罪从无”原则作出裁决。本院认为，在刑事审判过程中，要准确理解并审慎使用我国《刑事诉讼法》第二百条第三项这一规定，如在审判盗窃案件时，赃物未被查获且未查实其销赃去向的，若公诉机关提供其他相关证据证实，仍可予以认定盗窃事实。这要求侦查机关应按照法定程序充分搜集犯罪证据，公诉机关审查起诉时做到案件事实清楚、证据确实充分，如此，人民法院才能充分发挥审判职能，依法惩治犯罪。

编写人：湖南省益阳市资阳区人民法院　魏威

---

① 对应2018年《刑事诉讼法》第二百三十六条第一款第一项、第二项。

74

行政执法证据在刑事诉讼中的审查与运用

——邓亮生、姜文双贩卖毒品案

【案件基本信息】

1. 裁判书字号

北京市高级人民法院（2017）京刑终60号刑事裁定书

2. 案由：贩卖毒品罪

【基本案情】

被告人邓亮生与被告人姜文双相识多年。被告人姜文双系吸毒人员，其于2015年7月至2016年1月多次向薛某、永某某贩卖毒品，并于案发前联系向被告人邓亮生购买毒品。2016年1月12日、13日，被告人姜文双向被告人邓亮生银行卡转账，共计人民币15万元。1月16日20时许，被告人邓亮生在北京市大兴区甲酒店门前，交给被告人姜文双一黑色塑料袋包装的毒品可疑物。随后被告人邓亮生在甲酒店内被抓获，被告人姜文双携带上述毒品可疑物，乘坐滴滴专车行驶到北京市朝阳区东四环京津塘高速通往四环路匝道处被抓获。民警当场从被告人姜文双随身携带的挎包内起获上述邓亮生交付的黑色塑料袋包装的毒品可疑物一块，经鉴定为海洛因，净重352.79克，含量66.4%。

【案件焦点】

证人薛某、永某某因吸毒被查获，二人的证言确系公安机关在行政执法过程中所收集的证据，属行政执法证据，能否直接作为刑事诉讼证据使用。

【法院裁判要旨】

北京市第二中级人民法院经审理认为：证人薛某、永某某的证言确系公安机关在行政执法和查办案件过程中所收集，在有条件的情况下依法应当重新收集，但目前证人薛某、永某某下落不明，公安机关经工作未能取得联系，客观上不具备重新收集的条件，且二证人所作证言表达清楚，内容明确具体，与在案手机短信内容等证据相互印证，经庭审举证、质证，本院审核属实，予以确认。本院认为，被告人邓亮生向被告人姜文双贩卖毒品，被告人姜文双多次向他人贩卖毒品，二被告人的行为均已构成贩卖毒品罪，且贩卖毒品数量大，依法均应予惩处。北京市人民检察院第二分院指控被告人邓亮生、姜文双犯贩卖毒品罪的事实清楚，证据确实、充分，指控罪名成立。依照《中华人民共和国刑法》第三百四十七条第一款、第二款第一项，第四十五条，第四十七条，第五十五条第一款，第五十六条第一款，第五十九条第一款，第六十一条，第六十四条之规定，判决如下：

一、被告人邓亮生犯贩卖毒品罪，判处有期徒刑十五年，剥夺政治权利三年，并处没收个人财产人民币二十万元；

二、被告人姜文双犯贩卖毒品罪，判处有期徒刑十五年，剥夺政治权利三年，并处没收个人财产人民币二十万元；

三、在案扣押的姜文双黑色乙牌手机一部、黑色丙牌手机一部、邓亮生的黑色丁牌手机一部予以没收；在案冻结的邓亮生的中国戊银行账户436742××××××××××1760、中国己银行账户622848×××××××××8717、中国庚银行账户622208×××××××××5893、辛银行账户622262×××××××××8801、中国庚银行账户621226×××××××××8757内的存款，以及在案冻结的姜文双的中国庚银行账户621559×××××××××2429内的存款分别并入邓亮生、姜文双的没收个人财产项执行；其他物品由扣押机关依法处理。

宣判后，邓亮生、姜文双均提出上诉。

北京市高级人民法院经审理认为：上诉人邓亮生向上诉人姜文双贩卖毒品，上诉人姜文双多次向他人贩卖毒品，其行为均已构成贩卖毒品罪，且毒品数量大，依法应予惩处。关于邓亮生所提原判认定与事实不符以及辩护人所提认定事实证据不足的辩护意见，本院认为，现有多名证人证言、辨认笔录、银行卡交易明细、抓获经过、起赃经过、扣押清单、物证照片、收缴毒品清单、毒品检验报告等已经形成了互相印证的证据链，足以认定邓亮生向姜文双贩卖毒品的事实。故对邓亮生的辩解及其辩护人的辩护意见，本院不予采纳。关于姜文双所提其并未向他人贩卖毒品的辩解，经查，现有证人证言、辨认笔录、电子物证检验报告、银行卡交易明细等证据材料之间能够相互印证，足以认定姜文双向他人贩卖毒品的事实，故对姜文双的辩解本院亦不予采纳。北京市第二中级人民法院根据邓亮生、姜文双犯罪的事实，犯罪的性质、情节和对于社会的危害程度所作的判决，定罪和适用法律正确，量刑和对随案物品处理适当，审判程序合法，应予维持。据此，本院依照《中华人民共和国刑事诉讼法》第二百二十五条第一款第一项①的规定，裁定如下：

驳回邓亮生、姜文双的上诉，维持原判。

【法官后语】

《刑事诉讼法》第五十四条第二款规定，“行政机关在行政执法和查办案件过程中收集的物证、书证、视听资料、电子数据等证据材料，在刑事诉讼中可以作为证据使用”。该条款为行政执法证据在刑事司法中的运用提供了法律依据，使部分行政执法证据在刑事司法活动中具有证据能力，简化了公安机关调查取证程序，最大限度地减少了公安机关因时过境迁取证不能的风险。然而，此规定采取的列举式立法例并没有涵盖证人证言、被害人陈述等言词类证据，这是否意味着言词类行政执法证据一概不能直接作为刑事诉讼证据使用？对此不能一概而论。通常情况下，言词类行政执法证据需要重新制作和收集，但在特殊情况下，言词类行政执法证据亦可适用该条款，在刑事诉讼中作为证据使用。本案证人薛某、永某某目前下落不明，公安机关经工作未能取得联系，客观上不具备重新收集的条件，且二证人所作证言表达清楚，内容明确具体，与在案手机短信内容等证据相互印证，经庭审举证、质证，可以作为证据使用。具体理由如下：

一是行政执法证据与刑事司法证据具有相通性。证据具有三大属性，即证据的客观性、关联性和合法性。行政执法证据与刑事司法证据虽然在某一具体证据属性上的要求和认识有所不同，但都具有证据的基本属性，正是基于此，才使得行政执法证据有了向刑事司法证据转化的理论基础。行政机关在行政执法过程中收集的证据，是用于证明某一具体行政行为违法事实的证据材料，而当某一具体行政违法行为涉嫌犯罪而被立案侦查时，该行政执法证据同样可以在刑事司法中证明该案件事实，因为两者是基于同一基本事实，事实不会因为追究责任形式的不同而发生变化。

① 对应2018年《刑事诉讼法》第二百三十六条第一款第一项。

二是行政责任与刑事责任的承接性。从我国的立法例来看，行政责任与刑事责任是一种递进式的关系，在诸如《禁毒法》《证券法》等行政执法领域的法律条文中，都有类似的“构成犯罪的，依法追究刑事责任”的规定，与此相对应，《刑法》在破坏社会主义市场经济秩序罪和妨害社会管理秩序罪等章节中规定了大量的此类犯罪，从而使行政违法责任与刑事责任得以衔接。行政违法责任与刑事责任的一脉相承性，使得行政执法证据向刑事司法证据转化具有了合理化依据。

三是诉讼效率的需求。公平正义与诉讼效率同是现代刑事诉讼追求的价值目标，对行政执法过程中所获取的证据通过一定的规则转化为刑事司法证据，有利于节约司法资源，减少因重复调取、收集证据所耗费的人力、物力。

四是证据收集及时性的需求。证据具有灭失性，部分证据即时性很强，如不及时收集和固定，事后便难以取证。在行政执法过程中，行政机关有条件第一时间接触证据，能在“黄金时间”内做好证据的收集和固定工作，这一点对后续跟进的侦查机关来说是不可企及的。

总之，言词类行政执法证据在刑事诉讼中的运用具有理论基础和法律依据，不能任意扩大《刑事诉讼法》对行政执法证据所作的限制性规定，在特定情形下，言词类行政执法证据亦可作为刑事诉讼证据使用。

编写人：北京市第二中级人民法院　刘硕

75

物证收集不及时属于程序重大瑕疵，无合理解释时相关物证不能作为定案根据

——王明刚运输毒品案、非法拘禁案

【案件基本信息】

1. 裁判书字号

四川省成都高新技术产业开发区人民法院（2017）川0191刑初544号刑事判决书

2. 案由：运输毒品罪、非法拘禁罪

【基本案情】

2013年10月10日，被告人王明刚与付某、万成某（二人因犯非法拘禁罪已被判决）等人以帮人收账为由，将被害人陈某强行带上川M×××××银灰色轿车。之后，王明刚等人采用限制人身自由、棍棒殴打等方式逼迫陈某偿还欠款。2013年10月12日王明刚等人被警察挡获，并当场对川M×××××银灰色轿车进行盘查，在车后备箱内发现了钢管、仿武士刀、砍刀等作案工具并进行扣押，但无搜查类法律文书。2013年10月13日，受害人陈某在询问中反映王明刚曾经持枪对其进行威胁，但未能反映出枪支下落情况。2013年11月18日王明刚被取保候审。2013年11月27日，受害人陈某较为详细地谈到王明刚使用枪支的具体情况及可能放置在查获的汽车中的情况。2013年11月28日，警察从扣押的该车副驾驶座位后背置物格内查获一把仿制式手枪。

经鉴定，该枪支属于《中华人民共和国枪支管理法》所规定之枪支。2013年11月29日，同案犯万成某于主动反映王明刚在案发过程中持枪对陈某进行威胁的犯罪行为。2014年1月20日，成都市金牛区人民检察院决定对王明刚批准逮捕，但因其脱逃无法执行。2017年1月26日，警察在成灌高速盘查车辆时，从王明刚随身穿着的衣服中搜出一包甲基苯丙胺粉末7.27克、一包甲基苯丙胺片剂（俗称麻古）4.13克。上述毒品经鉴定，均检出甲基苯丙胺、咖啡因成分。

公诉机关认为，被告人王明刚运输甲基苯丙胺11.4克，应当以运输毒品罪追究其刑事责任。王明刚非法持有枪支，应当以非法持有枪支罪追究其刑事责任。王明刚参与非法拘禁他人，应当以非法拘禁罪追究其刑事责任。

被告人王明刚对指控的非法拘禁的犯罪事实及罪名无异议，表示认罪、悔罪。王明刚承认警察从自己身上搜出毒品的事实，但提出辩护意见称，毒品是自己吸食后剩余的。王明刚否认警察从车上查获的枪支与自己存在关系，提出辩护意见称，不知道枪支是从哪里来的，非法拘禁过程中也没有人使用枪支的情况。王明刚没有提供辩护证据。

【案件焦点】

物证收集不及时且无合理解释时，相关物证能否作为定案根据。

【法院裁判要旨】

四川省成都高新技术产业开发区人民法院经审理认为：关于王明刚是否构成非法持有枪支罪的指控。现有证据证明非法拘禁案发在 2013 年 10 月 12 日，警察当天即挡获王明刚，并对涉案车辆川 M ××××× 银灰色轿车进行了搜查后予以扣留，但未发现涉案枪支。被害人在 10 月 13 日反映王明刚曾持枪对其进行威胁，公安机关直至 2013 年 11 月 28 日才从川 M ××××× 银灰色轿车副驾驶座位后背置物格内查获一把仿制式手枪。由于公安机关没有合理解释为何即使第一时间对车辆进行盘查、检查，却没有发现明显能够发现的枪支，以及在被害人陈某反映有枪支存在时也没有第一时间开展相应的侦查工作等情况，其侦查行为存在重大瑕疵，影响到证据与待证事实的关联程度、证据之间的印证联系、证据自身的真实性程度。由于王明刚否认事后搜出的枪支与自己存在关系，陈某、万成某关于枪支与王明刚有关的陈述系言词证据，又没有指纹和生物检材等指向枪支与王明刚具有关系，因此定案证据未能形成证据锁链，尚不能充分证明王明刚构成非法持有枪支罪。

本案的非法拘禁犯罪是共同犯罪，王明刚与付某、万成某在共同犯罪中均积极参与，作用相当，不宜区分主、从犯。

在量刑时主要考虑：1. 被告人虽不具有自首情节，但如实供述自己非法拘禁罪行，依法可以从轻处罚。2. 被告人在刑罚执行完毕以后，五年以内再犯应当判处有期徒刑以上刑罚之罪，系累犯，依法应当从重处罚。3. 在非法拘禁被害人过程中，具有殴打情节，依法从重处罚。

四川省成都高新技术产业开发区人民法院依照《中华人民共和国刑法》第三百四十七条第一款和第三款、第二百三十八条第一款和第三款、第五十二条、第五十三条、第二十五条第一款、第六十五条第一款、第六十七条第三款、第六十九条、第六十四条之规定，判决如下：

一、被告人王明刚犯运输毒品罪，判处有期徒刑七年六个月，并处罚金人民币一万五千元；犯非法拘禁罪，判处有期徒刑二年。决定执行有期徒刑九年，并处罚金人民币一万五千元；

二、对扣押在案的毒品、枪支予以没收。

宣判后，公诉机关未提出抗诉，被告人未提出上诉，判决已生效。

【法官后语】

本案处理重点主要在于对刑事诉讼中疑问证据或瑕疵证据的认定，《最高人民法院关于适用〈中华人民共和国刑事诉讼法〉的解释》第七十三条规定："……对物证、书证的来源、收集程序有疑问，不能作出合理解释的，该物证、书证不得作为定案的根据。"《公安机关办理刑事案件程序规定》第一百八十七条规定："公安机关对已经立案的刑事案件，应当及时进行侦查，全面、客观地收集、调取犯罪嫌疑人有罪或者无罪、罪轻或者罪重的证据材料。"

具体到本案中，存在以下瑕疵：

1. 侦查人员对检查笔录与搜查笔录不分场合的混用。相关证据反映侦查人员在控制车辆后，即对车辆进行了盘查、检查，在车辆后备箱内发现了砍刀、钢管等作案工具，但未制作检查笔录，更谈不上搜查笔录。且对于明显能够发现的车辆副驾驶座位后背置物格内的枪支却未被查获，证据收集程序存在严重瑕疵。

2. 本案存在侦查人员发现证据线索后不及时开展延伸侦查的问题。2013 年 10 月 13 日被害人陈某反映有枪支存在，2013 年 11 月 27 日被害人陈某较为详细地谈到王明刚使用枪支的具体情况及枪支可能放置在查获的汽车中的情况。2013 年 11 月 29 日对同案犯万成某的询问中才得到与被害人陈某较为吻合的证言，表明侦查人员在一开始得知犯罪线索时，没有及时开展延伸侦查的行为。

3. 最终开展搜查时，对关键证据的获取不注意证据收集过程的再现与还原。侦查人员在根据被害人陈某的陈述发现了枪支可能存在案涉车辆中且之前程序存在严重瑕疵的情况下，没有采用在被告人参与的情况下，以全面现场录像的方式展开搜查工作，导致未能反映出被告人作为涉案人员在搜查时的表情、行为等的客观情况。

4. 在诉讼过程中，侦查机关就本案中存在的疑问没有认真作出合理性说明，尤其是补充有关车辆及其钥匙保管方式等方面的证据，导致法院失去了对案件更为全面的分析的基础。

本案中，枪支与王明刚具有关系是指控王明刚构成非法持有枪支罪事实成立的基石，即定案的根据。但关于王明刚与枪支存在关系的证据，在本案中只有被害人陈某的陈述以及证人（同案犯）万成某的证言，两个证据均是言词证据，属于主观性证据。从证据取得的时间上分析证人（同案犯）万成某的证言属于先证到供，证明力较为单薄。且被害人陈某与证人（同案犯）万成某的证言尚不能充分认定王明刚构成非法持有枪支罪的结论。最为关键的客观性证据，即枪支的来源、收集程序存在疑问，在不能作出合理解释的情况下，该物证不得作为定案的根据。

综观全案而言，正因为上述证据锁链中的关键证据，即物证的来源、收集程序有疑问，且侦查机关对此不能作出合理解释，该证据不能成为定案的根据，使得相关证据未能形成证据锁链，故不能充分证明王明刚构成非法持有枪支罪。本案从取证程序的及时性、规范性出发，严格把握了瑕疵证据的认定及采信标准。

编写人：四川省成都高新技术产业开发区人民法院　谢纲

76

通过司法鉴定提取的电子数据能否单独作为证据使用

——王某、孙玉某运输毒品案

【案件基本信息】

1. 裁判书字号

北京市第二中级人民法院（2017）京02刑初13号刑事判决书

2. 案由：运输毒品罪

【基本案情】

2016年5月上旬，被告人王某、孙玉某驾驶黑色轿车（车牌号：云N6××××）从云南省至四川省，在四川省内江市获取毒品后，将毒品混入液体，后携带混有毒品的液体驾车从四川省内江市出发，途经重庆市、山西省、河北省等地，于同年5月14日凌晨到达北京市。二被告人在北京市西城区西直门甲大厦×座11层××××号房间内，将上述毒品从液体中提取出，并将毒品称量分装。同年5月19日，王某携带毒品外出时，在甲大厦11层被抓获，所带毒品被当场起获。后孙玉某亦被抓获。经鉴定，可疑晶体154份共计576.62克，检出甲基苯丙胺，含量为50.6%。上述毒品已被收缴。另，从二被告人驾驶的汽车中起获一“××”饮料瓶装425克液体，检出毒品甲基苯丙胺成分（含量低于1%）。

【案件焦点】

通过司法鉴定提取的电子数据能否单独作为证据使用。

【法院裁判要旨】

北京市第二中级人民法院经审理认为：被告人王某、孙玉某违反国家对毒品的管制规定，驾车将毒品甲基苯丙胺从四川省内江市运输至北京，且运输毒品数量大，二被告人的行为均已构成运输毒品罪，依法应予惩处。王某在共同犯罪中起主要作用，系主犯。孙玉某在共同犯罪中起次要作用，系从犯；如实供述自己伙同王某运输毒品至京的犯罪事实，主动认罪认罚，依法对其减轻处罚。北京市人民检察院第二分院指控王某、孙玉某犯运输毒品罪的事实清楚，证据确实充分，指控的罪名成立；关于对孙玉某减轻处罚的量刑建议正确，本院根据孙玉某所具有的从轻、减轻处罚的情节对其确定相应的刑罚。关于王某及其辩护人所提指控王某犯运输毒品罪的证据不足，王某构成非法持有毒品罪的辩解及辩护意见不予采纳。关于孙玉某的辩护人所提指控孙玉某犯运输毒品罪的证据不足的辩护意见不予采纳。

北京市第二中级人民法院依照《中华人民共和国刑法》第三百四十七条第一款、第二款第一项，第二十五条第一款，第二十六条第一款、第四款，第二十七条，第六十七条第三款，第五十二条，第五十三条，第五十五条第一款，第五十六条第一款，第五十九条第一款，第六十一条，第六十四条之规定，判决如下：

一、被告人王某犯运输毒品罪，判处无期徒刑，剥夺政治权利终身，并处没收个人全部财产；

二、被告人孙玉某犯运输毒品罪，判处有期徒刑八年，剥夺政治权利一年，并处罚金人民币一万元。

【法官后语】

电子数据的获取要么依法通过正常手段直接提取，要么通过司法鉴定提取，通过司法鉴定提取的电子数据能否单独作为证据使用，存在分歧，笔者认为通过司法鉴定提取的电子数据包含于司法鉴定意见中，不能单独作为证据使用；如果要单独向法庭举证，对提取过程的司法鉴定亦应举证质证，以证明电子数据的客观性及合法性。

1. 司法鉴定意见与电子数据的包含与被包含关系

2012年修改后的《刑事诉讼法》第四十八条①增加了“电子数据”的证据种类，使证据种类更加完善，电子数据和鉴定意见分属两个证据种类，但两者具有一定的关联性，对于电子数据载体的检验鉴定，同时也是对电子数据检验提取的过程，也就是说鉴定意见与电子数据具有包含与被包含的关系，当对电子数据载体检验鉴定时，电子数据就是鉴定结果，在这种包含与被包含关系出现的时候，应采鉴定意见这种证据种类；而在没有检验鉴定即表现为电子数据的时候，采电子数据的证据种类。2016年10月1日开始施行的《关于办理刑事案件收集提取和审查判断电子数据若干问题的规定》（以下简称《电子数据规定》），对电子数据的收集与提取、移送与展示、审查与判断都进行了翔实规定，但并没有规定通过鉴定部门的鉴定对电子数据的获取，因而通过鉴定获取的电子数据应为包含于鉴定意见中的应有之意。

2. 电子数据不一定要经过司法鉴定才能获取

《电子数据规定》第一条明确规定：“电子数据是案件发生过程中形成的，以数字化形式存储、处理、传输的，能够证明案件事实的数据。电子数据包括但不限于下列信息、电子文件：（一）网页、博客、微博客、朋友圈、贴吧、网盘等网络平台发布的信息；（二）手机短信、电子邮件、即时通信、通讯群组等网络应用服务的通信信息；（三）用户注册信息、身份认证信息、电子交易记录、通信记录、登录日志等信息；（四）文档、图片、音视频、数字证书、计算机程序等电子文件……”因而电子数据并不是全部都要通过鉴定的方式才能获取，用肉眼发现的载于电子数据载体的信息，只要依法获取，均能够作为证据使用。只有那些隐藏在电子数据载体中的不可见信息，才通过检验鉴定予以获取，如手机中已经删除的微信聊天记录、短信、通信记录等。

3. 通过司法鉴定获取的电子数据不能单独举证质证

有些案件中，对手机等电子数据载体进行检验鉴定时，并不出具具体的电子数据信息，公诉机关为了突出电子数据对于定案的作用，往往仅在法庭上出示通过司法鉴定获取的电子数据，而不出示鉴定意见，我们认为这种做法不可取，仅出具电

---

① 对应2018年《刑事诉讼法》第五十条。

子数据，虽能证明一定的案件事实，具备证据的关联性特征，但该电子数据来源不清，对通过何种方式获取的电子数据理应予以举证质证，以证明电子数据的客观性及合法性。

4. 对于本案

本案中，王某将毒品运输至京后，通过微信联系他人表明自己将毒品从四川运输至京的事实，系微信聊天记录表现形式的电子数据。该电子数据的提取系侦查机关抓获王某后，从王某处扣押手机，并直接移送鉴定机构，由鉴定机构通过科学方法提取，并出具鉴定意见，其来源于手机，但表现于鉴定意见。公诉机关没有质证鉴定意见，分节向法庭出示能够证明王某运输毒品事实的微信聊天记录，公诉机关突出了微信聊天记录的证据关联性特征，但因没有关于其来源的相关证据质证，难以被采信，后经法庭提示，公诉机关出具了对王某手机的鉴定意见，使电子数据具备客观性及合法性，微信聊天记录被依法采信，从而认定王某从四川运输毒品至京的犯罪事实。

编写人：北京市第二中级人民法院　刘克河

77

依法审查交通事故认定书证明效力

——吕亚某被诉交通肇事宣告无罪案

【案件基本信息】

1. 裁判书字号

江苏省徐州市中级人民法院（2017）苏03刑终354号刑事判决书

2. 案由：交通肇事罪

【基本案情】

2014年10月28日22时许，黄亚某驾驶超过核定人数的苏NM××××号小型普通客车（核载7人，实载8人）沿连霍高速公路由西向东行驶至127km+570m处，因观察疏忽，操作不当，撞击前方同方向吕亚某驾驶的安全设施不全及机件不符合技术标准的豫N7××××号重型半挂牵引车、豫NY×××挂重型自卸半挂车，致客车内乘车人靳明某、陈玉某、潘巧某受伤，乘车人李开某、杨会某、于再某、胡艳某当场死亡，黄亚某本人受伤，两车不同程度损坏。经徐州市公安局交通警察支队高速三大队事故责任认定，吕亚某及黄亚某负事故的同等责任。经法医学检验鉴定，胡艳某符合颅脑损伤死亡；于再某符合颅脑损伤合并内脏损伤死亡；李开某、杨会某符合颅脑损伤死亡；潘巧某、陈玉某、靳明某的损伤分别构成轻伤一级，黄亚某的损伤构成轻伤二级；经山东交院交通司法鉴定中心交通司法鉴定，豫N7××××/豫NY×××挂重型自卸半挂车身后部反光标识不符合相关国家标准；经淮安市淮工车辆检测研究所有限公司司法鉴定所司法鉴定，苏NM××××号小型普通客车事故发生时（碰撞时瞬时）行驶速度高于88km/h，豫N7××××号重型半挂牵引车/豫NY×××挂号重型自卸半挂车事故发生时行驶速度约为40km/h；经南车戚墅堰机车车辆工艺研究所有限公司司法鉴定所痕迹鉴定，豫N7××××/豫NY×××挂重型自卸半挂车后部防撞栏横梁截面高度不满足《汽车和挂车后下部防护装置》标准要求。吕亚某于2014年10月28日主动打电话报警，并如实供述上述事实。

【案件焦点】

徐州市公安局交通警察支队出具的交通事故认定书是否应予采信，即上诉人吕亚某是否应在本案中承担同等责任。

【法院裁判要旨】

江苏省新沂市人民法院经审理认为：被告人吕亚某违反交通运输管理法规，引发重大交通事故，致四人死亡，一人重伤，三人轻伤，承担事故的同等责任，其行为已构成交通肇事罪。鉴于被告人具有自首情节，依法予以从轻处罚。依照《中华人民共和国刑法》第一百三十三条、第六十七条第一款的规定，以被告人吕亚某犯交通肇事罪，判处有期徒刑一年十个月。

徐州市人民检察院认为原判以交通肇事罪判处吕亚某有期徒刑一年十个月，定性准确，量刑适当，建议驳回上诉，维持原判。

吕亚某及辩护人提出交通事故责任认定书认定吕亚某承担事故的同等责任与事

实不符，对方车辆驾驶人员黄亚某有多项违法行为，吕亚某应当承担本次事故的次要责任。

江苏省徐州市中级人民法院对交通事故认定书的证明效力不予确认，认定吕亚某应负次要责任：

第一，道路交通事故认定书的原始依据不足。公安机关进行事故责任认定的依据为扬州大学机械工程学院出具的交通事故检验评估意见书，而该份意见书只是专家意见，没有加盖鉴定机构的印章，该机构亦不具有鉴定资质，不能作为鉴定意见使用，因此导致事故责任认定书的依据不足。

第二，公安机关认定吕亚某肇事后逃逸与事实不符，影响事故责任认定。《中华人民共和国道路交通安全法实施条例》规定当事人逃逸的情节对当事人的责任认定有直接影响，在本案中，公安机关在认定吕亚某逃逸成立的前提下作出吕亚某负同等责任的事故责任认定。而本案证人证实案发时吕亚某主观上不明知发生了交通事故而离开事故现场，公安机关认定其逃逸没有依据。

第三，吕亚某的行为仅属于被动型一般过错行为，在该起交通事故中起到次要作用。吕亚某驾驶的车辆在事故发生时以低于高速公路规定最低时速 60 公里行驶，其行为属于在处于持续稳定运动状态、后方能够采取措施避让的被动型的一般过错行为，而其车身后部反光标识及防撞护栏不符合标准等违章，也均不是造成本次事故的主要原因，因此吕亚某在该起交通事故中起到次要作用，应负次要责任。后车驾驶员黄亚某超载，疲劳驾驶，未保持安全车距，观察疏忽，操作不当，撞击前方同方向车辆而造成追尾，应负主要责任。

江苏省徐州市中级人民法院依照《中华人民共和国刑事诉讼法》第二百二十五条第一款第三项、第一百九十五条第二项①的规定，判决：

一、撤销江苏省新沂市人民法院（2016）苏 0381 刑初 841 号刑事判决；

二、上诉人吕亚某无罪。

【法官后语】

交通肇事罪一直是常见多发的犯罪，而我国《刑法》中规定的交通肇事罪以交

① 对应 2018 年《刑事诉讼法》第二百三十六条第一款第三项、第二百条第二项。

通事故责任的认定为前置条件。在交通肇事刑事案件中，审查交通事故认定书的证明效力尤为关键。

交通事故认定书是公安交警管理部门对行为人违规违章行为导致的事故与损害后果之间的因果关系进行定性、定量评断时所形成的文书材料，属于证据中的书证。其并不是法院审案定案的当然依据，而是必须经查证属实的证据。理由如下：

第一，公安交警管理部门作出道路交通事故责任认定的行为并不是具体行政行为，因此不受依法行政的约束，现实中，对于公安交警管理部门制作出的不当交通事故责任认定，对此如何制裁，法律无明文规定。

第二，责任认定书是通过主观对客观事实所作的一种反映，受经办人员对事故的认识水平、交通法规的理解运用程度、自身情感因素等主观条件的限制。由于责任认定书的制作不是具体行政行为，不受依法行政的约束，因此，这种主观的因素在实际过程中就起到了决定性的作用。

本案中，依据《道路交通安全法》《道路交通安全法实施条例》及《江苏省公安厅交通巡逻警察总队关于印发〈江苏省道路交通事故当事人责任确定规则（试行）的通知〉》（以下简称《通知》），基于交通肇事罪基本理论，结合案情与其他证据，对交通事故认定书进行审查认定。

《通知》第三条规定："对当事人的过错行为，根据其在交通事故中的形态特征和所起作用，分为主动型、被动型、缺失型三类……被动型行为是处于持续稳定运动或者静止状态，对方能够采取措施避让的一般过错行为，在交通事故中起次要作用或者不起作用。但是静止状态的被动型行为难以被对方及时发现的，起主要以上作用。"第四条规定："……当事人同时有两种以上过错行为，以其中作用大的一类行为作为确定当事人责任的依据。但是其他过错行为应当在交通事故认定书中载明。"第五条规定："……因两方当事人的过错行为导致交通事故的，依照下列规则确定当事人责任：……当事人在交通事故中有被动型过错行为的，负次要责任。但是静止状态的被动型过错行为难以被对方及时发现的，负主要责任……"且《通知》明确将在高速公路上正常情况下以低于规定最低时速行驶的属于被动型行为。

本案中，吕亚某驾驶的车辆在事故发生时以低于高速公路规定最低时速60公里行驶，其行为属于在处于持续稳定运动状态、后方能够采取措施避让的被动型的一般过错行为，而其车身后部反光标识及防撞护栏不符合标准等违章，也均不是造成本次事故的主要原因，因此吕亚某在该起交通事故中起到次要作用，应负次要责任，后车驾驶员黄亚某超载，疲劳驾驶，未保持安全车距，观察疏忽，操作不当，撞击前方同方向车辆而造成追尾，应负主要责任。故作出改判上诉人吕亚某无罪的判决。

编写人：江苏省徐州市中级人民法院　王红卫　何秀娟

78

检方指控的犯罪嫌疑人明显与被害人陈述的加害人并非同一人，如何根据证据认定事实

——李某被诉故意伤害宣告无罪案

【案件基本信息】

1. 裁判书字号

北京市顺义区人民法院（2017）京 0113 刑初 890 号刑事判决书

2. 案由：故意伤害罪

【基本案情】

2017 年 6 月 7 日 15 时许，被告人李某与其丈夫王某乙因向王某甲之子高某甲索要债务，来到北京市顺义区后沙峪地区铁匠营村内王某甲家中，并与王某甲发生纠纷。在此过程中，被害人王某甲被人殴打，受伤倒地。后被告人李某、王某乙自行离开。经鉴定，王某甲颌面部所受损伤致右侧眶内壁及下壁骨折，构成轻伤一级。民警于 2017 年 6 月 19 日电话传唤李某与王某乙，二人于 2017 年 6 月 19 日 11 时自行到达后沙峪派出所接受调查。民事问题已和解。

【案件焦点】

检方指控的犯罪嫌疑人明显与被害人陈述的犯罪嫌疑人并非同一人，在二者存在明显矛盾的情况下，根据在案证据应该如何作出事实的认定。

【法院裁判要旨】

北京市顺义区人民法院经审理认为：本案认定的关键在于确定导致王某甲伤害后果的具体加害人。公诉机关指控系被告人李某将王某甲殴打致伤，证据不足，无法认定，具体分析如下：1. 本案中被害人王某甲指认的加害人与公诉机关指控的加害人不一致。被害人王某甲陈述殴打其的系一名男子，经王某甲辨认，明确指认该名男子为王某乙。王某甲对加害人的指认及具体的伤害行为陈述一直稳定。2. 证人高某乙、高某甲的证言及公安机关出具的《受案登记表》可以相互印证，证实事发当日被害人王某甲就告知高某乙，其系被一名男子打伤。3. 本案中虽然被告人李某供认其是殴打王某甲之人，但其首次供述是2017年6月19日，距离事发已有12天，且李某关于殴打被害人身体部位的多次供述，前后不一致，其未能作出合理解释，且在案无其他证据予以佐证。4. 证人王某乙虽然也称其并未殴打王某甲，王某甲的伤系李某殴打所致，但王某乙与李某为夫妻，其本人与本案存在利害关系，其证言效力较弱。

综上，关于加害人的关键证据，即被告人李某的供述、证人王某乙的证言与被害人王某甲的陈述之间存在矛盾，且目前无法排除，均不能作为认定加害人的定案依据。刑事案件定罪证明标准要求各种证据之间相互印证，形成完整的证据链条，排除合理怀疑。本案中，公诉机关指控被告人李某将王某甲殴打致伤，在案证据未能达到前述标准，不能排除王某甲系被他人致伤的可能。故公诉机关对被告人李某犯有故意伤害罪的指控，证据不足，事实不清，指控的犯罪不能成立。

北京市顺义区人民法院依照《中华人民共和国刑事诉讼法》第一百九十五条第三项[①]及《最高人民法院关于适用〈中华人民共和国刑事诉讼法〉的解释》第二百四十一条第一款第四项的规定，作出如下判决：

被告人李某无罪。

【法官后语】

本案争议焦点在于检方指控的犯罪嫌疑人明显与被害人陈述的犯罪嫌疑人并非同一人，在二者存在明显矛盾的情况下，根据在案证据应该如何作出事实的认定。

---

① 对应2018年《刑事诉讼法》第二百条第三项。

实践中，在被害人的陈述与被告人的供述相矛盾的情况下，不能仅看双方的陈述，还应该结合案发、破案、到案过程等其他证据材料，重点审查被害人的陈述与被告人供述之间的印证和矛盾之处，寻找突破口，去伪存真，通过逻辑推理来判断指控事实的证据是否达到确实、充分的标准。具体到本案中，检方指控被告人李某涉嫌故意伤害罪的事实尚未达到证据确实充分的标准，结论并不具有唯一性，我们赞成本案中法院所作出的无罪判决。

1. 被害人陈述稳定，指向明确

被害人王某甲为一中年妇女，案发后做伤情鉴定时，医生描述其状态为“语顺神清”，大脑并未受到任何损伤，故其不会因为神志不清的问题对于案件的整个过程发生记忆偏差。尽管被害人称产生过晕厥的现象，但那也是在殴打过程中发生的，对于动手殴打自己的人是能准确认识的。在案发后，被害人向公安机关、检察机关陈述案情时，陈述内容基本一致，对案发过程的细节描述也很完整，都明确指出殴打自己的人是一名男性。并且，案发后其第一时间向家人打电话时也明确说自己是受到一男子的殴打。因此，被害人的陈述自然，指向明确。

2. 李某与被害人指认的男子关系特殊，难以排除存在其他可能性

本案中，李某与被害人指认的男子系夫妻关系，二人的关系特殊，难以排除李某具有“顶包”的可能性。二人在案发当天离开被害人家后驾车回到了男子的老家，经派出所传唤二人自行到案时，距离案发已经过去了十二天。在这期间内，难以排除二人存在商量后作出“牺牲”——一方保全另一方的决定。尽管李某到案后一直声称是自己动手打的被害人，丈夫并没有动手，男子也辩称自己并未动手打人，是妻子动手打的人，但李某对于殴打过程、殴打部位的描述前后不一，难以让办案人员形成内心确信。

综上，虽然李某主动认罪，但其供述不具有稳定性，真实性存在疑问，且与被害人的稳定陈述相互矛盾，存在无法排除的合理怀疑，故人民法院宣告李某无罪。

编写人：北京市顺义区人民法院　李贞

79

侦查人员出庭作证的必要性认定与证言审查

——杨万某贩卖毒品、容留他人吸毒案

【案件基本信息】

1. 裁判书字号

上海市松江区人民法院（2016）沪0117刑初2217号刑事判决书

2. 案由：贩卖毒品罪、容留他人吸毒罪

【基本案情】

2015年7月18日0时许，被告人杨万某经事先联系，在上海市闵行区××路××弄××号401室其住所地门口，以人民币400元的价格将2包白色晶体贩卖给倪某。经检验，涉案白色晶体净重1.94克，其中检出甲基苯丙胺成分（俗称冰毒）。嗣后，民警对上址进行搜查，在其房间内查获冰毒3包，在楼下草丛中查获冰毒8包。

2015年9月下旬，被告人杨万某先后两次在上海市闵行区××路××弄××号302室容留白某、胡志某等人吸食毒品。同年9月29日，民警在上址当场抓获被告人杨万某以及白某、胡志某，并缴获未吸食完的毒品若干。经检验，白某、胡志某甲基苯丙胺尿检呈阳性。

【案件焦点】

1. 公安机关在杨万某楼下草丛中搜查到的毒品是否是杨万某所有，被抓获后，杨万某一直坚称上述毒品并不是他本人的。而侦查人员季某、余某关于杨万某将毒品从窗口扔入草丛中的证言是认定上述事实的关键证据；2. 侦查人员有无出庭作证的必要；3. 对侦查人员庭审中所作的证言如何审查采信。

【法院裁判要旨】

上海市松江区人民法院经审理认为：公诉机关指控被告人杨万某构成非法持有毒品罪不成立，本院不予确认。被告人杨万某明知系毒品仍予以贩卖，其行为已构成贩卖毒品罪；又容留他人吸食毒品，其行为已构成容留他人吸毒罪。公诉机关指控的上述罪名成立。被告人杨万某犯两罪，依法应数罪并罚。被告人杨万某当庭对容留他人吸食毒品的犯罪事实予以供认，可酌情从轻处罚。综上，根据被告人犯罪的事实、情节、性质以及对社会的危害程度等，依照《中华人民共和国刑法》第三百四十七第一款、第四款，第三百五十四条，第六十九条第一款、第三款，第六十四条，第五十二条，第五十三条的规定，判决如下：

一、被告人杨万某犯贩卖毒品罪，判处有期徒刑十个月，并处罚金人民币一千元；犯容留他人吸毒罪，判处有期徒刑七个月，并处罚金人民币一千元；决定执行有期徒刑一年，并处罚金人民币二千元。

二、扣押在案的毒品，予以没收。

一审宣判后，被告人杨万某未提出上诉，公诉机关亦未提起抗诉，一审判决已发生法律效力。

【法官后语】

1. 侦查人员出庭的必要性

根据法律规定，在符合条件的情况下，侦查人员依法“应当”出庭作证。“应当”表明出庭作证不是侦查人员的选择性权利，而是一种强制性的义务，也是一种法定责任。之所以如此规定，源于侦查人员出庭在理论和实践上都有其必要性：(1) 法律法规的明文要求①；(2) 具有参加庭审的可能性，侦查人员在贩卖毒品、危险驾驶、妨害公务等案件中往往是案件的亲历者、见证人，其作为公务人员，不存在下落不明的情况，出庭有现实可操作性；(3) 具有重大的实践意义，与一般的证人出庭相比，侦查人员出庭难度相对较小，可以作为解决证人出庭率低的着手点，是

① 根据《刑事诉讼法》的规定，人民警察就其执行职务时目击的犯罪情况，在符合特定条件时，应当作为证人出庭作证。根据2010年发布的《关于办理刑事案件排除非法证据若干问题的规定》，在需要证明自首、立功等量刑事实、证明证据收集的合法性时，经人民法院通知，侦查人员应当出庭。

证人出庭制度初期阶段在实践中得以有效运用的关键。实践中，判断侦查人员有无出庭的必要性应主要考虑侦查人员的证言对本案的定罪量刑是否具有关键作用。

2. 证言对定罪量刑有关键作用的认定

在案件审理过程中，认为侦查人员的证言对案件定罪量刑有关键作用时应符合以下几个条件：(1) 被告人及辩护人对指控的事实提出异议；(2) 侦查人员的证言是认定该节事实的直接证据，甚至是唯一的直接证据，如果不出庭可能导致某个影响定罪的事实无法认定；(3) 有需要侦查人员出庭作证的其他情形，如侦查人员的证言存在形成时间晚、有明显不合理之处等异常情况，如果其不出庭，证言的真实性会受到质疑。

具体到本案来看，杨万某被抓获后始终否认从其楼下草丛中查获的毒品系其所有。而公诉机关提供的证据中从未提到涉案的11包冰毒中有部分系在杨万某楼下搜到，也未提供任何证据证实楼下搜到的冰毒系杨万某所扔。直至杨万某在第一次庭审中对该节事实再次提出异议后，公诉机关才在庭审后补充提供了证人余某于2017年1月12日所作的询问笔录，证实其看到被告人杨万某扔毒品的情况。但该份笔录制作时间距离案发已经1年多。而当时侦查人员季某负责在楼上抓捕被告人，余某负责在楼下监视。综上，本案中两位侦查人员证言属于关键证据，直接影响事实的认定，对案件证据链的形成具有关键作用，故法院认为确有必要出庭作证，故安排了第二次庭审，并通知了侦查人员季某、余某出庭。

3. 侦查人员出庭作证的证言审查

(1) 侦查人员出庭作证证言审查的一般规则

侦查人员出庭作证证言能否转化为定案的证据需要审判组织对其证言进行综合性的审查判断：①原则上侦查人员的证明力优先。一般情况下，侦查人员属于与被告人没有利害关系的人，且通过执行职务了解犯罪事实，其所提供的证言被认为具有更大的证明力，在不存在合理怀疑的情况下应予以采信。②逻辑规则和经验法则。实践中，不可避免会出现侦查人员当庭所作的证言不真实的情况。因此，对证言的真实性在存在合理怀疑时仍应从经验上和逻辑上进行审查。③相互印证规则。侦查人员当庭作出的证言是否与庭前证言以及其他证据在所包含的事实信息方面一致，使得其真实性能够得到其他证据的印证。

(2) 本案侦查人员出庭所作的证言不能作为定案的根据

经审查，侦查人员季某、余某庭审中所作的证言不能作为定案的证据：①证言与其他证据之间存在矛盾，且不能给出合理解释。根据现场的搜查录像，楼上的民警先主动向楼下民警询问有无扔东西的情况，而不是季某、余某在庭审中说的余某在楼下看到杨万某从窗口扔东西后再打电话给楼上民警，两名侦查人员当庭所作的证言与搜查录像内容明显不相符；②不符合逻辑规则和经验法则。余某在庭审中表示其先看到有东西从楼上掉下来，然后顺着轨迹往上看，看到杨万某所在的房屋灯亮着。但是余某也表示当时系凌晨0时许，现场光线并不是很好，从搜查录像中明显看出现场较昏暗，而在草丛中所搜到的几包冰毒体积较小。在这样的光线条件下能先看到如此小的东西从楼上掉下来，不大符合常理。

此外，本案中杨万某被抓获后始终否认全部犯罪事实，公安机关当时有条件、有能力对查获的毒品包装袋进行指纹或DNA鉴定，以证实涉案毒品系被告人所有，但公安机关并未做相关的证据固定，导致现在相关证据无法搜集，该举证不能的责任不应由杨万某承担。根据证据存疑有利于被告人的原则，现有证据无法充分证实楼下所搜到的冰毒系杨万某所有。据此，法院采纳了杨万某及其辩护人关于该节事实的辩解及辩护意见。

编写人：上海市松江区人民法院　钱莹

80

逃避侦查或者审判的认定

——胡金某被诉故意伤害不再追究刑事责任案

【案件基本信息】

1. 裁判书字号

新疆维吾尔自治区昌吉回族自治州玛纳斯县人民法院（2017）新2324刑初161号刑事裁定书

2. 案由：故意伤害罪

【基本案情】

1999年10月21日晚，被告人胡金某因堂弟被杨建某等人殴打一事，在原玛纳斯县职业中学教室门口，持木棒打伤杨建某头部。经石河子法医鉴定中心法医学鉴定，被害人杨建某头部损伤为重伤。当日该校常务副校长杨吉某报警，玛纳斯县公安局于1999年12月22日立为刑事案件。2016年8月4日杨建某报案，玛纳斯县公安局于2016年8月8日重新立案侦查。2016年10月13日13时许，被告人胡金某到玛纳斯县公安局刑事侦查大队投案。胡金某于2016年10月11日赔偿被害人杨建某10万元，杨建某对胡金某表示谅解。

【案件焦点】

本案是否已过追诉时效。

【法院裁判要旨】

新疆维吾尔自治区昌吉回族自治州玛纳斯县人民法院经审理认为：第一，《中华人民共和国刑法》第八十八条规定不受追诉期限限制的情形。适用时要符合两个条件：其一，案件被立案侦查或受理；其二，犯罪嫌疑人逃避侦查或者审判。对逃避定性，主观上犯罪嫌疑人知道自己正被刑事追究而欲逃避刑事责任；客观上，行为人有积极的逃跑或者藏匿行为，包括采取销毁证据、收买证人、伪造身份证据等积极行为使侦查活动难以有效展开。本案中，被告人胡金某在事故发生后，是否知悉案件已经被立为刑事案件无相应证据证实，公安机关出具情况说明称："因搬迁造成部分档案卷宗缺失。"不足以证实其对胡金某进行了传唤、询问，或者调查他人时胡金某在现场，后无正当理由外出、失去联系。故不能推定被告人胡金某知道公安机关已经立案侦查。证人胡永某陈述："事情发生之后，派出所将胡金良抓了起来，关了一周时间又放了出来，我儿子胡金某没有被关，也没有找我儿子。"与被告人胡金某供述中"其给家人打电话，听家人说了被拘留这件事，还知道公安局刑警队人找过其。"二者相互矛盾，亦无法证实公安机关找过胡金某。

第二，侦查机关立案受理后，继续采取侦查或追究措施不明。故意伤害案件应向当事人送达伤情鉴定意见书，本案中，向杨建某送达鉴定意见书日期为2017年5月11日，结合王瑞某证言"我在广东地乡见了覃玉某，他说胡金某得了尿毒症，人也活不了多久了，我想人不行了就算了，从此再也没有找过这个事情。”被害人杨建某陈述：“我和我母亲觉得他快死了，没必要再追究了。”说明公安机关未向被害人送达鉴定意见书及告知案件情况。与2016年受案登记表、立案决定书，在逃跑人员登记/撤销表可相互印证说明，公安机关立案后，未继续采取侦查或追究措施，因搬迁造成部分档案卷宗缺失，不足以补强证据证明力不足。

综上，被告人胡金某没有逃避侦查行为，而是在司法机关立案后，因某些原因又未能采取继续侦查或追究措施，超出追诉期限，不适用《中华人民共和国刑法》第八十八条规定。根据《中华人民共和国刑法》第二百三十四条，“……致人重伤的，处三年以上十年以下有期徒刑……”，按照刑法总则第八十七条有关追诉期限的规定，法定最高刑为不满十年有期徒刑的，经过十年；本案犯罪行为至公安机关二次立案侦查时已逾十年，依法应当认定其犯罪行为已过追诉时效。

本院认为，被告人胡金某持棒将他人打成重伤，其行为已构成故意伤害罪。被告人胡金某在公安机关重新立案后，能自动投案，如实供述自己罪行，属自首，依法可从轻处罚，被告人胡金某积极退赔被害人损失且取得谅解，可酌情从轻处罚，故对辩护人提出被告人胡金某上述从宽量刑情节的辩护意见，依法均予采纳。

新疆维吾尔自治区昌吉回族自治州玛纳斯县人民法院依照《中华人民共和国刑法》第二百三十四条、第六十七条第一款、第八十七条，《中华人民共和国刑事诉讼法》第十五条第二项①以及《最高人民法院关于适用〈中华人民共和国刑事诉讼法〉的解释》第二百四十一条第一款八项之规定，作出如下裁定：

本案终止审理，不再追究被告人胡金某的刑事责任。

【法官后语】

追诉时效是刑法规定的司法机关追究犯罪人刑事责任的有效期限。犯罪已过法定追诉时效期限的，不再追究犯罪分子的刑事责任；已经追究的，应当撤销案件，或者不予起诉，或者宣告无罪。我国《刑法》第八十七条对追诉时效进行了规定，同时第八十八条对不适用追诉时效的情况也作了规定，但对《刑法》第八十八条第一款进行适用时，不能简单地理解为只要人民检察院、公安机关、国家安全机关对

① 对应2018年《刑事诉讼法》第十六条第二项。

案件进行立案，或者人民法院对案件予以受理后，就可不受追诉时效的限制。笔者认为犯罪嫌疑人或被告人必须具有“逃避侦查或者审判”的情况下，才能适用《刑法》第八十八条第一款之规定。如果没有逃避侦查和审判的行为，而是在司法机关立案或受理后，因某些原因又未继续采取侦查或追究措施，以至超过追诉期限的，不应适用本条规定。从本案查明的事实来看，被告人胡金某一直在家，没有逃避侦查行为，也没有逃避的意图，但是由于公安机关的原因，所以一直未追究其刑事责任，现该案犯罪行为至公安机关二次立案侦查时已逾十年，根据《刑法》第八十七条之规定，法定最高刑为五年以上不满十年有期徒刑的，经过十年的不予追究刑事责任。因此，笔者认为此案不应再追究被告人胡金某的刑事责任。

编写人：新疆维吾尔自治区昌吉回族自治州玛纳斯县人民法院　张文杰

四、程序与其他

81

案外人申诉处理问题

——张曙光受贿驳回申诉案

【案件基本信息】

1. 通知书字号

北京市第二中级人民法院（2017）京02刑申1号驳回申诉通知书

2. 案由：受贿罪

【基本案情】

北京市第二中级人民法院经审理认为：被告人张曙光身为国家工作人员，利用职务便利为他人谋取利益，非法收受他人财物共计折合人民币4700余万元，其行为已构成受贿罪，受贿数额特别巨大，情节特别严重，依法应予惩处。被告人张曙光所犯受贿罪罪行极其严重，论罪应当判处死刑，鉴于其因涉嫌受贿被调查后，主动交代了办案机关尚不掌握的大部分受贿事实，认罪、悔罪，赃款、赃物已全部追缴，对其判处死刑，可不立即执行。北京市人民检察院第二分院指控被告人张曙光犯受贿罪的事实清楚，证据确实、充分，指控的罪名成立。唯在张曙光向戈建某提出需要用钱及具体用钱数额前，戈建某已向张曙光作出了愿意给予其财物的概括表示，指控该起事实为索贿不当；张曙光同意杨建某为罗某购买的两块手表均为罗某选定后由杨建某代为支付货款，应以杨建某实际支付的货款认定张曙光的受贿数额，将上述两块手表的鉴定价格指控为张曙光的受贿数额不当，法院不予支持。

判决：

1. 被告人张曙光犯受贿罪，判处死刑，缓期二年执行（死刑缓期二年执行的期间，从北京市高级人民法院核准之日起计算），剥夺政治权利终身，并处没收个人全部财产。

2. 在案扣押款物予以没收，上缴国库，超出犯罪所得部分作为被告人张曙光的个人财产，并入没收个人全部财产项执行。

案外人罗某因张曙光犯受贿罪一案，不服北京市第二中级人民法院（2013）二中刑初字第1530号刑事判决，以原判决在没收张曙光的违法所得时，处分了其名下的房产，侵犯了其及其父母的财产权益为由，向法院提出申诉。

【案件焦点】

本案为刑事申诉案件，申诉人罗某并非本案的被告人或受害人，而是案外人，案外人罗某声称原判决在没收张曙光的违法所得时，处分了其名下的房产，侵犯了其及其父母的财产权益，如何判定其申诉请求和理由是否成立。

【法院裁判要旨】

北京市第二中级人民法院经审理认为：原判决以张曙光犯受贿罪，判处其死刑，缓期二年执行，剥夺政治权利终身，并处没收个人全部财产，同时将在案扣押的款物予以没收，上缴国库。在案扣押的款物中，有位于北京市海淀区蓝靛厂南路××号院×号楼×层×××室房屋一套，该房产系张曙光将其受贿所得款项交给罗某后，由罗某购买，并登记在罗某的名下；关于该房产的购买情况，有张曙光的供述及罗某的陈述在案为证，证据确实、充分，足以认定。该房产实属违法所得，理应予以追缴；罗某现在称购买该房产时还有罗某及罗某父母的出资，但罗某就此并未能向本院提供相关的证据，本院对此无法采信，原判决对该房产的处理是正确的。罗某的申诉理由本院不予支持，予以驳回。

北京市第二中级人民法院认为，罗某对该案的申诉理由不能成立，申诉不符合《中华人民共和国刑事诉讼法》第二百四十二条①规定的再审条件，予以驳回。

---

① 对应2018年《刑事诉讼法》第二百五十三条。

【法官后语】

本案申诉人为原铁道部运输局局长、副总工程师张曙光情妇罗某。2014 年 10 月，张曙光以受贿罪，被法院判处死刑，缓期二年执行，剥夺政治权利终身，并处没收个人全部财产。罗某因犯受贿罪，被法院判处有期徒刑 5 年。2017 年，已在服刑的罗某，以张曙光案判决在没收位于北京市海淀区蓝靛厂南路某处房屋时，处分了其名下合法财产、侵犯其与其父母的财产权益为由，向法院提出刑事申诉。罗某认为，购买涉案房屋的款项大部分属于其个人及其父母，无证据证明其用于买房的现金就是张曙光给其的那笔特定的现金，即便要没收也应当是追回钱款而非没收该套房屋。

合议庭经审查认为，该房产系张曙光将其受贿所得款项交给罗某后，由罗某购买，并登记在罗某名下。关于该房产的购买情况，有张曙光的供述及罗某的陈述在案为证，证据确实、充分，足以认定。该房产实属违法所得，理应予以追缴；罗某现在称购买该房产时还有其及其父母的出资，但罗某就此并未能向本院提供相关的证据，合议庭对此无法采信，原判决对该房产的处理是正确的。罗某的申诉理由不能成立，不符合再审条件，予以驳回。

本案系铁道部系列腐败案之一，也涉及原铁道部运输局局长、副总工程师张曙光受贿罪一案。本案原审过程及结果已经引发社会广泛关注。此次罗某申诉也使张曙光案再次回到公众视线，对罗某申诉请求的审查不仅是对当事人行使权利的尊重和保障，也是对司法公正公开的贯彻落实和再次检验。本案经研究，驳回罗某的申诉后，罗某不服，继续向北京市高级人民法院提出申诉，亦被北京市高级人民法院驳回。

编写人：北京市第二中级人民法院　王宣

82

告诉才处理原则的法律适用及对公诉机关不当起诉的处理

——谭冠某被诉诈骗案

【案件基本信息】

1. 裁定书字号

北京市第一中级人民法院（2016）京01刑初50号刑事裁定书

2. 案由：诈骗罪

【基本案情】

北京市人民检察院第一分院指控：

被告人谭冠某于2007年至2015年，利用被害人张恩某的迷信心理，假装佛、菩萨附体，通过编造所谓的“天条”，即“张恩某名下不能有房、不能有钱，财物需由谭冠某保管，否则有杀身之祸”，骗取张恩某人民币共计1亿余元。

公诉机关认为，被告人谭冠某以非法占有为目的，虚构事实、骗取财物，数额特别巨大，情节特别严重，其行为触犯了《中华人民共和国刑法》第二百六十六条，犯罪事实清楚，证据确实、充分，应当以诈骗罪追究其刑事责任。

被告人谭冠某在法庭审理中辩解：其没有实施诈骗，其与被害人张恩某系恋人关系，且因张恩某具有公务员身份，故将巨额钱款交给其保管，并同意其任意支配。

被告人谭冠某的辩护人的主要辩护意见为：被告人谭冠某与被害人张恩某之间是同性恋人关系，张恩某基于对谭冠某的信任将钱款交由谭冠某保管，故谭冠某无非法占有的主观故意；谭冠某亦未实施诈骗的客观行为，所谓“天条”是张恩某编造出来的；故公诉机关指控谭冠某犯诈骗罪的事实不清、证据不足。

【案件焦点】

被告人谭冠某的行为是否构成诈骗罪。

【法院裁判要旨】

北京市第一中级人民法院经审理认为：被告人谭冠某的行为属于依法告诉才处理的犯罪，应终止审理。

北京市第一中级人民法院依法裁定如下：

本案终止审理。

【法官后语】

本案的核心问题有二：一是对于被告人谭冠某行为性质的认定；二是法院在审理检察机关提起公诉的案件过程中，认为被告人的行为属于告诉才处理的犯罪，但公诉机关不撤诉，被害人亦不提起自诉，如何处理。

对于被告人谭冠某行为性质的认定问题，笔者认为，本案认定诈骗罪的证据不足，应认定为侵占罪。

首先，目前认定“天条”系谭冠某提出的证据不足。公诉机关起诉谭冠某构成诈骗罪的证据主要是被害人张恩某的陈述及其提供的电话录音。然而被害人张恩某一直对其与谭冠某之间的同性恋关系予以否认，说明其陈述的部分内容不真实，可信度存疑。另外，从电话录音的内容看，谭冠某虽然对于“天条”的存在及内容是认可的，但曾指出“天条”是张恩某提出的，否认是其提出的。从录音内容无法得出谭冠某虚构“天条”的唯一结论。从证据形式看，在案录音为复制件，并且经过多次、长时间与张恩某进行沟通，反复做其工作，张恩某以不信任司法机关为由拒绝提供录音原件，故针对谭冠某当庭提出的录音经过拼接、剪辑的情况无法进行司法鉴定，因此该录音从证据形式而言存在瑕疵。综上，目前认定诈骗罪的证据呈现“一对一”状态，属证据不足。

其次，根据现有证据，应认定谭冠某的行为构成侵占罪。客观上，张恩某将公司全部营业收入交由谭冠某保管，因此谭冠某系合法取得对张恩某钱款的保管权，但同时张恩某仍对钱款的使用、支配具有话语权，公司业务支出亦是谭冠某按照张恩某的指示支出，部分钱款也用于二人共同生活消费，从这一点上说，认定张恩某被骗也不合常理。但谭冠某在保管过程中，在未告知张恩某，张恩某不知情的情况下，使用其保管的部分钱款用于为其及其亲属购买房产、车辆、进行投资等，上述房产、车辆均登记在谭冠某及其亲属名下，后在张恩某向其索要钱款时，谭冠某虽承认其保管的钱款系张恩某所有，亦承诺归还，但在归还少部分钱款后一直以各种理由推托还款，且至案发尚未归还。谭冠某的上述行为符合侵占罪规定的“将代为保管的他人财物非法占为己有，拒不退还”的客观要件，也反映出其非法占有的主观故意，符合侵占罪的构成要件。

侵占罪属于《刑法》规定的绝对自诉案件，即告诉才处理的犯罪。我国《刑法》第九十八条规定：“本法所称告诉才处理，是指被害人告诉才处理。如果被害人因受强制、威吓无法告诉的，人民检察院和被害人的近亲属也可以告诉。”也就是说，《刑法》规定的属于告诉才处理的案件范围内，除了被害人受到强制、威吓无法告诉的情况，公诉机关可以提起公诉，其余案件必须被害人向人民法院提起自诉后，法院才有权立案审理。

《刑法》规定告诉才处理制度的意义何在？首先，告诉才处理制度赋予被害人运用法律保护自身权益的主动。规定告诉才处理的犯罪，是在一般民事侵权和轻微刑事案件中架起了一座特殊诉讼的桥梁。作为告诉才处理案件的被害人，对于案件的处理占有主动地位，可以选择放弃追究行为人的任何责任，还可以选择只追究行为人的一般民事侵权责任，也可以选择追究行为人的刑事责任，或选择既追究行为人的一般民事侵权责任，又追究行为人的刑事责任。其次，告诉才处理制定可以化解矛盾，修复被破坏的人身、财产关系。这类案件的当事双方一般是关系较为亲密的亲属、朋友等，如若让公安、司法机关介入案件的处理，有可能激化双方矛盾。再次，将起诉权赋予被害人，能够切实保护被害人的权益，且不会危害社会利益。告诉才处理犯罪侵犯的是公民个人的权利，没有危害国家或社会公共利益，将起诉权赋予被害人，被害人可以权衡利弊，作出是否追究行为人的刑事责任的决定。相反，如果没有告诉才处理的规定，行为人被检察院提起公诉，如虐待罪的被害人可能因为行为人服刑等原因而陷入更加不利的境地。所以，告诉才处理制度是尊重了被害人的意愿，维护了被害人的权益，并不会危害社会利益。最后，规定告诉才处理的犯罪能够节约诉讼成本，提高办案质量，使公安、检察机关从繁琐的告诉才处理案件中解脱出来，集中精力进行侦查、公诉其他刑事案件，提高办案质量。因此，从《刑法》规定告诉才处理制度的立法初衷来看，是为此类轻微刑事案件创建有别于一般刑事犯罪的诉讼途径，赋予被害人的告诉主体地位和诉讼权利，同时缩限检察机关作为公诉机关追究被告人刑事责任的诉讼地位和权利，以实现告诉才处理制度的核心作用，也即惩罚刑事犯罪与缓和社会矛盾的平衡，从而达到法律效果和社会效果的统一。

那么，法院在审理检察机关提起公诉的案件过程中，认为被告人的行为属于告诉才处理的犯罪，但公诉机关不撤诉，被害人亦不提起自诉，这种情况该如何处理？笔者认为，该种情况应对案件终止审理。

如前所述，对于告诉才处理的犯罪，若被害人不提起自诉，法院无权直接改变指控罪名，作出被告人犯侵占罪的有罪判决。本案中，检察机关起诉被告人犯诈骗罪的证据不足，且在没有被害人受到威吓、强制等无法告诉的情形下，无权超越权限提起公诉，故应撤回起诉，由被害人张恩某向法院提起自诉。但经过多次工作，检察机关不撤诉，被害人张恩某的态度亦十分强硬，坚持认为应当以诈骗罪追究被告人谭冠某的刑事责任，拒绝提起自诉。面对这种情况，法院应如何处理？首先，从告诉才处理制度的立法初衷和意义出发，既然本案经审理应认定被告人的行为属于告诉才处理的侵占罪，那么本案的控告主体应是被害人，由被害人选择是否追究被告人的刑事责任，从而决定是否向人民法院提起刑事自诉，且被害人亦不符合因受强制、威吓无法告诉的情形，因此检察机关不应作为诉讼主体主动提起公诉，其公诉权在该案中被进行了法律上的缩限，若提起公诉，则属于超出法律规定的权限提起公诉，即“越权公诉”。其次，我国现行法律对于“越权公诉”作出了原则性的处理规定。《刑事诉讼法》第十六条规定：“有下列情形之一的，不追究刑事责任，已经追究的，应当撤销案件，或者不起诉，或者终止审理，或者宣告无罪……（四）依照刑法告诉才处理的犯罪，没有告诉或者撤回告诉的……”。本案经审理，被告人的行为应认定为侵占罪，而被害人没有告诉，检察机关亦不撤诉，法院应据此规定对本案终止审理。裁定对案件终止审理不影响被害人行使自诉权，在法律规定的追诉期内，被害人还可以就被告人的侵害行为向法院提起自诉，法院审查后可以就被害人的自诉另行立案审理。因此，这种处理方式既从程序上和实体上终结了不当公诉的案件，又保障了被害人的自诉权，真正实现和发挥了《刑法》规定的告诉才处理制度的意义和作用。

编写人：北京市第一中级人民法院　吕晶

83

决定强制医疗应当严格程序和法律标准

——王某强制医疗案

【案件基本信息】

1. 决定书字号

陕西省韩城市人民法院（2017）陕0581刑医1号强制医疗决定书

2. 案由：强制医疗

【基本案情】

被申请人王某2013年12月16日曾被陕西司法精神医学鉴定中心鉴定为有精神病性症状的情感性精神障碍。被申请人王某自患有精神疾病起一直由其母亲王秀某、妻子薛利某监管，现在王秀某、薛利某及王某的儿子王城某（未成年）均已先后离家出走、下落不明，王某在家无人监管。

2016年5月17日20时许，被申请人王某以韩城市甲网吧前台服务态度不好为由，持马刀殴打该网吧前台服务员谢某及经营者张学某，并打砸该网吧设施，至谢某身体二处皮肤划伤，致张学某身体多处皮肤划伤。经鉴定，被损毁的网吧设施共计价值人民币8550元。经陕西司法精神医学鉴定中心鉴定，被申请人王某患有精神分裂症，作案时无刑事责任能力。

【法院裁判要旨】

陕西省韩城市人民法院经审理认为：被申请人王某实施寻衅滋事的犯罪行为，严重危害公民人身财产安全，经法定程序鉴定为依法不负刑事责任的精神病人，有继续危害社会的可能，被申请人王某符合《中华人民共和国刑事诉讼法》第二百八十四条①规定的强制医疗的条件，韩城市人民检察院对被申请人王某强制医疗的申

---

① 对应2018年《刑事诉讼法》第三百零二条。

请成立，对被申请人王某的诉讼代理人的代理意见予以采纳。

陕西省韩城市人民法院依据《中华人民共和国刑法》第十八条第一款、第六十四条，《中华人民共和国刑事诉讼法》第二百八十四条，第二百八十五条第一款、第二款①，《最高人民法院关于适用〈中华人民共和国刑事诉讼法〉的解释》第五百二十四条之规定，作出如下决定：

一、对被申请人王某强制医疗；

二、作案工具马刀一把由扣押机关予以没收。

【法官后语】

《刑事诉讼法》专章设置了对依法不负刑事责任的精神病人强制医疗的特别程序，最高人民法院相关司法解释相继对其进行了细化，为肇祸精神病人强制医疗的规范化提供了程序性保障，彰显出我国对精神病人的重视与关怀。在具体案件中还需要严格诉讼程序和法律的适用标准。

关于强制医疗诉讼程序。第一，启动的主体是检察机关或人民法院，排除了公安机关、精神病人的监护人法定代理人及受害人的程序启动权。第二，按照刑事诉讼的程序充分保障被申请人的诉讼权利。包括合议庭开庭审理、委托诉讼代理人、检察院派员出席法庭、会见被申请人等。第三，审理期限与救济途径。被申请人或者被告人符合强制医疗条件的，应当在1个月以内作出强制医疗的决定。被决定强制医疗的人、被害人及其法定代理人、近亲属对强制医疗决定不服的，可以向上一级法院申请复议。

关于法律条款的适用。《刑事诉讼法》第三百零二条规定：实施暴力行为，危害公共安全或者严重危害公民人身安全，经法定程序鉴定依法不负刑事责任的精神病人，有继续危害社会可能的，可以予以强制医疗。所以适用该条法律应当注意：第一，被申请人必须实施了暴力行为，危害公共安全或者严重危害公民人身安全行为。第二，本应判刑，因有精神病不能判刑。第三，有继续危害社会可能。第四，具备以上条件的不一定都应强制医疗，只是“可以”强制医疗。第五，没有暴力行为的“执拗型精神病者”不属于强制医疗范围。

编写人：陕西省渭南市中级人民法院　亢俊谦

① 对应2018年《刑事诉讼法》第三百零二条，第三百零三条第一款、第二款。

84

伤情重新鉴定的启动条件

——詹某某故意伤害案

【案件基本信息】

1. 裁判书字号

福建省厦门市中级人民法院（2017）闽02刑终254号刑事附带民事裁定书

2. 案由：故意伤害罪

【基本案情】

福建省厦门市海沧区人民法院经公开审理查明：2015年12月30日12时许，被告人詹某某在福建省厦门市海沧区东孚街道党校甲宾馆对面西坂菜地附近，因菜地权属纠纷与被害人蒋某某发生争执，后被告人詹某某击打被害人蒋某某面部致其受伤。经法医鉴定，被害人蒋某某右侧眶内壁骨折、右侧鼻骨和上颌骨额突骨折，损伤程度系轻伤二级。2015年12月31日，被告人詹某某主动到公安机关接受调查，并如实供述上述主要犯罪事实。本案审理期间，被告人詹某某申请对被害人的损伤程度重新鉴定，本院决定重新鉴定并依法委托福建正大司法鉴定所重新鉴定，经鉴定，被鉴定人蒋某某右眶内壁筛板的伤情程度属轻微伤；其鼻骨及上颌骨额突骨的伤情程度属轻伤二级。

另查明，2015年12月30日13时29分，附带民事诉讼原告人蒋某某受伤后至厦门市乙医院，主诉颜面外伤，诊断为鼻骨骨折、鼻中隔偏曲，行鼻骨骨折整复术，于2015年12月30日至2016年1月6日住院治疗7日。出院医嘱建议休息一周，不适随诊。原告人花费医疗费7165.3元。

【案件焦点】

在被害人入院检查报告单与法医鉴定意见书关于伤情描述不一致的情况下，法院是否可对公安机关法医作出的伤情鉴定结论启动重新鉴定程序。

【法院裁判要旨】

福建省厦门市海沧区人民法院经审理认为：关于被害人蒋某某的伤情及损伤程度，经向厦门市乙医院调取被害人蒋某某的检查报告，并经本院委托司法鉴定所重新鉴定，确定被害人蒋某某的伤情包括右眶内壁筛板骨折、鼻骨骨折、鼻中隔偏区、上颌窦额突骨折，其伤情程度属轻伤二级。重新鉴定结论与原厦公海鉴（临床）字〔2016〕4号厦门市公安局物证鉴定所鉴定书鉴定结论一致，相关检材真实，鉴定结论客观，被告人及辩护人关于鉴定结论不能采信的辩论意见，缺乏事实根据，不予采纳。

福建省厦门市海沧区人民法院依照《中华人民共和国刑法》第二百三十四条第一款、第六十七条第一款、第三十六条第一款，《中华人民共和国侵权责任法》第六条第一款，《中华人民共和国刑事诉讼法》第九十九条第一款[①]，《最高人民法院关于适用〈中华人民共和国刑事诉讼法〉的解释》第一百五十五条第一款及《最高人民法院关于审理人身损害赔偿案件适用法律若干问题的解释》第十七条第一款，第十九条，第二十条，第二十一条第一款、第二款，第二十三条第一款，作出如下判决：

一、被告人詹某某犯故意伤害罪，判处有期徒刑一年一个月；

二、被告人詹某某应于本判决生效之日起十日内赔偿附带民事诉讼原告人蒋某某经济损失人民币七千四百六十元八角；

三、驳回附带民事诉讼原告人蒋某某的其他诉讼请求。

宣判后，詹某某持原审辩解提起上诉。

福建省厦门市中级人民法院经审理认为：首先，原审法院根据上诉人詹某某及其辩护人的申请，依照法定程序选定了福建正大司法鉴定所对被害人蒋某某的伤情进行重新鉴定，该次鉴定所依据的病历、CT光盘等，均系公安机关依法从被害人受伤后就医的厦门市乙医院调取，系蒋某某案发后就医过程中形成的材料，内容客观真实，且上述鉴定提交的材料在提交鉴定之前已经依法告知了詹某某的辩护人并经过确认同意。鉴定机构福建正大司法鉴定所及鉴定的人员均具有鉴定资质，鉴定过程、程序合法，鉴定结果客观、公正，鉴定意见可以作为定案依据。其次，针对

---

① 对应2018年《刑事诉讼法》第一百零一条第一款。

被害人蒋某某案发当天所进行的CT检查报告单中没有载明蒋某某存在上颌骨额突骨折的问题，出具该报告单的医生即证人裴某某已经就此进行了合理的说明，并经再次阅片诊断得出了蒋某某当日所进行的检查确实存在上颌骨额突骨折的情形。综上，根据上诉人詹某某及其辩护人的申请所做的重新鉴定以及公安机关法医鉴定均一致证实被害人蒋某某伤情构成轻伤二级，詹某某及其辩护人提出再重新鉴定的理由不足，不予采纳。

福建省厦门市中级人民法院依照《中华人民共和国刑事诉讼法》第二百二十五条第一款第一项①、《中华人民共和国民事诉讼法》第一百七十条第一款第一项以及《最高人民法院关于适用〈中华人民共和国刑事诉讼法〉的解释》第一百六十三条，作出如下裁定：

驳回上诉，维持原判。

【法官后语】

本案的审理焦点在于，在被害人入院检查报告单与法医鉴定意见书关于伤情描述不一致的情况下，是否应对公安机关法医作出的伤情鉴定结论启动重新鉴定程序。

关于重新鉴定启动条件的规定散见于不同法律法规中，《刑事诉讼法》第一百四十八条规定，侦查机关应当将用作证据的鉴定意见告知犯罪嫌疑人、被害人。如果犯罪嫌疑人、被害人提出申请，可以补充鉴定或者重新鉴定。《刑事诉讼法》未对何种情况可以对伤情鉴定结论启动重新鉴定程序作出明确规定。《人民检察院刑事诉讼规则（试行)》第二百五十二条及第二百五十三条是对重新鉴定的规定，也未明确启动重新鉴定的情形，只是笼统规定“必要条件”下可以进行，同时该规则明确了一项可以进行重新鉴定的情形，即原鉴定违反法定程序。《公安机关办理刑事案件程序规定》第二百四十六条以列举的方式相对明确了六项应当重新鉴定的情形，分别是鉴定程序违法或者违反相关专业技术要求的；鉴定机构、鉴定人不具备鉴定资质和条件的；鉴定人故意作虚假鉴定或者违反回避规定的；鉴定意见依据明显不足的；检材虚假或者被损坏的；其他应当重新鉴定的情形。其中第六项“其他

① 对应2018年《刑事诉讼法》第二百三十六条第一款第一项。

情形”以兜底条款的形式为申请重新鉴定条件留下余地。总而言之，关于重新鉴定启动条件的规定除了违反相关程序性要求之外，只要办案机关认为有充分的理由(即有必要）即可启动。

在实践中，法院对多数伤情重新鉴定的申请不予支持，其理由概有：原鉴定结论已告知无异议，未提供证据或者线索证明该鉴定结论存在程序违法或者结果有不客观、不真实之处，该鉴定机构及鉴定人员具有合法鉴定资质且鉴定程序合法，鉴定意见明确且与其他证据无矛盾，鉴定意见依法及时告知相关人员，鉴定人当庭或庭前会议上对上诉人及辩护人提出的疑问作出明确的解答并记录在案。支持重新鉴定申请的，理由如：公安机关未将鉴定意见向其送达，要求重新鉴定，且对法医鉴定被害人轻伤的结果有异议。

可见，司法实践中，启动伤情重新鉴定的条件大概有：(1）违反法定鉴定程序性及专业性要求；(2）不具备鉴定资质和条件、违反回避规定；(3）鉴定人作虚假鉴定、检材虚假或者被损坏、鉴定依据明显不足；(4）鉴定结论不明确、不客观或与在案其他证据矛盾。

本案中，辩护人提出，被害人在医院的X线检查报告单仅有鼻骨骨折、鼻中隔偏曲伤情，没有上颌骨额突骨折，而法医鉴定意见中的伤情描述却出现上颌骨额突骨折伤情，并据此出具轻伤二级的鉴定结论，辩护人认为鉴定结论不客观，应重新鉴定。合议庭经过讨论认为，根据《人体损伤程度鉴定标准》5.2.4，鼻骨骨折合并上颌骨额突骨折，构成轻伤二级。被害人有无上颌骨额突骨折这一伤情，关系到被害人伤情是否达到轻伤二级，进而关系到被告人是否需要承担刑事责任的问题。法医鉴定意见对被害人伤情的描述，与医院的检查报告单对于被害人伤情的描述确实存在不一致的情形。虽然医院的阅片医师在本案审理期间将X线诊断意见修订为右侧鼻骨及上颌骨额突骨折，但为了慎重起见，法院最终决定启动重新鉴定程序，委托具有鉴定资质的司法鉴定所对被害人的伤情进行重新鉴定，重新鉴定结论认为伤情中有鼻骨及上颌骨额突骨折，属于轻伤二级。

一审法院对被告人以故意伤害罪定罪判决后，被告人提出上诉。二审期间，侦查机关补充了医院放射科医生的证言，证实从医学上，鼻骨和上颌骨区分相对困难，诊断上有时候默认鼻骨骨折包含上颌骨额突骨折，所以第一次报告单只做了鼻骨骨折的诊断意见，医生证言对就被害人就诊当天CT检查报告单没有载明上颌骨额突骨折的问题进行了说明，并经再次阅片诊断得出被害人的检查确实存在上颌骨额突骨折的情形。二审裁定驳回上诉，维持原判。

编写人：福建省厦门市海沧区人民法院　苏桔海　陈芳序

85

以“从旧兼从轻原则”为基础，旧刑法与新司法解释可以统一适用

——杨燕某行贿案

【案件基本信息】

1. 裁判书字号

北京市第一中级人民法院（2017）京01刑抗6号刑事判决书

2. 案由：行贿罪

【基本案情】

北京市石景山区五里坨医院系差额补贴的事业单位，自2010年起，由白某担任该院院长。五里坨街道社区卫生服务中心（以下简称五里坨卫生中心）系全额拨款事业单位，受五里坨医院管理，重大事项由五里坨领导班子集体决定。

2011年至2013年，被告人杨燕某作为北京甲药业有限公司业务员，在向五里坨卫生中心供应中药饮片期间，按照所结药款5%的比例，私下以现金方式给予白某好处费。自2014年起，该比例增加至10%。截至案发前，杨燕某给予白某好处费共计人民币45万元。

2015年7月28日，被告人杨燕某被侦查人员带至石景山区人民检察院接受调查，后如实供述了自己的犯罪事实。同年7月29日，侦查机关对杨燕某涉嫌行贿案立案侦查。

【案件焦点】

对于被告人定罪量刑，在坚持从旧兼从轻、有利于被告人原则的基础上选择适用旧刑法的同时，新司法解释中对于被告人有利的条款可以溯及既往。

【法院裁判要旨】

北京市石景山区人民法院经审理认为：被告人杨燕某在经济往来中，违反国家规定，给予国家工作人员以财物，其行为已构成行贿罪，依法应予惩处。因其在被追诉前主动交待行贿行为，可对其依法从轻处罚。北京市石景山区人民检察院指控被告人杨燕某犯行贿罪的事实清楚，证据确实、充分，指控的罪名成立。杨燕某的辩护人关于其系在被追诉前主动交待行贿行为的辩护意见，与本院查明的事实相符，本院予以采纳。

北京市石景山区人民法院依照《中华人民共和国刑法》第三百八十九条第二款、第三百九十条、第六十一条，《最高人民法院、最高人民检察院关于办理贪污贿赂刑事案件适用法律若干问题的解释》（以下简称《贪污贿赂解释》）第七条、第十九条，《最高人民法院关于适用财产刑若干问题的规定》第五条，作出如下判决：

被告人杨燕某犯行贿罪，判处有期徒刑一年，并处罚金人民币二十万元。

一审判决发生法律效力后交付执行。后检察机关依照审判监督程序提出抗诉。

北京市第一中级人民法院经再审审理认为，查明的事实、证据与原审相同，再审予以确认。另查明，原审被告人杨燕某在原审判决发生法律效力后，已将原判罚金刑履行完毕。

北京市第一中级人民法院经再审审理认为，对于本案是否应该判处附加罚金刑，主要涉及对于本案裁判法律依据的选择及对新司法解释的选择适用问题。首先，对于原审被告人杨燕某所犯行贿罪在定罪量刑时，应该适用旧刑法即1997年修订的《中华人民共和国刑法》（以下简称《1997刑法》）。其次，对于原审被告人杨燕某所犯行贿罪在定罪量刑时，应该适用《贪污贿赂解释》。具体到本案中，原审被告人杨燕某的行贿数额是45万元，并无其他从严入罪情节，而对于行贿罪“情节严重”的解释，2012年《最高人民法院、最高人民检察院关于办理行贿刑事案件具体应用法律若干问题的解释》（以下简称《行贿解释》）规定行贿数额在二十万元以上不满一百万元的应当认定为《1997刑法》第三百九十条第一款规定的

"情节严重"，处刑为五年以上十年以下有期徒刑，《贪污贿赂解释》规定行贿数额在一百万元以上不满五百万元的或者行贿数额在五十万元以上不满一百万元同时具有特定情形的应当认定为《刑法修正案（九）》第三百九十条第一款规定的"情节严重"，因此，依据《贪污贿赂解释》的规定，杨燕某的犯罪行为不属于情节严重，其基础刑罚为五年以下有期徒刑。最后，司法解释附属于刑事立法规范本身，对于被告人有利的司法解释的效力溯及于《1997刑法》施行期间，在坚持从旧兼从轻、有利于被告人原则的基础上，应当适用《1997刑法》及《贪污贿赂解释》追究原审被告人的刑事责任。综上所述，原审判决在新旧刑法的选择及《贪污贿赂解释》具体条款的应用上适用法律错误，应予纠正。

北京市第一中级人民法院依照《中华人民共和国刑事诉讼法》第二百四十五条第一款、第二百二十五条第一款第二项①，《最高人民法院关于适用〈中华人民共和国刑事诉讼法〉的解释》第三百八十九条第一款第三项，1997年《中华人民共和国刑法》第十二条第一款、第三百八十九条第二款、第三百九十条、第六十一条及《最高人民法院、最高人民检察院关于办理贪污贿赂刑事案件适用法律若干问题的解释》第七条，作出如下判决：

一、撤销北京市石景山区人民法院（2015）石刑初字第392号刑事判决；

二、被告人杨燕某犯行贿罪，判处有期徒刑一年。

【法官后语】

1. 对于原审被告人杨燕某所犯行贿罪在定罪量刑时，应当适用旧刑法即《1997刑法》

杨燕某实施行贿犯罪行为的时间发生在《刑法修正案（九）》施行以前，本案原审期间《刑法修正案（九）》施行，依据《1997刑法》第十二条确立的我国刑法关于溯及力所采用的从旧兼从轻的适用原则，本案原则上应适用行为时《1997刑法》对杨燕某定罪量刑。例外情形下，如果《刑法修正案（九）》施行后此类案件尚未审结，且《刑法修正案（九）》对于此类案件的定罪量刑较《1997刑法》较轻的，则应该适用有利于被告人的《刑法修正案（九）》。

① 对应2018年《刑事诉讼法》第二百五十六条第一款、第二百三十六条第一款第二项。

关于《1997刑法》与《刑法修正案（九）》对行贿罪的定罪量刑，审理认为，二者对于行贿罪的定罪量刑均规定了三个量刑幅度，每个量刑幅度的主刑均相同，《刑法修正案（九）》对于主刑标准并未变动，而是增加了附加罚金刑，故在《刑法修正案（九）》施行前实施的行贿行为，依照从旧兼从轻的原则，一般应当适用《1997刑法》。

2. 对于原审被告人杨燕某所犯行贿罪在定罪量刑时，适用《1997刑法》的同时，应该适用《贪污贿赂解释》

（1）适用旧刑法的同时可以一并适用新的司法解释。《行贿解释》《贪污贿赂解释》分别对《1997刑法》《刑法修正案（九）》中行贿罪的入刑起点、情节严重、情节特别严重进行了解释。当对于同一立法规范存在前后两个不同的司法解释时，根据《最高人民法院、最高人民检察院关于适用刑事司法解释时间效力问题的规定》第三条规定："对于新的司法解释实施前发生的行为，行为时已有相关司法解释，依照行为时的司法解释办理，但适用新的司法解释对犯罪嫌疑人、被告人有利的，适用新的司法解释。"这说明法律、司法解释并未禁止对被告人适用旧法的同时适用对被告人有利的新司法解释。

（2）《贪污贿赂解释》的效力适用于《1997刑法》施行期间发生的犯罪行为。《贪污贿赂解释》不仅是对《刑法修正案（九）》的解释，也是对《刑法修正案（九）》没有修改的刑法条款的解释，在前后两个司法解释的适用上，《贪污贿赂解释》对《行贿解释》关于行贿罪原有定罪量刑的标准作出了修正，从属于《1997刑法》第三百九十条第一款关于行贿罪定罪量刑立法标准的既有规定，其关于行贿罪定罪量刑标准中主刑部分解释的适用可以溯及《1997刑法》施行期间，即新的司法解释从属于旧的立法规范。而《贪污贿赂解释》中关于附加罚金刑部分的解释是对《刑法修正案（九）》在《刑法》第三百九十条第一款增设的并处罚金刑的司法适用标准的明确（《1997刑法》中并无并处罚金刑的规定），是对新立法规范的全新细化规定，因不利于被告人，故不具有溯及力。

（3）从《行贿解释》与《贪污贿赂解释》对于行贿罪定罪量刑的解释上，《贪污贿赂解释》对于被告人入罪的犯罪数额作出了提高的修正，有利于被告人，因此，本案应适用《贪污贿赂解释》对杨燕某进行定罪量刑。具体到本案中，原审被告人杨燕某的行贿数额是45万元，并无其他从严入罪情节，而对于行贿罪“情节严重”的解释，《行贿解释》规定行贿数额在二十万元以上不满一百万元的应当认定为《1997刑法》第三百九十条第一款规定的“情节严重”，处刑为五年以上十年以下有期徒刑，《贪污贿赂解释》规定行贿数额在一百万元以上不满五百万元的或者行贿数额在五十万元以上不满一百万元同时具有特定情形的应当认定为《刑法修正案（九）》第三百九十条第一款规定的“情节严重”，因此，依据《贪污贿赂解释》的规定，杨燕某的犯罪行为不属于情节严重，其基础刑罚为五年以下有期徒刑，故以《贪污贿赂解释》作为确定主刑的依据是符合法律规定的。

3. 总体而言，对于司法解释的选择适用首先要依据其解释的法律适用效力，对于被告人有利的新的司法解释的效力可以溯及于《1997刑法》的施行期间，则关于本案的法律适用，在坚持从旧兼从轻、有利于被告人原则的基础上，应当适用《1997刑法》及《贪污贿赂解释》追究原审被告人杨燕某的刑事责任。

编写人：北京市第一中级人民法院　黄晓丰

86

符合监外执行条件但未予以监外执行被告人的刑罚执行期间的确定

——李旭某盗窃案

【案件基本信息】

1. 裁判书字号

浙江省台州市中级人民法院（2018）浙10刑终113号刑事裁定书

2. 案由：盗窃罪

【基本案情】

2012年10月6日，被告人李旭某伙同余小某、陈志某、穆某、张某、吕彩某、陈某（均已判）乘坐穆云某、李新某（均已判）驾驶的贵CD××××和苏E1××××轿车，从上海市来到浙江省温岭市。10月7日晚，经被告人李旭某及余小某提议，由陈志某、穆某、吕彩某、张某、陈某等到超市内假装购物吸引店主注意，由被告人李旭某及余小某负责寻找和盗窃财物。2012年10月8日13时许，穆云某、李新某开车将七人带至玉环市大麦屿街道刘园新村甲超市附近，穆云某、李新某在车上等候接应，被告人李旭某伙同余小某、陈志某、穆某、吕彩某、张某、陈某进入超市内，由陈志某、穆某、吕彩某、张某、陈某假装购物吸引店主的注意，被告人李旭某趁机窜至超市阁楼内，余小某在楼下望风。窃走被害人杨丽友放置在阁楼的现金14000余元。十多分钟后，被告人李旭某一伙乘坐穆云某、李新某的轿车逃至温岭松门一宾馆，在该宾馆内，被告人李旭某一伙对窃得现金予以分赃，其中被告人李旭某分得赃款2250元。2017年6月10日下午，被告人李旭某在舟山市公安局新城分居刑事侦查大队投案并如实供述犯罪事实。

【案件焦点】

对审前未被羁押且被判处实刑的被告人，人民法院既未及时将其交付执行，亦未依法对其作出暂予监外执行决定，是否应视为原判刑罚未执行。

【法院裁判要旨】

浙江省玉环市人民法院经审理认为：被告人李旭某以非法占有为目的，秘密窃取他人财物，数额较大，其行为已构成盗窃罪。被告人李旭某有自首情节，依法可以从轻处罚。被告人李旭某在判决宣告后，刑罚执行完毕前又犯罪，依法应数罪并罚。以盗窃罪判处被告人李旭某有期徒刑十个月，并处罚金人民币一千元，与前罪因盗窃罪被判处有期徒刑七年八个月，并处罚金七千元（未执行），决定执行有期徒刑八年，并处罚金人民币八千元。

宣判后，李旭某提起上诉。李旭某上诉称，其于2012年7月17日被法院以盗窃罪判处有期徒刑七年八个月，并处罚金人民七千元，判决生效后法院口头告知其因怀孕暂予监外执行，原判决将本案犯罪与前罪并罚时未扣除其监外执行期间的刑期不当，要求重新判决。

浙江省台州市中级人民法院经审理认为：李旭某前罪判决后未收监执行，因未办理监外执行手续，故前罪判决生效后未收监的时间依法不能折抵刑期。依照《中华人民共和国刑事诉讼法》第二百二十五条第一款第一项[①]的规定，作出如下裁定：

驳回上诉，维持原判。

【法官后语】

2012年7月17日，被告人李旭某因犯盗窃罪被江苏省张家港市人民法院判处有期徒刑七年八个月，并处罚金人民七千元。后李旭某于10月6日作案后更变了联系方式，张家港市法院无法与其取得联系，未办理监外执行手续。

本案判决后，被告人李旭某上诉要求扣除其监外执行期间的刑期。是否扣除的关键在于，对于前罪人民法院既未及时将犯罪人交付执行，也未依法对其作出暂予监外执行决定（犯罪人符合监外执行的条件），如何认定原判刑罚是否执行的问题。第一种观点认为，被告人李旭某被判决有期徒刑七年八个月，并处罚金人民币七千元，人民法院既未依法将其交付执行，也未依法对其作出暂予监外执行决定，应视为原判刑罚未执行，对李旭某应当收监执行。第二种观点认为，被告人李旭某怀有身孕符合监外执行的条件，李旭某可暂予监外执行，暂予监外执行期间的刑期应视为有期徒刑已执行。

笔者同意第一种观点，理由如下：

1. 刑罚的执行具有国家强制性及法定性

（1）暂予监外执行依法可以折抵刑期。对犯罪人暂予监外执行必须符合法定条件，须经省级人民政府指定的医院开具证明文件、司法机关依照法定程度办理，且对监外执行人采取一定的监督管理措施予以保障。本案中，李旭某在2012年10月6日作案后即更换了联系方式，人民法院未对李旭某出具监外执行手续的主要原因在于李旭某。人民法院未对李旭某作出暂予监外执行决定，也没有将其交付司法行政机关进行暂予监外执行的监督管理，李旭某的人身自由没有收到任何限制，与刑法执行存在本质区别。李旭某一直处于未受法律制裁的状态，应当视为原判刑法未执行。

（2）刑期折抵必须具备法定事由。如审前羁押的时间可以折抵刑期，减刑、假释可以导致刑罚执行变更，被依法决定、批准暂予监外执行期间未出现违反监督管

① 对应2018年《刑事诉讼法》第二百三十六条第一款第一项。

理规定情形者可视为已执行刑罚等，其他事由均不能视为刑期已执行。李旭某未被决定暂予监外执行，不符合刑期折抵的法定事由，故其数罪并罚的刑期不应扣除其监外执行的刑期。

2. 关于行刑时效制度

《刑法》第四十七条规定，“有期徒刑的刑期，从判决执行之日起计算；判决执行以前先行羁押的，羁押一日折抵刑期一日”。可见，刑期是从判决执行之日起计算，而不是从判决生效之日起计算。而且，我国刑法未规定行刑时效制度，只要刑罚未执行，在任何时候均应当依法予以执行。

3. 关于过错

第二种观点的基础之一在于认为人民法院对于符合监外执行条件的犯罪人未及时作出监外执行决定，导致犯罪人的利益受损，应视为监外执行期间的刑期已执行。但是，刑罚执行的国家强制性及法定性决定了行刑权不因司法人员的过错而消灭，司法人员的过错不能成为对犯罪人免于执行刑罚的理由。对司法人员的过错，应当依法追究其职务责任甚至刑事责任，对被判刑的犯罪人应当依法执行其未执行的刑罚。况且，本案中，人民法院未办理监外执行手续的原因系李旭某变更联系方式，李旭某存在过错。故法院判决将本案犯罪与前罪并罚时未扣除其监外执行期间的刑期。

编写人：浙江省玉环市人民法院　陈祺

87

污染环境案中附带民事赔偿范围及方式的认定

——杜雪某等污染环境案

【案件基本信息】

1. 裁判书字号

安徽省铜陵市铜官区人民法院（2017）皖0705刑初329号刑事附带民事判决书

2. 案由：污染环境罪

【基本案情】

被告人杜雪某、吕海某、陈发某均没有合法处置危险固体废物的资质与能力。为了牟取利益，杜雪某、吕海某、陈发某相互商议进行工业固定废物处置经营活动。2017年1月8日，被告人杜雪某联系吕海某，许以一定费用，让吕海某将其事先存放在苏州市吴江区黎里镇临时仓库内的用编织袋分袋包装的约58吨（含水）固定废物运往外地处置。吕海某与陈发某联系后，许以陈发某一定费用，然后通过物流公司租用两辆拖挂车进行装运，拖挂车司机在陈发某与吕海某的电话联系和路线调度下，连夜将该批固体废物运至铜陵市。次日上午，陈发某安排农用车、挖掘机，将拖挂车上的废物分批卸到农用车上，开往铜陵市甲铜业有限公司附近一处拆迁征收地块上直接倾倒。在对第二辆拖挂车上的废物卸车倾倒过程中，闻讯赶来的铜陵市环境监察支队工作人员对倾倒废物的行为当场予以制止，查扣了涉案固体废物。经称重，涉案固体废物重量53.31吨，尚有18.35吨固体废物未及倾倒。后经鉴定与称重，其中有8.32吨白色固体废物中含有长链烷烃（矿物油），属于《国家危险废物名录》列入的危险废物类别HW08，废物代码为900－249－08类中的废矿物油类危险废物，足以严重污染环境。

案发后，铜陵市环境保护局紧急组织具有危险废物处置资质的专业机构对现场废物进行清理，并指令对涉案固体废物与危险废物进行专业存放管理，待依法处置。铜陵市环境保护局为检测涉案废物的危险性已支付中国科学院广州化学研究所分析测试中心检测费用95000元。另经铜陵金健会计师事务所测算，清除现场废物需支付的现场工时费为4450元，12个月（至一审辩论终结前）的仓储管理费为24000元，处置危险废物费用为36608元，处置其他废物费用为125972元，以上尚需支付而未付的费用为191030元。

另查明：案发后，被告人陈发某于2017年6月20日主动向公安机关投案，被告人杜雪某于2017年6月27日主动向公安机关投案，被告人吕海某于2017年6月15日被公安机关抓获归案。各被告人到案后，均如实供述自己罪行。在犯罪中，被告人杜雪某获取非法所得20000元，被告人陈发某获取非法所得7000元。

【案件焦点】

环境侵权赔偿范围的认定——确认涉案废物的危险性以发现、认定、打击犯罪所产生的鉴定费用，是否属于附带民事赔偿的范围。

【法院裁判要旨】

安徽省铜陵市铜官区人民法院经审理认为：被告人杜雪某、吕海某、陈发某违反国家规定，非法倾倒30余吨工业固体废物，未及倾倒的18余吨固体废物中含有8.32吨危险废物，足以严重污染环境，其行为已构成污染环境罪，应予追究刑事责任。公诉机关指控罪名成立，本院予以支持。

《中华人民共和国固体废物污染环境防治法》第八十八条第六项规定："处置，是指将固体废物焚烧和用其他改变固体废物的物理、化学、生物特性的方法，达到减少已产生的固体废物数量、缩小固体废物体积、减少或者消除其危险成份的活动，或者将固体废物最终置于符合环境保护规定要求的填埋场的活动。"本案中，各被告人的行为不具有"处置"的终结性处理特征，不符合《中华人民共和国刑法》第三百三十八条规定的"处置"行为。鉴于涉案8.32吨危险废物是否已被倾倒于地面的相关犯罪事实不清，本院根据量刑事实存疑时应按有利于被告人予以认定的原则，认定涉案危险废物未及倾倒。涉案危险废物未及倾倒是出于被告人意志以外原因，系犯罪未遂。

各被告人因其不法行为而被扣押的工业废物与危险废物，对生态环境、社会公众的安全造成威胁，各被告人应通过共同承担预防性责任的方式，采取有效措施消除危险。因各被告人均不具备合法处置涉案危险废物的资质，铜陵市环境保护局为消除危险采取的合理预防、处置措施而发生的应急处理费用以及废物处置所需费用191030元，均系合理而且必要的费用，符合中共中央办公厅、国务院办公厅印发并于2018年1月1日施行的《生态环境损害赔偿制度改革方案》规定的生态环境损害赔偿范围。《生态环境损害赔偿制度改革方案》规定："生态环境损害赔偿范围包括清除污染费用、生态环境修复费用、生态环境修复期间服务功能的损失、生态环境功能永久性损害造成的损失以及生态环境损害赔偿调查、鉴定评估等合理费用。"对附带民事公益诉讼人主张的应急处理现场的工时费4450元，废物暂存费20000元，本院予以支持。对附带民事公益诉讼人主张的185907元废物处置费用，考虑到相关法律法规对涉案废物转移、处置的特殊性要求，在专业机构仓储场地由该专业机构就地尽快消除该批废物、危险废物对生态环境造成的危险十分必要，且相对方便、经济。本院对附带民事公益诉讼人提出被告人应承担危险废物与其他固体废物处置费用的主张根据其提供并经庭审举证质证的铜陵金健会计师事务所出具的测算报告测算的162580元予以认定。据此，本院在附带民事公益诉讼人主张的范围内，依法核定各被告人因环境侵权所应承担的赔偿额为187030元。对被告人提出的废物处置费用为1200元/吨的观点未提供证据证明，本院不予采信，对被告人提出的附带民事公益诉讼人主张的废物处置费用过高的观点，本院予以部分采纳。

关于附带公益诉讼人主张的检测费用95000元。该费用虽已实际支付且为必要，但属于在刑事案件侦查中为确认涉案废物的危险性以发现、认定、打击犯罪所产生的鉴定费用，系为履行法定职责和公权所需，而不是因民事纠纷调查、鉴定评估生态环境损害赔偿所发生，不属于《生态环境损害赔偿制度改革方案》规定的生态环境损害赔偿范围，不应由被告人负担。

安徽省铜陵市铜官区人民法院依据《中华人民共和国刑法》第三百三十八条，第二十三条，第二十五条第一款，第三十六条，第六十四条，第六十七条第一款、第三款，第七十二条第一款、第三款；《中华人民共和国环境保护法》第六十四条；《中华人民共和国侵权责任法》第八条，第十五条，第六十五条；《中华人民共和国固体废物污染环境防治法》第五十七条；《中华人民共和国刑事诉讼法》第九十九条第二款[①]；《中华人民共和国民事诉讼法》第五十五条第二款；《最高人民法院、最高人民检察院关于办理环境污染刑事案件适用法律若干问题的解释》第一条第二项；《最高人民法院关于审理环境侵权责任纠纷案件适用法律若干问题的解释》第二条之规定，判决如下：

一、被告人杜雪某犯污染环境罪，判处有期徒刑八个月，并处罚金人民币一万元；

二、被告人吕海某犯污染环境罪，判处有期徒刑八个月，并处罚金人民币八千元；

三、被告人陈发某犯污染环境罪，判处有期徒刑六个月，宣告缓刑一年，并处罚金人民币六千元；

四、对被告人杜雪某的非法所得人民币二万元，被告人陈发某的非法所得人民币七千元予以追缴，上缴国库；

---

① 对应2018年《刑事诉讼法》第一百零一条第二款。

五、被告人杜雪某、吕海某、陈发某自本判决生效之日起十日内一次性连带赔偿人民币十八万七千零三十元，赔偿款上缴国库。

【法官后语】

本案的重点在于对于污染环境案附带民事诉讼赔偿范围以及赔偿方式如何处理。

中共中央办公厅、国务院办公厅印发并于2018年1月1日施行的《生态环境损害赔偿制度改革方案》确定了生态环境的损害赔偿范围为："生态环境损害赔偿范围包括清除污染费用、生态环境修复费用、生态环境修复期间服务功能的损失、生态环境功能永久性损害造成的损失以及生态环境损害赔偿调查、鉴定评估等合理费用。"具体到本案中，关于附带公益诉讼人主张的检测费用95000元，属于在刑事案件侦查中为确认涉案废物的危险性以发现、认定、打击犯罪所产生的鉴定费用，系为履行法定职责和公权所需，正如对认定重伤所发生的鉴定费用不应由被告人负担一样，对废物的危险性的鉴定也不应纳入生态环境民事损害赔偿而由被告人负担。

污染环境附带民事公益诉讼案中，附带民事赔偿的意义在于判令赔偿义务人因其犯罪行为对国家和公共利益所造成的损失承担责任。考虑到相关法律法规对涉案废物转移、处置的特殊性要求以及本案的实际情况，若将涉案危险废物及其他废物判令各被告人自行处置、修复，无论从经济角度，实际履行的效果，还是从防止二次污染，尽快消除危险性等方面考量，在专业机构仓储场地由该专业机构就地尽快消除该批危险废物与其他废物对生态环境造成的危险十分必要，且相对方便、经济。通过判令各被告人共同承担预防性责任的方式承担货币赔偿责任，从法律效果与社会效果上更为妥当。

对环境损害赔偿范围以及赔偿方式的探究，将明确生态环境赔偿的范围、索赔主体和赔偿解决途径等，有助于实现环境侵权公益诉讼的司法价值，形成相应的环境修复资金保障及运行机制，逐步建立、完善生态环境赔偿制度。

编写人：安徽省铜陵市铜官区人民法院　谢飞梦

图书在版编目（CIP）数据

中国法院2019年度案例．刑事案例．一，犯罪、刑罚的具体运用、证据、程序及其他／国家法官学院案例开发研究中心编．—北京：中国法制出版社，2019.4

ISBN 978-7-5216-0159-6

Ⅰ.①中… Ⅱ.①国… Ⅲ.①刑事犯罪-案例-汇编-中国 Ⅳ.①D920.5

中国版本图书馆CIP数据核字（2019）第069630号

策划编辑：李小草（lixiaocao2008@sina.cn）
责任编辑：李小草　王熹（wx2015hi@sina.com）
封面设计：温培英　李宁

中国法院2019年度案例·刑事案例一

ZHONGGUO FAYUAN 2019 NIANDU ANLI · XINGSHI ANLI YI

编者／国家法官学院案例开发研究中心
经销／新华书店
印刷／三河市紫恒印装有限公司
开本／730毫米×1030毫米　16开　印张／18.25　字数／231千
版次／2019年4月第1版　2019年4月第1次印刷

中国法制出版社出版
书号ISBN 978-7-5216-0159-6　定价：56.00元

北京西单横二条2号
邮政编码100031　传真：66031119
网址：http：//www.zgfzs.com　**编辑部电话：010-66010493**
市场营销部电话：010-66033393　**邮购部电话：010-66033288**

（如有印装质量问题，请与本社印务部联系调换。电话：010-66032926）

最高人民法院指导性案例裁判规则理解与适用系列

公司卷二	98 元	物权卷	88 元
公司卷（第二版）（上下册）	139 元	婚姻家庭卷（第二版）	68 元
民事诉讼卷（第二版）（上下册）	145 元	合同卷四（第二版）	98 元
侵权赔偿卷二	69 元	合同卷三（第二版）	98 元
侵权赔偿卷一	69 元	合同卷二（第二版）	108 元
房地产卷	98 元	合同卷一（第二版）	108 元
劳动争议卷	58 元	担保卷（第二版）（上下册）	139 元

最高人民法院知识产权审判实务系列

商标法适用的基本问题（增订版）	78 元
反不正当竞争法的创新性适用【精装】	68 元
知识产权保护的新思维——知识产权司法前沿问题	98 元
最高人民法院知识产权审判案例指导（第 9 辑）	88 元
最高人民法院知识产权审判案例指导（第 8 辑）	88 元
最高人民法院知识产权审判案例指导（第 7 辑）	98 元
最高人民法院知识产权审判案例指导（第 6 辑）	78 元
最高人民法院知识产权审判案例指导（第 5 辑）	88 元
最高人民法院知识产权审判案例指导（第 4 辑）	78 元
最高人民法院知识产权审判案例指导（第 3 辑）	78 元
最高人民法院知识产权审判案例指导（第 2 辑）	78 元
最高人民法院知识产权审判案例指导（第 1 辑）	48 元
中国知识产权指导案例评注（第 8 辑）	98 元
中国知识产权指导案例评注（第 7 辑）	118 元
中国知识产权指导案例评注（第 6 辑）	128 元
中国知识产权指导案例评注（第 5 辑）	118 元
中国知识产权指导案例评注（第 4 辑）	98 元
中国知识产权指导案例评注（第 3 辑）	98 元
中国知识产权指导案例评注（上、下卷）	188 元
知识产权法律适用的基本问题——司法哲学、司法政策与裁判方法	168 元
最高人民法院知识产权司法解释理解与适用（最新增订版）	69 元
最高人民法院知识产权案件年度报告（2008 ~ 2015）（中英文版）	198 元
知识产权司法实务新型疑难问题：专利、商标与著作权热点问题	138 元
知识产权司法实务新型疑难问题：知识产权司法保护与产业发展	120 元
商业特许经营合同原理解读与审判实务	58 元
赢在 IP：知识产权诉讼实战策略	49 元
网络游戏知识产权司法保护	68 元

最高人民法院审判指导书系

执行规范理解与适用——最新民事诉讼法与民诉法解释保全、执行条文关联解读（增订 2 版）	159 元
最高人民法院民事立案业务指导	108 元
最高人民法院审判监督业务指导	128 元
最高人民法院执行业务指导	128 元